CORRESPONDENCIAS

Tim Ingold

Otros títulos de la colección

Líneas
Tim Ingold

Las leyes de la interfaz
Carlos A. Scolari

La sociedad de la desmesura
Rubén D. Gualtero

Estupidocracia
Marcos Eguiguren Huerta

La risa nos hará libres
Antonella Ottai

Las leyes de la simplicidad
John Maeda

La infancia de los dictadores
Véronique Chalmet

Humanidades digitales
Dominique Vinck

CORRESPONDENCIAS

Cartas al paisaje, la naturaleza y la tierra

Tim Ingold

Traducido del inglés: *Correspondences*, Tim Ingold, Polity Press, 2021.

© Tim Ingold, 2021.

Este libro se publica por acuerdo con Polity Press Ltd., Cambridge.

© De la traducción del inglés: Xavier Gaillard Pla

© De la imagen de cubierta: Benjamin Grillon

Montaje de cubierta: Juan Pablo Venditti

Corrección: Beatriz García Alonso

Primera edición: octubre de 2022, Barcelona

Derechos reservados para todas las ediciones en castellano

© Editorial Gedisa, S.A.
www.gedisa.com

Preimpresión: Moelmo, SCP
www.moelmo.com

ISBN: 978-84-18914-81-2
Depósito legal: B 15263-2022

Impreso por Sagrafic

Impreso en España
Printed in Spain

Queda prohibida la reproducción total o parcial por cualquier medio de impresión, en forma idéntica, extractada o modificada, en castellano o en cualquier otro idioma.

Índice

Prefacio y Agradecimientos 9
Invitación 11
    Cartas desde el corazón 11
    Digitalización y pérdida. 13
    Más que humanos 16
    Ser y devenir 18
    Un derroche de conocimiento 21
    El rigor de los *amateurs* 23
    La vía del arte 26

HISTORIAS DE LOS BOSQUES

Introducción. 31
En algún lugar de Carelia del Norte... 33
Oscuridad total y lumbre 41
En la sombra del ser árbol. 47
    Cuerpo. 48
    Sombra 49
    Tacto 52
    Tiempo 53
    Arte 55
Ta, Da, Ça! 57

BROLLAR, ESCALAR, PLANEAR, CAER

Introducción. 65
La saliva espumosa de un caballo 67
El lamento del alpinista 74
Acerca del vuelo 81
Sonidos de nieve. 91

ESCONDERSE BAJO TIERRA

Introducción	99
Piedra, papel, tijeras	101
Ad coelum	110
¿Estamos a flote?	116
Refugio	121
Haciendo tiempo	128

LAS EDADES DE LA TIERRA

Introducción	139
Los elementos de la buenaventura	141
Vida de una piedra	152
El muelle	162
Acerca de la extinción	168
Tres breves fábulas de autorrefuerzo	172

LÍNEA, PLIEGUE, HILO

Introducción	185
Líneas en el paisaje	187
La chocla y la sombra	193
Pliegue	199
Sacar un hilo de paseo	202
Línea-de-letras y tachón	210

POR AMOR A LAS PALABRAS

Introducción	221
Palabras para conocer el mundo	223
En defensa de la escritura a mano	228
Diabolismo y logofília	232
Frío acero empavonado	237
Au revoir	244

Prefacio y Agradecimientos

Con el paso de los años me he acostumbrado a redactar cartas. Han llenado mi libreta como respuestas sin destinatario a cosas que me he ido encontrando y han suscitado mi curiosidad. Estas cosas, sin embargo, nunca dejaron de carcomerme la mente, ni tampoco yo dejé de reflexionar sobre ellas. Es como si hubiéramos entablado una especie de correspondencia. En este libro, presento una colección de este tipo de peculiares correspondencias. Casi todas tienen su origen en diversos puntos de la pasada década, y en su mayoría en los cinco años comprendidos entre 2013 y 2018. En esa época estaba ocupado dirigiendo un importante proyecto, subvencionado por el Consejo Europeo de Investigación, llamado *Knowing From the Inside* (abreviado como KFI). El objetivo del proyecto era forjar una forma de pensar distinta sobre cómo llegamos a conocer las cosas: no a través de ingeniería o como resultado de una pugna entre los hechos sobre el terreno y las teorías que trajinamos en la cabeza, sino más bien mediante la correspondencia con las cosas propiamente, en los mismísimos procesos de pensamiento.

Los ensayos aquí reunidos ejemplifican todos este objetivo de un modo u otro, y comprenden las cuatro áreas académicas que el proyecto KFI quiso reunir: antropología, arte, arquitectura y diseño. Una versión anterior del libro, con solo dieciséis capítulos (incluyendo cuatro ensayos y tres entrevistas que han sido omitidos en la nueva versión), fue publicado «internamente» por la Universidad de Aberdeen en 2017, como uno de una serie de volúmenes experimentales derivados del proyecto.[1] Aunque he trasladado nueve ensayos de la versión original a la nueva, varios de ellos han sido revisados, y otros incluso reescritos completamente. Los restantes ocho ensayos son material nuevo.

---

1. Disponible de libre acceso en *https://knowingfromtheinside.org/*

Correspondencias

Le estoy inmensamente agradecido a todos los implicados en el proyecto KFI por su inspiración y apoyo, y al Consejo Europeo de Investigación por las subvenciones que lo hicieron todo posible. Además, hay muchas otras personas a las que debo agradecer, tanto por haberme inspirado como por haberme permitido reutilizar material previamente publicado. Son las siguientes: Anaïs Tondeur, Anna Macdonald, Anne Dressen, Anne Mason, Benjamin Grillon, Bob Simpson, Carol Bowe, Claudia Zeiske y Deveron Arts, Colin Davidson, David Nash, Émile Kirsch, Eric Chevalier, Franck Billé, Germain Meulemans, Giuseppe Penone, Hélène Studievic, Kenneth Olwig, Marie-Andrée Jacob, Mathilde Roussel, Matthieu Raffard, Michael Malay, Mikel Nieto, Nisha Keshav, Philip Vannini, Rachel Harkness, Robin Humphrey, Shauna McMullan, Tatum Hands, Tehching Hsieh, Tim Knowles, Tomás Saraceno y Wolfgang Weileder. Gracias a todos. ¡Este libro no habría salido a la luz sin vosotros!

Somewhere in Northern Karelia... (En algún lugar de Carelia del Norte...) ha sido reproducido por cortesía de Penguin Random House; *In the shadow of tree being (En la sombra del ser árbol)*, por cortesía de la Gagosian Gallery; *On flight (Acerca del vuelo)*, por cortesía de Skira Editore; *Words to meet the world (Palabras para conocer el mundo)* y *Diabolism and logophilia (Diabolismo y logofilia)*, por cortesía de Routledge (Taylor & Francis).

Tim Ingold
Aberdeen, marzo de 2020

Invitación

Cartas desde el corazón

Las ideas vienen cuando menos te las esperas. Si estos pensamientos fueran invitados que anticipáramos y llegaran llamando a la puerta con cita previa, ¿acaso serían realmente ideas? Para que un pensamiento sea una idea, debe alborotar y trastornar, como una ráfaga de viento que escampa una hojarasca. Aunque quizás lo estuvieras esperando, te sacude cual jarro de agua fría. Sin embargo, alguien que desee ir del punto A al punto B lo más rápido posible no tiene interés alguno en esperar. Para esa persona, la idea es un visitante inoportuno cuya presencia amenaza con desviarla —incluso alejarla completamente— del camino. Pero si no fuera por las ideas, estaríamos atrapados. La vida mental no sería más que una baraja: no podría surgir nada realmente nuevo, sino únicamente combinaciones de un mazo ya existente. Hoy día conceptualizar la creatividad de esta forma ha pasado a ser algo habitual: presuponer que no hay ninguna idea nueva que no sea una permutación o redistribución novedosa de fragmentos de aquellas que las preceden. Como si la mente fuera un caleidoscopio, dotada de una estructura fija constituida por espejos y una serie de cuentas o cristales de distintas formas y colores. Los espejos son estructuras cognitivas permanentemente cableadas; los fragmentos translúcidos de su interior son su contenido mental. Cada sacudida produce un patrón singular, y si bien aplaudimos esa configuración novedosa, en realidad no presenta nada realmente nuevo. Cada configuración es un fin en sí mismo; no hay un principio. A no ser... a no ser que nos fijemos en lo que se suele ignorar: la sacudida. Este zarandeo altera, provoca una disgregación momentánea, una pérdida de control. ¿Y si la idea fuera en verdad la sacudida, en vez del patrón que surge de ella?

«Estoy conmocionado —cantaba Elvis Presley—; tengo las manos temblorosas y las rodillas débiles».² Elvis se refería a la sensación suscitada por el enamoramiento, pero yo experimento esa misma agitación nerviosa cuando me asalta inesperadamente una idea. Es visceral a la vez que intelectual, si es que ambos pueden diferenciarse de algún modo. A veces el pensador puede parecer despegado, aislado en su burbuja, con las manos en la cabeza, pero la pose del enamorado es prácticamente la misma. Lo que el pensador y el enamorado tienen en común es que ambos se hallan en una situación de genuina vulnerabilidad. Se han rendido a la idea o al ser querido. Pero no es para nada una disposición pasiva, al contrario, es apasionada; una melindrería del alma que apela a la mente y el cuerpo, invitándolos a una contemplación de furiosa intensidad. Y esa furia del pensamiento, que comprende tanto éxtasis como ira, es precisamente lo que quiero elogiar en estas páginas. Según mi experiencia, es una furia que solo puede sobrellevarse mediante un relativo sosiego, cuando todo a su alrededor se halla en un estado de moderado equilibrio. En el mundo en que vivimos no es fácil dar con este tipo de equilibrio, y por esa misma razón es incluso más valioso. Uno de mis principales temores es que los desequilibrios que nos plagan (de riqueza, educación, clima...) hagan del pensamiento algo insostenible, y pongan en peligro la vida mental. En efecto, nos enfrentamos a una epidemia de irreflexión, cuyas causas raíces se hallan en la tendencia a vaciar el pensamiento de cualquier tipo de preocupación por sus consecuencias, como si pensar ya no tuviera nada que ver con cuidar, e incluso menos con amar.

La filósofa Hannah Arendt indicó que lo que nos queda por decidir es «si queremos al mundo lo suficiente como para asumir responsabilidad de él».³ Arendt escribió estas palabras tras la destrucción que supuso la Segunda Guerra Mundial, pero su observación sigue teniendo la misma fuerza hoy día, en un mundo que vuelve a encontrarse en el filo de la navaja. Solo si vol-

---

2. En la canción original, «I'm all shook up, my hands are shaky and my knees are weak». (N. del T.)

3. «The crisis of education» (1954), en *Hannah Arendt: Between Past and Future*, con presentación de Jerome Kohn, London: Penguin, 2006, págs. 170–93, ver pág. 193. (Trad. cast.: *Entre el pasado y el futuro*, Ediciones Península, 2016).

vemos a enamorarnos del mundo, auguró, dispondrán las futuras generaciones de una esperanza de renovación. Y para lograrlo, tenemos que volver a aprender el arte de pensar y de escribir, tanto desde el corazón como desde la cabeza. Antaño solíamos pensar y escribir de esta manera, especialmente cuando enviábamos cartas a nuestros seres queridos, familiares y amigos. Nuestros pensamientos, volcados al papel, iban volando al destinatario, como si estuviéramos junto a ellos, entablando diálogo. Solíamos escribir tal como hablábamos, con emoción e inquietud, no con el objetivo de difundir una tesis, sino para perpetuar una línea de pensamiento que emergía en forma de réplica —con sus correspondientes estados de ánimo y motivaciones— a aquello que presuponíamos que estaba ocupando la mente del destinatario. Improvisando sobre la marcha, las ideas aparecían, pues, con cierta frescura y espontaneidad, aún no lastradas por la subsiguiente obligación de explicarlas más al detalle. Pero en la escritura de cartas no solo importa qué palabras escogemos, sino también cómo las redactamos. Las palabras escritas a mano, en letra cursiva, transmiten emociones a través de la inflexión y el aplomo de la línea caligráfica, en continua concatenación. Es algo más de lo que pueden contarnos las palabras, pero son las palabras las que lo cuentan, no a través de los significados que les asignamos, sino gracias al poder expresivo de la línea escrita en sí misma. Me conoces y sabes cómo me siento por cómo escribo, igual que también por mi voz. Cada persona es un mundo distinto.

Digitalización y pérdida

A día de hoy este tipo de escritura de letras ha desaparecido prácticamente y ha sido sustituida por la comunicación instantánea de los móviles y los correos electrónicos. Y con ello, se ha perdido parte de la espontaneidad y el esmero de la escritura de letras. Más concretamente, se ha perdido la espontaneidad de la comunicación; como se concluye en un instante, ha quedado despojada del cuidado, la atención y la deliberación inherentes a la escritura de líneas sobre la página, y de la paciencia que exige esperar que la carta llegue a su destino intencionado y regrese una respuesta. Por el contrario, el esmero ha perdido gran parte de su espontaneidad: resulta más calculado a la vez que menos personal, menos impregnado de sentimiento. Se ha convertido en una prestación de servicios que no incumbe la atención y reacción inmanentes a la necesidad de reconocer lo que le debemos a los otros por nuestra existencia como seres vivos en este mundo. Desde luego, algunos aseverarán que intentar restituir ese amalgama de esmero y espontaneidad es un fútil ejercicio nostálgico. Pero yo no soy de esa opinión, y quiero presentar este libro como una muestra de cómo conseguirlo que, además, revela el poder de la correspondencia a la hora de lograr esa restitución. Porque en realidad no se trata de regresar al pasado, sino de permitir que el pasado vuelva a canalizarse en el futuro. Si queremos que prosiga y prospere nuestra vida en la Tierra, debemos aprender a prestar atención al mundo que nos rodea, y a reaccionar con juicio y sensatez. Corresponderse con gente y con cosas —como solíamos hacer a través de la escritura de palabras— abre vías para que puedan circular vidas, cada una por su lado, pero siempre con un respeto mutuo.

En este libro he recopilado algunas de las maneras mediante las cuales he correspondido, personalmente y por escrito, con todo tipo de cosas, desde océanos y cielos, paisajes y bosques hasta monumentos y obras de arte. Lo ideal hubiera sido que estas correspondencias fueran escritas a mano. Que las haya escrito en un teclado es, para mí, una deficiencia; y que el lector deba leerlas en formato impreso, una adversidad. Sin embargo, este remordimiento no consiste en refugiarse en la nostalgia, sino que radica en una llamada a la sostenibilidad. En un mundo donde cada momento comunicativo concluye casi antes de haber empezado, simplemente no es sostenible reducir la vida a una retahíla de instantes. Tampoco es nostálgico el querer preservar nuestras capacidades para la expresión humana. Porque, si perdemos estas facultades, tendremos que atenernos a las consecuencias. Desde luego, en ningún otro punto de la historia humana se vieron tan amenazadas. Nos hemos limitado a permanecer de brazos cruzados mientras las palabras, truncadas de manos y bocas, se han transformado en la divisa líquida de una industria global de comunicaciones e información. Las palabras, tras ser empeñadas a Estados y empresas, han sido reducidas a meras prendas de intercambio. Y nuestras tecnologías han evolucionado llevando la voz cantante. Se ha segregado el lenguaje de las conversaciones vitales para luego ser introducido en mecanismos de computación. Pero es bastante indudable que la muy alardeada «revolución digital» acabará autodestruyéndose, probablemente en algún punto de este siglo. En un mundo que se enfrenta a una crisis climática, es demasiado insostenible. Las supercomputadoras en las que se sustenta ya están consumiendo cantidades gigantescas de energía; no solo eso, la extracción de los metales pesados tóxicos que se utilizan en la producción de dispositivos digitales ha echado leña a conflictos de carácter genocida por todo el mundo, y probablemente suponga que muchos sitios pasen a ser permanentemente inhabitables. Mientras, la digitalización sigue liquidando los archivos de historia registrada a un ritmo inaudito.

Imagínate un futuro donde hemos agotado, en teclados y pantallas, todas las palabras escritas. Leer estas palabras requiere una visión que atraviese papel o vidrio con tal de extraer los significados reflejados por detrás, en vez de dejarse retener en la superficie. Los rastros lineales del afecto, que antaño habían cautivado los ojos de los lectores, ahora se descartan porque se los considera una distracción. Han sido reemplazados por un léxico de emoticonos poblado de sustitutos de emociones en vez de emociones verdaderas. Después de que caiga en el olvido el poder expresivo de la línea, lo siguiente en desaparecer será la voz. Las autoridades han decretado que las calidades musicales de la pronunciación vocal, que tiempo atrás habían cautivado a los oyentes invitándolos a atender o incluso a sumarse, distraen al receptor de lo que ahora se considera que es la auténtica función de las palabras: transmitir información. De esta forma, la voz finalmente será reemplazada por sintetizadores digitales operados por los neurotransmisores del cerebro. En este mundo feliz, deberemos conservar en gelatina, despojados de su afecto, la nana, el llanto, la canción y el tarareo, cuales *souvenirs* de tiempos pretéritos. Privada de su voz, la gente pierde la facultad de cantar. Aunque esto lo único que hace es agravar la anterior supresión de la mano, la pérdida de su facultad de escribir. Una sociedad donde no haya escritura a mano es como una sociedad donde el canto ha sido desterrado. Pero solo es necesaria una simple invención para restituirla: un tubo sostenido con la mano, equipado con una punta y relleno de un líquido de color oscuro. No existe ninguna interfaz digital que pueda igualar el potencial expresivo y la versatilidad de este instrumento. Barato, de uso fácil, sin necesidad de un suministro de energía externo, y sin dejar contaminación a su paso, podría garantizar el futuro de la escritura durante un sinfín de décadas venideras.

Más que humanos

A veces me pregunto dónde han estado los filósofos todos estos años. Recientemente, a algunos de ellos les ha dado por contarnos —como si fuera un rompedor descubrimiento— que en realidad el mundo no gira en torno a los seres humanos, y que hay todo tipo de entidades no-humanas que pueden entablar relaciones entre ellas, e incluso significar cosas las unas para las otras; entidades que no dependen en lo más mínimo de ninguna presencia humana, de cómo las utilizan o perciben los humanos. Parecería que les ha pasado por alto a nuestros filósofos el hecho de que investigadores de varios campos académicos como la ecología animal y vegetal, la geomorfología o la ciencia del suelo llevan generaciones analizando estas relaciones. Evidentemente, ponemos en cuestión las premisas que sostienen tales estudios científicos, y con buena razón. En su mayoría dan por sentado que el mundo natural ya existe «en el exterior», como si fuera un continente todavía no cartografiado que simplemente se limita a esperar a que los humanos lo descubran. Desde luego hay algo engañoso en esos pronunciamientos de la ciencia que aseguran dar cuenta del funcionamiento de la naturaleza —incluyendo a la mente como una parte de la naturaleza—, dado que tales aseveraciones derivan su autoridad de la perspectiva soberana de una mente que ya se ha colocado a sí misma por encima de la naturaleza que pretende explicar. Por esta misma razón, a pesar de negaciones de que por *cualquier* especie hay una esencia de su tipo, la ciencia está condenada a la presuposición de que los humanos tienen algo de excepcional, algo que los asciende y sitúa por encima del mundo natural. Esta premisa es inevitable porque la totalidad del proyecto científico se sustenta en ella. Es el traje nuevo del emperador; una conjetura que encabeza, invisible, la ciencia de la convivencia no-humana, aunque se nieguen su presencia e influencia.

Pero los filósofos que abogan por un enfoque más equilibrado o «simétrico», que permitiría la participación de no-humanos junto a los humanos en igualdad de condiciones, también juegan a dos bandas. Los humanos, nos dicen, no tenemos este mundo solo para nosotros solos. Al contrario, compartimos el mundo con una variedad casi inimaginable de seres no-humanos, con los cuales establecemos unas relaciones que se ramifican a través de redes cuya agencia e influencia están en constante expansión. Sin embargo, en el epicentro de cualquier red siempre hallarás a un humano. ¿Por qué? Según los que adoptan esta perspectiva, porque los humanos son seres únicos: a diferencia del resto de criaturas vivas, tienen la facultad de inscribir otros seres a sus propios modos de vida. Lo hacen a través de su amplia utilización de objetos inanimados a modo de herramientas o para la fabricación de artefactos, con su domesticación de plantas y animales para adecuarse a sus propósitos, entre varias otras intervenciones. Así pues, la humanidad es postulada como el foco alrededor del cual gira el equilibrio de lo humano y lo no-humano. Sin embargo, este foco se deriva de uno de los mitos más potentes de la modernidad. Es el mito de cómo, hace muchos milenios, los ancestros remotos de los humanos actuales rompieron las cadenas de la naturaleza que mantienen presos a todos los otros animales, y se propulsaron hacia la senda de la historia. Es paradójico que un enfoque que pretende descartar la diferenciación entre lo humano y lo no-humano, y así nivelar el terreno de juego, se justifique aduciendo que los seres humanos —dada su forma de interactuar con las cosas materiales, y la historia progresiva de esa interacción— son radicalmente distintos de todos los otros seres vivos. ¿Acaso podría un enfoque supuestamente simétrico alzarse sobre unos cimientos más asimétricos?[4]

Lo cierto es que, en un mundo que trasciende lo humano, no hay nada que permanezca aislado. Quizás los humanos comparten este mundo con no-humanos, pero, de la misma manera, las piedras lo comparten con no-piedras; los árboles, con no-árboles, y las montañas, con no-montañas. Pero dónde termina la piedra y empieza su opuesto es algo que no puede determinarse de forma conclusiva. Lo mismo puede decirse del árbol y la montaña, incluso del humano. Todo rezuma, nada está completamente amarrado:

---

4. Tim Ingold, «Anthropology beyond humanity» (lección en memoria de Edward Westermarck, mayo de 2013), *Suomen Antropologi* 38(3), 2013: 5–23.

esta es una condición de vida. Evidentemente, podemos diferenciar las cosas. Si me pides que señale a otro ser humano, una piedra, un árbol o una montaña, puedo hacerlo sin demasiada dificultad. Pero lo que estoy señalando no es una entidad «independiente» en ningún sentido de la palabra. En realidad, lo que haré es centrar mi atención en un punto donde observo que ocurre algo, un proceso que se derrama por sus alrededores, que incluso se derrama sobre mí. Veo la petrificación de la piedra, la arborescencia del árbol, el subir y bajar de la montaña. Y cuando veo a un semejante, a un ser humano, lo que veo es su *humanación*. Los sustantivos que utilizamos para nombrar las cosas deberían ser sustituidos por verbos: «pedrear», «arbolear», «montañear», «humanear». De repente, el mundo donde vivimos, y que compartimos con tantas otras cosas, ya no se nos presenta como algo tan perfectamente definido, dividido en cosas de este tipo u otro, respondiendo a una clasificación rígida. En vez de ello, nos sacude un mundo donde todas las cosas se diferencian continuamente las unas de las otras a lo largo de los pliegues y las arrugas que revelan su formación. Todas las cosas tienen su propia historia de diferenciación, o, mejor dicho, todas las cosas *son* su propia historia de diferenciación. Visto así, la historia de una piedra, de un árbol o de una montaña, igual que la historia de un ser humano, es también la historia de aquellas cosas o seres que, con el paso del tiempo, se transforman en sus otros, pájaros, musgos, alpinistas.

Ser y devenir

Solo cuando palpemos las cosas como sus historias podremos empezar a corresponder con ellas. Así que tú, lector o lectora, deberías practicar esta forma de percibirlas antes de lanzarte a leer los siguientes ensayos. Estamos demasiado acostumbrados a adoptar una mirada retrospectiva, a cazar las cosas un instante demasiado tarde, cuando ya se han asentado en las formas y categorías que les fueron asignadas. Como en el juego del escondite inglés, el mundo nos acecha sigilosamente por detrás, pero se congela en el momento en que nos giramos para observar. Para corresponder, debemos ir tras los bastidores, sumarnos a los acechadores y movernos junto a ellos en tiempo real. Al hacerlo, de inmediato, lo que el guardián solía ver nada más como estatuas cobra vida vibrantemente. La estatua ya ha sido moldeada, pero los acechadores están vivos dentro del moldeado. Su pose no consiste en ser, sino en devenir. Para correspondernos con ellos, debemos dar un salto de la ontología a la ontogenia, como dirían los filósofos. La ontología aborda lo que hace que una cosa exista, pero la ontogenia aborda cómo se genera. Trata sobre su crecimiento y proceso de constitución. Este salto, asimismo, conlleva importantes implicaciones éticas. Porque propone que las cosas no están para nada herméticamente selladas y separadas, cada una empaquetada en su propio mundo de ser básicamente impenetrable. Al contrario, están fundamentalmente abiertas, y todas toman parte en el mundo del devenir, que es indivisible. Múltiples ontologías denotan múltiples mundos, pero múltiples ontogenias denotan un único mundo. Puesto que, con su crecimiento o movimiento, las cosas de este mundo se dan réplica las unas a las otras, se responsabilizan las unas de las otras. Y en este mundo singular nuestro, la responsabilidad no es algo que solo algunos deban asumir. Es una carga que debemos trajinar todos.

Dicho esto, es cierto que algunas personas solo son capaces de comprender una forma de reflexionar si primero le adscriben una escuela de pensamiento. Y basándonos en lo que he comentado hasta ahora, probablemente presupondrán que recibí una educación fenomenológica. Es innegable que he sido influido por pensadores vinculados a esta tradición. Pero para mí la fenomenología no ha sido un punto de partida. Nunca la he considerado como un enfoque o modo de trabajo que primero debería absorberse y después emplearse. Como la mayoría de cosas filosóficas, ha calado en mí de manera más o menos azarosa, y se ha insinuado en mi forma de pensar sin que yo me percatara realmente. No hay duda de que mi fenomenología de cultivo casero se toma todo tipo de libertades con los textos canónicos, muchos de los cuales no tengo especial interés en leer. La exegesis de textos es una tarea que debería ocupar a aquellos que han recibido una formación como filósofos, y no a *amateurs* como yo. Siempre me han dejado relativamente perplejo los académicos que, en su empeño de llegar al fondo de nuestra experiencia como seres en el mundo —eso dicen—, entierran sus cabezas en los textos más arcanos y herméticos. Lo instintivo sería suponer que la mejor forma de sondear las profundidades de la experiencia humana consistiría en prestar atención al mundo que nos rodea, y así acceder directamente a aquello que nos tiene que contar. Eso es lo que los habitantes del planeta hacen todo el rato, en sus vidas cotidianas, y podemos aprender mucho de ellos. Es por eso que sigo insistiendo en que, si queremos empezar a solucionar la crisis suscitada por nuestra ocupación del mundo, lo que deberíamos hacer es atender a la sabiduría de sus habitantes, ya sean seres humanos o de otros tipos, en vez de refugiarnos en la autorreferencialidad aislada del discurso filosófico.

Si actualmente nuestro mundo está en crisis, es porque nos hemos olvidado del arte de corresponder. En vez de ello, nos hemos centrado en campañas de interacción. Las partes que participan en una interacción se reúnen con sus identidades y objetivos ya definidos, y negocian respondiendo a sus intereses separados, sin interesarse por transformarlos. Se hace patente su diferencia al inicio, y permanece ahí al final. La interacción es, por lo tanto, una relación *entre*. La correspondencia, sin embargo, avanza *a lo largo*. El problema es que hemos estado tan absortos en nuestras interacciones con otros que hemos sido incapaces de darnos cuenta de cómo tanto ellos como nosotros avanzamos juntos por la corriente del tiempo. Como he querido demostrar, la correspondencia radica en las formas a través de las cuales las vidas, en su perpetuo desdoblarse o devenir, se unen y diferencian mutua y simultáneamente. Pasar de la interacción a la correspondencia conlleva una reorientación fundamental: saltar de la intermediación de seres y cosas a su *enmediación*.[5] Imaginémonos un río y sus orillas. Podemos constatar la relación que mantiene una orilla con la otra y, si cruzamos un puente, podemos colocarnos en un punto medio entre ambas. Pero las orillas se forman y reforman perpetuamente de resultas del flujo de las aguas del río. El flujo de esas aguas está en medio de las orillas, en una dirección que es ortogonal respecto al tramo del puente. Decir que los seres y las cosas están en medio significa sintonizar nuestra percepción con las aguas; corresponder con ellas implica sumarnos a esta percepción con la corriente. Ese es

---

5. Tim Ingold, *The Life of Lines*, Abingdon: Routledge, 2015, págs. 147–53. (Trad. cast.: *La vida de las líneas*, Ediciones Universidad Alberto Hurtado, 2018).

precisamente el cambio de orientación que debemos adoptar, creo, si queremos entender el mundo como uno que podamos habitar tanto ahora como en un futuro próximo. Es, en resumidas cuentas, un requisito para la vivencia sostenible.

Un derroche de conocimiento

Todo el conocimiento es porquería: el residuo de una reacción metabólica. Esa, en cualquier caso, es la conclusión que ineludiblemente se deriva del modelo de producción de conocimiento que nos imponen las autoridades, ya sean instituciones educativas, firmas comerciales o agencias del Estado. Según este modelo, el conocimiento se genera cosechando enormes cantidades de datos e introduciéndolos en máquinas que digieren o procesan este *input* y excretan unos resultados u *output*. Este excremento es la divisa vendible de la economía del conocimiento. En la medida en que los seres humanos son partícipes —si es que lo son— en este proceso de producción, se limitan a ejercer de operadores o técnicos, cuyo trabajo consiste en prestar sus servicios a las máquinas: mantenerlas suministradas y en buen estado de funcionamiento. Idealmente, su presencia y actividad —más allá de vigilar que las máquinas funcionen— no debería tener ningún peso en los resultados. Entran los *inputs*, salen los *outputs*, y lo que sucede entremedias no es de particular importancia. Y a medida que se amontonan los resultados, y las pilas excrementales de conocimiento se incrementan, la vida misma acaba siendo consignada a los márgenes, destinada a hurgar lo que pueda de los desechos acumulados a partir de este procesamiento de datos a escala industrial.

Tenemos a nuestro alcance, sin embargo, imaginarnos un mundo alternativo donde las máquinas han sido sustituidas por gente. Quizás esta gente todavía hablaría de «datos», pero sugerirían interpretar literalmente el término, refiriéndose a aquello que les es *dado*, para vivir y conocer. Aceptarían, de buena gana, lo que les ofrece el mundo, en vez de intentar extraer —ya sea recurriendo a la fuerza o el subterfugio— lo que no. Este ofrecimiento los alimentaría, igual que lo hace la comida que ingieren, y, al igual que con la comida, lo acabarían digiriendo. Pero para ellos la digestión sería, ante todo, un proceso de la vida y el crecimiento. Cuando produjeran conocimiento, pues, también están produciéndose a sí mismos como gente que conoce. Por supuesto, serían conscientes de que un proceso de este tipo conlleva cierto grado de fricción: no todo puede ser incorporado al crecimiento, y no todas las cosas serían digeridas. Desde luego no hay ningún oficio artesanal que en el procesamiento de sus materiales no genere cantidades abundantes de residuos, ya sea en forma de polvo, virutas, astillas o restos. Lo mismo sucede en las labores del intelecto. Pero en este mundo alternativo, los desechos no serían conocimiento. Solo se convertirían en conocimiento cuando fueran reincorporados a un proceso vital.

No hay ningún ser vivo, sin embargo, que pueda persistir indefinidamente, igual que tampoco puede seguir en vida si permanece aislado. La continuidad de la vida —y, por lo tanto, también del conocimiento— les exige a todos los seres desempeñar su papel a la hora de engendrar otras vidas y sustentarlas el tiempo que sea necesario para que estas últimas, a su vez, conciban otras vidas. De ahí que toda existencia, y, por lo tanto, todo conocimiento, sea intrínsecamente social, ya sean los árboles de un bosque, las bestias de un rebaño o los seres humanos de una comunidad. La vida social es una larga correspondencia. Concretamente, es una red enmarañada de correspondencias que acontecen simultáneamente y se entretejen mutuamente. Progresan, urdiéndose en varios puntos en forma de temas, como si fueran los remolinos de una corriente. Y poseen tres características diferenciadoras. Primero, toda correspondencia es un *proceso*: se perpetúa. Segundo, la correspondencia es *inconclusa*: no apunta a ningún destino fijo o conclusión final, ya que todo lo que pueda decirse o hacerse insta a seguir del hilo. Tercero, las correspondencias son *dialógicas*. No son solitarias, sino que se prolongan entre partícipes y a través de ellos. Es a partir de estas interacciones dialógicas que surge continuamente el conocimiento. Corresponder significa hallarse constantemente presente en la cúspide donde el conocimiento está en el punto de sedimentarse en las formas de pensamiento. Significa cazar ideas al vuelo, en el fermento de su emergencia, antes de que sean barridas por la corriente y se pierdan para siempre.

Invitación

El rigor de los *amateurs*

En las correspondencias que conforman este libro, me he deleitado en la libertad de deshacerme de los grilletes de las convenciones académicas y de escribir como un *amateur* sin ningún tipo de descaro. Todos los auténticos académicos, creo, son *amateurs*. Literalmente, el *amateur* es alguien que —a diferencia del profesional— estudia algo no para labrarse una carrera, sino por amor al asunto, motivado por un sentido de la responsabilidad, el esmero y la implicación personal. Los *amateurs* son quienes corresponden. Y en el estudio hallan una forma de vida que armoniza con la totalidad de su manera de vivir en el mundo. Es cierto que esta oda al amateurismo acarrea sus escollos, especialmente en un clima político donde la pericia profesional es automáticamente desestimada como el postureo de una élite tecnocrática más interesada en consolidar sus propios privilegios y estatus que en atender al sentido común de gente ordinaria e iletrada. Debe añadirse algo a nuestra definición de lo que significa ser un *amateur*, no sea que corramos el riesgo de caer en un tosco populismo.

Bien pensado, creo que las dos palabras que necesitamos son *rigor* y *precisión*. Para que el estudio *amateur* sea digno de ese nombre, debe ser riguroso y preciso. No obstante, es necesario descifrar ambos términos. Cuando empecé a reflexionar sobre el concepto del rigor, me vinieron a la mente mis esfuerzos, a lo largo de toda la vida, para aprender a tocar bien el violoncelo. Aunque se caracterizan por años de prueba y error, lucha, frustración e incluso dolor, me han aportado un gran sentimiento de realización personal. El rigor tiene sus gratificaciones. Recientemente, sin embargo, tuve la suerte de leer un artículo de la artista y antropóloga visual Amanda Ravetz que me obligó a volver a reflexionar al respecto.[6] A Ravetz le interesa indagar qué significa aseverar que el arte es un proceso investigativo en un contexto donde investigaciones de todo tipo están siendo sujetas a regímenes de evaluación cada vez más prescriptivos. Actualmente, a la investigación se le atribuyen tres criterios de referencia: originalidad, rigor y trascendencia. Es

---

6. Amanda Ravetz, «BLACK GOLD: trustworthiness in artistic research (seen from the sidelines of arts and health)», *Interdisciplinary Science Reviews* 43, 2018: 348–71.

razonable, piensa Ravetz, juzgar la investigación artística por su trascendencia y originalidad. El rigor, sin embargo, amenaza con aniquilarla. ¿Pero acaso se trata del mismo rigor, me pregunté, que caracteriza mi estudio del violoncelo?

Podríamos escudriñar la etimología de la palabra. Ravetz lo rastrea hasta remontarse a variaciones de *rig* en el inglés medio, que abarcan todo tipo de significados, desde la faja del arador medieval hasta la columna vertebral de un animal o la cumbrera de una casa. Mi diccionario, sin embargo, sitúa la raíz de la palabra en el latín *rigere*, 'estar rígido', con las nociones de rectitud, tiesura, entumecimiento y morbilidad que conlleva. Sea cual sea la derivación que prefiramos —y quizás estén conectadas—, parece que todas giran en torno a la dureza y la severidad. El rigor está desprovisto de sentimiento, no cede nada a la experiencia, y provoca una parálisis instantánea en cualquier cosa con la que pueda entrar en contacto que esté viva o se mueva. ¿Es esta la disposición de las llamadas «ciencias duras»? De ser el caso, el académico *amateur* debería oponerse decididamente a ella. Porque, tras haber optado por dedicar todo su ser y su vida entera al tema que está estudiando, el *amateur* busca un enfoque más blando y empático; un enfoque que responda a la llamada del tema a la vez que pueda responder a él. La respuesta tiene un deje de responsabilidad; la curiosidad, de esmero. He aquí lo que Ravetz llama una «correspondencia con vitalidad sentida». Y, según ella, esta correspondencia puede ser cualquier cosa menos rigurosa. Esto no significa que sea negligente, insulsa o incapaz de percibir diferencias. La oposición típica entre pericia y sentido común suele concebir la primera como si consistiera en picos de conocimiento alzándose sobre una meseta por lo demás homogénea y sin rasgos característicos. El paisaje de la correspondencia, sin embargo, es infinitamente variopinto. Corresponder con las cosas significa seguir esas variaciones. «El pensamiento que se une a las cosas —tal como lo describe Ravetz— es... heterogéneo, emergente, localizado y nuboso».[7] Está en continuo contacto con la emoción, con la experiencia vivida. ¿Qué significa, entonces, estudiar de esta manera?

---

7. Ravetz, «BLACK GOLD», pág. 362.

Invitación

Aquí nos hallamos ante un claro contraste entre dos tipos de pensamiento. Hay un pensamiento que *une* las cosas, y un pensamiento que *se une* a las cosas. En el primer caso, las cosas ya se han desprendido —en forma de datos— de los procesos que las constituyeron; la labor, pues, consiste en reconectarlas retrospectivamente. En el segundo caso, las cosas están en un constante proceso de aparición, y la tarea consiste en meterse dentro del movimiento hacia delante de algo que está siendo generado. Consideremos, por ejemplo, la línea recta, famosamente descrita por Euclídeo como la conexión más corta entre dos puntos. Solo debes especificar los puntos para determinar la línea. Esta línea no tiene envergadura; es abstracta e impasible. No es como las cuerdas tensadas de mi violoncelo, que tienen un peso y un grosor concretos, y que, además, se doblan y vibran cuando se frotan o puntean. No es como el surco recto del arador que se constituye a medida que él avanza, y que exige su constante y despierta atención, no sea que pierda su equidistancia respecto al aparejo, así como su alineación con él. No es como la jarcia del barco que, con su tensión y relajación alternadas, permite que las velas puedan ser apocadas con precisión ante los imperantes vientos. Ni tampoco es como las líneas perfectamente rectas que el artista Jaime Refoyo me enseñó a dibujar a pulso después de primero haberme mostrado cómo hallar un equilibro determinado de fuerzas y tensiones musculares dentro de mi propio cuerpo, lo que también me exigió ser extremadamente consciente de mi entorno inmediato. Si hay rigor en estas líneas, no es ni inmóvil ni está despojado de sensibilidad. Yace, más bien, en la precisión de una afinación cercana: en la tensión de la cuerda del violoncelo, generando un timbre concreto al vibrar; en la atención que presta el arador al campo; en la atención que presta el marinero al viento; en la atención que presto a mi cuerpo y sus alrededores.

Parecería que hay dos variedades de rigor que son virtualmente opuestas entre ellas: una que exige precisión en el registro, medición e integración de un mundo inflexible de hechos objetivos; y otra que aboga por una atención y un esmero ensayados en la relación en curso entre la percepción consciente y los materiales animados. Es en la segunda, no en la primera, que yace el rigor de la correspondencia. Y es aquí donde interviene la precisión. Porque no debería ser confundida con exactitud. Los bailarines, por ejemplo, son más precisos que exactos cuando observan los movimientos de otros para así adaptarse a ellos. En este caso, la precisión depende de la capacidad de flexionarse ante los movimientos de los otros. Lo mismo puede decirse de cualquier tipo de artesanía, donde la destreza del creador radica en su habilidad de ajustar los movimientos del cuerpo sensorial a las herramientas o materiales de una manera que genere relaciones fructíferas entre líneas, superficies, escalas y proporciones. El bailarín y el artesano son *amateurs*. Son *amateurs* porque su baile, su artesanía, se adhiere a un modo de vida. Su práctica es cuidadosa, atenta, rigurosa; pero es un rigor del segundo tipo. Llamémoslo rigor *amateur*; un rigor que es flexible y está enamorado de la vida, a diferencia del rigor profesional, que instiga rigidez y parálisis.

La vía del arte

En estos ensayos he intentado, correspondiendo con todo el rigor y la precisión que he podido reunir, no alejarme del quid de las cosas. Quiero demostrar que esa práctica de pensamiento que a menudo llamamos «teoría» no implica que debamos despegar rumbo a un reino estratosférico de hiperabstracción, ni que tengamos que asociarnos, en nuestra imaginación, con conceptos que se han distanciado tanto del terreno de la experiencia —donde se originaron— que han perdido todo contacto con él. Más bien, al contrario: la labor teórica puede estar tan basada en los materiales y las fuerzas del mundo habitado como el desempeño de cualquier otra tarea. Practicar la teoría como una manera de habitar implica que en nuestro pensamiento nos juntemos y entremezclemos con las texturas del mundo. Eso significa, en cierto modo, no tomarse las verdades literales metafóricamente, sino *tomarse las verdades metafóricas literalmente*. El teórico puede ser un poeta. Por ejemplo, inspirándome en la poesía de Seamus Heaney, bien puedo comparar mi sondeo para encontrar palabras con el campesino que excava para hallar turba; y mi pluma con una pala.[8] Me empujaría la intuición de que subyace una

---

8. «Digging», en Seamus Heaney, *New Selected Poems, 1966–1987*, Londres: Faber & Faber, 1990, págs. 1–2.

verdad más profunda en tal comparación; la verdad que, a la hora de teorizar, estoy intentando encontrar. Y sé que tendré más oportunidades de hallarla si aterrizo en vez de despegar. ¡Debería coger una pala y ponerme a excavar! Y mientras lo hago, debería reflexionar sobre lo que la pala me está contando sobre la tierra; o, mejor dicho, lo que la tierra me está contando a través de la pala. Y finalmente podré trasladar las lecciones que he aprendido al pensamiento que redacto en la página.

Tomarse literalmente verdades metafóricas, sin embargo, no es solo la vía de la poesía; también es —quizás por encima de todo— la vía del arte. La labor del artista consiste en corporeizar tales verdades, hacer que se nos presenten visceralmente para que podamos experimentarlas en su inmediatez. La mayoría de ensayos aquí reunidos fueron escritos originalmente como reacciones a provocaciones artísticas. Algunos fueron encargos de los mismos artistas, o de los comisarios de sus obras; otras fueron fruto de mi propia iniciativa. Mi objetivo para nada es realizar ningún juicio, estético o de otro tipo, del arte en sí mismo. No planteo ninguna interpretación o análisis experto. Escribo cual correspondiente *amateur*, no como crítico profesional. Pero dado que me expreso a través del medio de las palabras, también he querido insertar mi propia voz a la correspondencia. Y siendo honestos, he disfrutado mucho haciéndolo. Ha sido para mí todo un alivio dejar aparcado mi yo académico y escribir con mi propia voz, mano y corazón. Ante todo, he saboreado la libertad que me ha permitido tanto recibir ideas frescas como dejarme sacudir y perturbar por ellas.

Los veintisiete ensayos que constituyen este libro están agrupados en seis partes. Empezamos en los bosques, hablando con árboles, y luego emprendemos un periplo del mar a la tierra y al cielo, y de ahí de regreso a la tierra. Andamos por terrenos varios, nos mezclamos con los elementos, seguimos líneas e hilos desde las congregaciones de la naturaleza hasta las páginas del libro, y concluimos con un llamamiento a que se restituyan las palabras escritas a mano. Aunque el viaje en sí mismo, que avanza gradualmente del mundo a las palabras, se desarrolla sin interrupción, está articulado sobre la base de elementos individuales, cada uno de los cuales —por sí mismos— tienen su propio carácter e integridad. Como si fuera el nido de un pájaro, el libro está hecho de fragmentos varios que nunca fueron concebidos para encajar juntos. La coherencia contingente del nido, y la latitud que provee a sus partes constituyentes, le proporciona una resiliencia gracias a la cual se mantiene firme incluso bajo las condiciones climatológicas más adversas. La irregularidad es lo que lo preserva. Lo mismo sucede con este libro, que le concede al lector o lectora una latitud que les permite zambullirse en cualquiera de sus puntos, leer los ensayos en cualquier orden, y quizás regresar a algunos más tarde. Como cuando andas por el bosque, puedes emprender una variedad de rutas alternativas. Piensa en las páginas del libro, pues, como el suelo sobre el cual andas; y en sus líneas como caminos. ¡Que tengas un buen paseo!

HISTORIAS DE LOS BOSQUES

Introducción

La sociología debería empezar en los bosques. ¡Adentrémonos ahí, para empezar nuestras pesquisas con los árboles! ¿Podría haber un mejor ejemplo de convivencia, una mejor muestra de cómo vivir y crecer juntos, que los árboles de un bosque? Son mucho más sociables que la gente. Los humanos aparecen y desaparecen, obsesionados con problemas pasajeros. Pero los árboles permanecen en su sitio. Cuentan historias, se comunican entre ellos; los árboles viejos pueden custodiar a los jóvenes pimpollos, que brotan entre las raíces de sus antepasados. Nosotros, los humanos, somos meros fisgones insignificantes en sus largas y majestuosas conversaciones. Adéntrate en el bosque como si entraras a una biblioteca o una catedral: con cierta veneración. Delante de ti, como hileras de libros en las estanterías, o columnas de una nave, hay filas acumuladas de troncos. Cada tronco —cada códex, como los antiguos se referían tanto a los troncos como a los libros— tiene su historia, pero no se halla entre cubiertas, como en el caso de los libros, sino arriba, en lo más alto, como sucede con la bóveda de abanico del techo de la catedral o la tracería ramificada de sus ventanas. Si quieres leerla, tendrás que estirar el cuello.

Mira con atención el dosel, escucha atentamente, siente las texturas de corteza y musgo como si estuvieran debajo de tu piel o uñas. Indudablemente, te sientes más vivo en la presencia de árboles. Pero a nosotros nos parece que hablan en acertijos. Incluso cuando nos esforzamos para descifrar sus significados, no parece que podamos esclarecer nada. ¡Todo es tan complicado en los bosques! Todo está —literalmente, si nos remontamos al latín (*com*, 'junto', más *plicare*, 'plegar')— plegado sobre sí mismo. Si observamos los árboles aquí reunidos, no podemos determinar dónde termina uno y empieza otro. No se colindan o bordean como los fragmentos de un mosaico, ni se orientan espalda contra espalda, cada uno hundido en sí mismo. Más bien, se repliegan unos sobre otros, unos dentro de otros, a medida que avanzan. Observa el terreno, acribillado de raíces que amenazan con hacerte tropezar, la corteza arbórea asurcada y estriada, la masa de follaje desaderezada y sacudida batida por el viento. Cada línea de la congregación es un pliegue en el tejido de un mundo arrugado.

Pero las arrugas son ajenas a nuestro deseo de orden. Preferimos un mundo que responda a la llamada de la razón. Sea lo que sea lo que hagamos o construyamos, nos esforzamos en rectificar las cosas, en simplificar. Nos gusta que las superficies externas sean suaves y planas, y que los ángulos sean afilados. Quizás envidiamos a los árboles, su complicada convivencia. Somos incapaces de aceptar la idea de que puedan disfrutar de un modo de convivir radicado en la paz y la tranquilidad, que a nosotros nos sigue pareciendo incomprensible. «O ellos, o nosotros —decimos—, no hay más espacio para ambos». A lo largo de la historia, los humanos, con su necesidad de terrenos para el ganado y las plantaciones, madera para los barcos y celulosa para la industria del papel, han talado los bosques o les han prendido fuego. Incluso cuando escribo estas palabras, hay regiones del planeta que están en llamas y donde los vecinos huyen para salvar sus vidas. Después de la conflagración, los bosques volverán a resurgir de las cenizas. ¿Pero la sociedad humana? Quizás también; pero quizás no.

En algún lugar de Carelia del Norte...

El día de Año Nuevo de 2016, recibí —junto a otras treinta personas— una invitación del escritor y productor radiofónico Tim Dee para redactar un ensayo sobre un tema que me pareciera personalmente atractivo. Cansado de la paralizante combinación de hechos y espiritualidad que impregna una parte importante de la literatura contemporánea sobre el medioambiente, Dee quería mostrar cuán valiosos son para nosotros los lugares ordinarios, y por qué es importante que sigamos cuidándolos. Nos dijeron que un lugar ordinario podría ser cualquier cosa o cualquier sitio. Podría ser un árbol hueco o la esquina de una calle, un dormitorio de infancia o un terreno de decantación. Podía hallarse en el mundo asfaltado de la ciudad, con sus avenidas y edificios, o en el mundo vegetado del campo, con sus bosques y llanuras. Lo único que importaba es que lo tuviéramos cerca de nuestros corazones. Los ensayos serían reunidos en un libro, llamado Ground Work, *que se publicó en 2018.*[9]

Decidí ambientar mi texto en un lugar que me es especialmente querido. De hecho, muchas de las ideas que aparecen en este libro medraron primero ahí. Este ensayo, por lo tanto, me pareció un buen lugar de partida desde el cual emprender las correspondencias venideras.

En algún lugar de los bosques de Carelia del Norte yace un gran peñasco. Antaño cabalgó sobre un glaciar como un canto errabundo, tras haberse desprendido de un lecho rocoso de granito por la fuerza del hielo en movimiento. Entonces, cuando se fundió el hielo, quedó burdamente abandonado en una pendiente pronunciada. Ha permanecido ahí desde entonces, como si en cualquier momento pudiera bajar rodando por la colina sin nunca llegar a

---

9. *Ground Work: Writings on Places and People*, editado por Tim Dee, Londres: Jonathan Cape, 2018.

hacerlo, mientras crecían tierra, musgo, líquenes, arbustos y árboles a su alrededor. El peñasco ha generado su propio entorno. Proporciona sombra y refugio a las plantas que crecen en el lado inferior, y habilita superficies donde puedan crecer otras plantas; incluso hay un piñón que ha echado raíces en una fisura cerca de la cumbre. Para hallarlo debes penetrar en el bosque, abrirte camino sobre rocas y vadear una alfombra de vegetación. De una altura de unos cuatro metros, con un diámetro parecido en todas las direcciones, lo que se alza ante tus ojos es aproximadamente doscientas toneladas de una roca que no está posada plana sobre el suelo, sino que parece precipitarse por la pendiente a una velocidad de cero. Es un equilibrio precario de fuerzas lo único que lo mantiene en ese punto. Pero en algún momento del pasado —posiblemente hace miles de años— se hendió. El agua debió de penetrar una grieta, expandirse cuando se congeló y, con una enorme fuerza, partió el peñasco de arriba abajo, resquebrajándose una losa enorme que a la vez se desplazó unos setenta centímetros a un lado. La grieta en forma de cuña sigue abierta en la parte superior, y ha caído un pequeño bloque de piedra en su interior, donde permanece atascado una tercera parte más abajo. Hay otro fragmento de roca que se ha deslizado por la superficie agrietada y permanece sobre el mencionado bloque exactamente como cayó, sustentado sobre su afilada punta (Figura 1). Todo esto debió de suceder en una fracción de segundo. Yo intento, en la quietud del bosque, imaginarme el sonido explosivo que debió de darse, y su reverberación por el paisaje. Observando el precario equilibrio del conjunto —fragmento sobre bloque, bloque dentro de grieta, grieta en peñasco y peñasco sobre pendiente—, tengo la sensación de que habito el silencio del interior de la explosión. Es como si en este peñasco la naturaleza estuviera conteniéndose perpetuamente la respiración. Un día cederá, y el peñasco se precipitará colina abajo. No podemos saber cuándo sucederá eso. ¡Y mejor no encontrarnos debajo en ese momento!

En algún lugar de este bosque hay un árbol especial. No es particularmente grande, ni ha alcanzado una altura destacable. A sus pies, sus raíces envuelven estrechamente un afloramiento de roca alisado por el glaciar, desde el cual se enrosca un tronco grueso, retorciéndose como si fuera una serpiente, hasta finalmente inclinarse hacia la vertical a medida que se enma-

En algún lugar de Carelia del Norte...

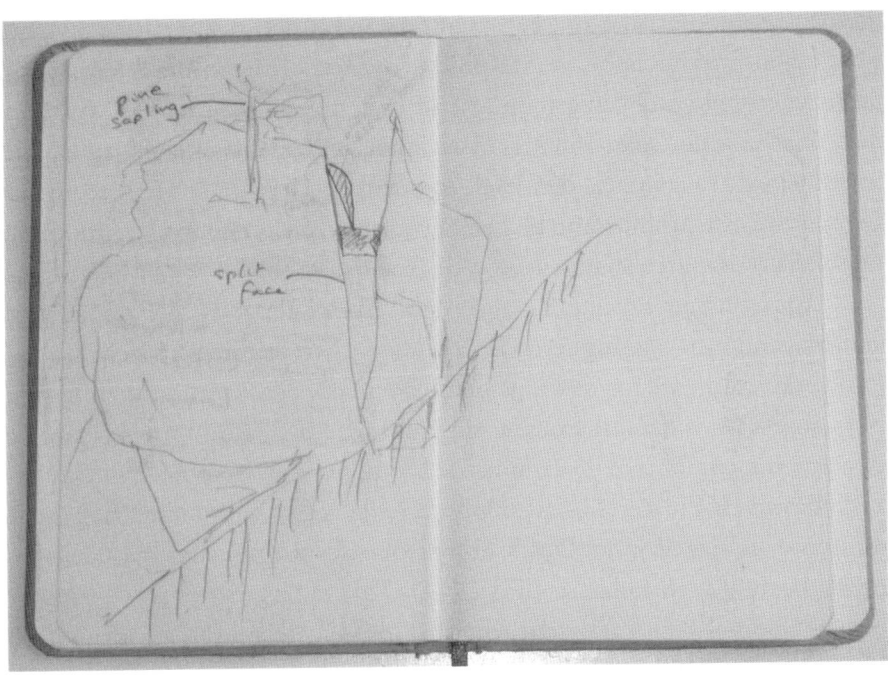

Figura 1 El peñasco: una página de mi cuaderno de dibujo (foto del autor).

grece al ser el crecimiento más reciente, hasta acabar disolviéndose en un manojo de ramas y varetas cubiertas de agujas. Ese árbol es un pino, y debido a su ubicación a orillas de un gran lago, se ha enfrentado a extremos de frío y viento de los cuales sus primos más grandes del interior están relativamente protegidos. Su retorcido tronco atestigua los primeros años de contienda contra los elementos, cuando no era más que un piñón joven y grácil. Este piñón todavía está dentro, enterrado bien hondo bajo décadas de posterior desarrollo y acrecimiento. Ahora, endurecido y deformado por la edad, mi árbol puede aguantar cualquier cosa que la naturaleza pudiera arrojarle. Lo que a mí me parece especial de este árbol, sin embargo, es la forma, que parece habilitar una especie de diálogo entre roca y aire. En su base, la madera esencialmente se ha convertido en piedra. Las raíces, siguiendo los contornos del afloramiento rocoso y penetrando sus hendiduras, mantienen a la roca firmemente sostenida. Pero ahí arriba, las delicadas agujas del pino vibran ante el más leve soplo de viento y albergan menudas orugas geométridas que recorren las varetas con sus particulares desplazamientos en bucle. ¿Cómo es posible que semejante solidez eterna y volatilidad efímera estén en armonía? Este es el milagro de mi árbol. A través de él, la roca se abre para intentar alcanzar el cielo, mientras el paso anual de las estaciones se acurruca dentro de lo que parece ser una eternidad. Pasar tiempo con este árbol, como he hecho yo, implica vivir en el presente como también arrellanarse en un ensueño de insenescencia.

Aquí, en este bosque, las hormigas están ocupadas con sus labores, construyendo un hormiguero. Desde lejos, el hormiguero parece un túmulo perfectamente formado, de plano circular y elevación campaniforme. Si lo observamos detenidamente, sin embargo, resulta ser un hervidero de movimiento compuesto de legiones de hormigas que se empujan entre ellas zarandeando los materiales que han traído de vuelta, en su mayoría granos de arena y agujas de pino. Desde el centro se despliegan cual abanico hileras de hormigas en todas las direcciones. Para verlas, tienes que examinar con atención el suelo. Algunas son más como tuneladoras, taladrando su camino a través de la densa alfombra de musgo y liquen que recubre la tierra. Si fueras del tamaño de una hormiga, los desafíos a los que te enfrentarías en la travesía serían formidables, ya que lo que para nosotros son meros guijarros supondrían escaladas despeñadizas y caídas verticales; las raíces de los árboles, por otro lado, serían cordilleras. Pero no hay nada que parezca impedir el tráfico: miles y miles de hormigas yendo hacia fuera y regresando, las que salen frecuentemente chocándose con las que vuelven cargadas de materiales de algún tipo para sumarlos al montón. Cuando paseamos solos por el bosque, es extraño pensar que debajo de los pies de uno hay imperios de insectos en miniatura, poblados de millones de seres de una rareza y complejidad inimaginables.

El viento sopla en el bosque. Puedes escuchar cómo viene de muy lejos, especialmente gracias a los álamos temblorosos. Cada árbol lo transmite al siguiente hasta que, en un momento dado, sus hojas entonan todas la misma melodía. Cada hoja tiembla, aunque los troncos se balancean solo un poquito. Y de repente todo vuelve a calmarse. La racha siguió su camino. En las aguas del lago, la superficie se trastorna, asomándose ondas que focalizan la luz reflejada en pequeños soles que centellean primero en pares y después en solitario. A medida que las ondas llegan a orillas del lago, los juncos se encorvan y crujen al unísono, hasta que enmudecen. ¿Generan los árboles el soplo del viento agitando sus extremidades recubiertas de hojas? ¿Genera el agua el viento con su escarceo? ¿Generan los juncos el viento con su murmullo? ¡Por supuesto que no! Pero, desde luego, el clarinetista necesita una lengüeta para convertir su aliento en música. Es decir que, si cuando hablamos de viento, nos referimos a su música tal como llega a nuestras orejas, o su danza del sol ante nuestros ojos, entonces sí: las hojas, las ondas y las cañas sí que generan el viento. Porque cuando digo que escucho el viento, o cuando lo veo en la superficie del lago, los sonidos que escucho los generan las hojas, al igual que la luz que vislumbro la generan las ondas.

En una ocasión estaba haciendo volar una cometa en un descampado donde el césped estaba recién cortado. A medida que tiraba de la cuerda, me pareció que mi cometa, como las hojas de los árboles, también era un instrumento para convertir los soplos aéreos en una música en movimiento. Sin embargo, la cuerda, que se había enmarañado en excursiones anteriores, había sido reparada en múltiples ocasiones, aplicándosele cortes y reataduras. Una ráfaga extrañamente fuerte embistió contra uno de los nudos y mi cometa salió desprendida. Por ahí se perdió, navegando sobre las copas de los árboles, mantenida a flote por el viento. Me imagino a la cometa saboreando su libertad recién adquirida. «Observadme —habría cacareado—. Soy una criatura celestial. Campos y bosques, todos me parecen iguales!». Pero sus sueños tendrían un final oprobioso cuando descendió paulatinamente hacia la tierra. Lo más probable es que la pescara una rama de árbol, cual anzuelo. Nunca la volví a ver. Pero estoy seguro de que está ahí, en alguna parte del bosque, colgada desconsoladamente de la rama, absolutamente perdida.

También yo, desviándome del campo para entrar en el bosque, me he arriesgado a perderme. Conozco un viejo camino que pasa entre los árboles, pero no estoy seguro de dónde empieza, y sé que termina en medio de la nada. Tiempo atrás, sin embargo, fue creado por el paso de muchos pies de gente que, año tras año, iban con rastrillos, guadañas y horquillas desde las granjas alrededor del lago a cortar heno en prados remotos. Se almacenaba el heno en graneros y se traía con caballos y trineos durante el invierno para alimentar el ganado en los establos. Pero eso eran otros tiempos. Los primeros en desaparecer fueron los caballos, ya que cada granja adquirió un tractor. Después se abandonaron los campos abiertos, a medida que la silvicultura y la ingeniería forestal pasaron a ser más provechosas que la explotación lechera. Entonces se vendieron las vacas, y finalmente la gente se fue. Hay pocas granjas que estén habitadas el año entero. Y así, el camino dejó de utilizarse, y se va desvaneciendo gradualmente. En algunos puntos ha desaparecido del todo. Han caído árboles transversalmente sobre él; algunos incluso están creciendo en medio del camino. Solo puedo identificar que el camino está ahí si sigo una línea de variación sutil en el moho de las hojas del suelo, una brecha en el manto de liquen, un angostamiento de la tierra sobre roca. Siempre que ande sobre el camino, puedo percibirlo paseando mis ojos por la línea. Pero sé que, si me muevo hacia un lado u otro, la línea desaparecerá. En efecto, es algo que me ha sucedido más de una vez: tras haberme desviado del camino en una dirección —debido a un hormiguero o unos apetecibles arándanos que llamaron mi atención—, lo he atravesado recto sin tan solo percatarme, alejándome demasiado en la dirección opuesta. Y pues, ¿cómo deberíamos conceptualizar este camino que es visible únicamente si avanzas en él? Es una línea que se ha generado caminando; una inscripción en el terreno de cierta actividad humana. Pero, aunque uno pueda diferenciar —aunque con gran dificultad, y solamente con unos ojos que ya sean conocedores de su existencia— el camino del suelo sobre el que ha sido inscrito, no es posible distinguir el suelo del camino. Porque el suelo no es una base sobre la cual se montan atributos, como si fueran los decorados en un escenario de teatro. Es, más bien, una superficie que ha sido arrugada y plegada en múltiples ocasiones. El camino es como un pliegue en el suelo.

En algún lugar de Carelia del Norte todavía hay vacas. Pero aquí no hay ninguna. El silencio se apoderó de estos campos hace muchos años. Antaño remábamos a través del lago con un recipiente para ir a recoger leche, cálida y fresca, de la vaquería. Pero hoy día no sale a cuenta pastorear unas cuantas reses; y en cualquier caso, ¿quién se dedicará a ordeñarlas cuando los viejos se jubilen? No hay ninguna chica que desee seguir los pasos de su madre en la vaqueriza; y ningún chico aspira a lo que siempre se ha visto como un trabajo de mujeres. Actualmente, el ganado se concentra en grandes instalaciones industriales, cuyos administradores alquilan los campos antaño utilizados para pastorear con el objetivo de proporcionar un suministro de pienso durante todo el año. A veces me imagino que las vacas siguen ahí, paseándose por los campos como espectros. Creo verlas contemplándome de soslayo con sus lúgubres ojos bizcos, y escucharlas mugir, rumiando, atravesando el sotobosque. Entonces vuelve a sumirse en el silencio; un silencio perforado únicamente por el canto melancólico del chorlito. Donde las vacas vagaban antaño pueden verse extrañas formas ovales blancas desparramadas en varios puntos de las praderas, o alineadas a lo largo de sus perímetros. La gente los llama «huevos de dinosaurio». En realidad son gigantescos rollos de heno cortado a máquina. La máquina enrolla el heno a medida que lo corta y, cuando se completa esa operación, el rollo es envuelto automáticamente en láminas de plástico blancas y depositado —como un gran huevo— en el suelo. Más tarde los «huevos» serán recogidos y llevados bien lejos, al lugar donde moran ahora todas las vacas.

Entre los campos delimitados por el bosque y el lago se alza una cabaña hecha de madera. A menudo pasaba aquí mis veranos con la familia. La cabaña tiene un comedor, dos dormitorios pequeños, un porche y una pequeña veranda. En el exterior, una serie de peldaños de madera conducen a la puerta delantera. Cada mañana me siento en los peldaños y reflexiono. Reflexiono sobre toda la vida que ha pasado por aquí, desde cuando mis críos estaban dando sus primeros pasos hasta ahora, cuando tienen sus propias familias. Escucho a los pájaros, observo cómo las abejas polinizan las flores, sigo el sol a medida que pasa entre los árboles y bebo una taza de té. Y pienso sobre lo que escribiré ese día. Si hace buen día, escribo fuera, en una mesita de madera, sentado en un banco tallado de un leño, y observo, a través del patio, los árboles del otro lado. La mesa está cubierta de una tela revestida de plástico, alejada de una lata sobre la cual armo una espiral insecticida. Enciendo una punta y quema muy lentamente, desprendiendo un dulce humo aromático que supuestamente ahuyenta a los mosquitos, que de lo contrario invadirían mi espacio de escritura. Tampoco es particularmente necesaria, pues hoy día ya no hay tantos mosquitos —un efecto del cambio climático, quizás— y ni siquiera estoy seguro de que le hagan demasiado caso al humo. Pero lo quemo igualmente, ya que me gusta bastante su olor. Es una señal de que estoy reflexionando. A medida que se va consumiendo poco a poco la espiral insecticida, tengo la impresión de que mis pensamientos se enroscan hacia arriba, como el humo, dejándose arrastrar por el aire.

Durante el resto del año, cuando no estoy aquí, sueño con mi banco, mi mesa y los peldaños que conducen a la puerta de la cabaña. No hay sitio capaz de generar más serenidad. No hay ningún espacio que sea más idóneo para la reflexión intensa, pues mi mente puede soportar el estrés del revolver de los pensamientos solo cuando está tranquila. Y en ninguna parte están los múltiples ritmos del mundo, desde los glaciales hasta los atmosféricos, más perfectamente anidados que aquí. El peñasco agrietado, el árbol torcido, el imperio de las hormigas, el viento suspirante y los soles que refleja el escarceo en el lago, el recuerdo de una cometa perdida, el camino desvaneciente y las vacas ausentes, los huevos de dinosaurio, los peldaños donde me siento y la mesa donde escribo estas palabras: son algunas de entre las muchas historias que se entretejen para formar mi lugar favorito. No os diré dónde queda exactamente, ya que eso revelaría mi secreto. Pero está en algún lugar de Carelia del Norte.

Oscuridad total y lumbre

*David Nash es un escultor que trabaja a gran escala, con la madera de árboles enteros. Recientemente, se ha aficionado a incendiar la madera. En una de sus obras (*Black Trunk, *2010) envolvió el tronco de una secuoya con tablones y le prendió fuego. Durante un rato la conflagración creciente iluminó el cielo, pero cuando se apagó, el tronco seguía en pie, demacrado y negro como el carbón. Pero su negrura no auspicia muerte y destrucción. Más bien al contrario, parecería como si el tronco carbonizado, como un agujero negro, hubiera absorbido hacia su interior toda la energía de las llamas. Perdura como una concentración de fuerza, poder y vitalidad, dispuesta a irrumpir en la vida en cualquier momento.*

La obra de Nash me hizo pensar en cómo la madera, la madre de todos los materiales, está vinculada a la luz, la dadora de toda vida. Recordé que, aparte de carbón sólido, los pinos conflagrados también desprenden un residuo líquido que se coagula y deviene brea. ¿Qué tipo de sustancia es esta, más negra que el mismísimo carbón? ¿Y cómo es su negrura en comparación a la de una noche tan oscura como la boca del lobo?[10]

Al principio había un pino. Ahí se alzaba, sus raíces estratificadas en el duro suelo, su erguido tronco firme, pero flaqueando en la parte más superior, sus ramas y varetas meciéndose en el viento, todas adornadas con gentiles agujas verdes que vibraban bajo la luz del sol.

Entonces la Marina empezó a construir grandes barcos, para los que necesitaba grandes cantidades de madera. Nuestro árbol, junto a innumera-

---

10. Una versión temprana de este ensayo, con el título «Pitch» (Brea), salió publicada en *An Unfinished Compendium of Materials*, editado por Rachel Harkness, Universidad de Aberdeen: knowingfromtheinside.org, 2017, págs. 125–6.

bles vecinos, fue tirado abajo. Después de ser llevado a la serrería, el tronco fue cortado en vigas y tablones de superficie cuadriculada. Pero el tocón y las raíces permanecieron en la tierra, por lo menos durante un tiempo. Para construir los barcos, sin embargo, eran necesarias más cosas aparte de la madera. Hacía falta alquitrán para embadurnar las velas, cuerdas y aparejos, para así impermeabilizarlos y protegerlos de la putrefacción. Y necesitaban brea para calafatear las maderas, para asegurarse de que el agua no se filtrase por las juntas. Con este propósito se arrancó el tocón restante. Cortado en tajos, lo colocaron en un horno y lo quemaron. La madera se convirtió en carbón, pero, al pie del horno, un pegajoso líquido marrón oscuro circuló por una tubería, al final de la cual se acumuló en un cubo. Era alquitrán. Para hacer brea, el alquitrán se hirvió en una caldera, expeliendo el contenido acuoso en forma de vapor. El resultado fue un fluido grueso, altamente viscoso, que se secaría y se convertiría en un bulto duro. Pero por mucho que parezca sólida después de secarse, la brea sigue siendo líquido. Solo que fluye muy, muy lentamente. Tiene un color extremadamente negro.

En la historia del árbol, lo que empezó con la blanca luz del sol atrapada en su dosel de agujas acabó con la negrura de la brea, extraída de sus raíces y tocón mediante la conflagración del fuego. Aquí lo que le ocurrió a la madera, que fue reducida a brea, es también lo que le sucedió a la luz, que fue extinguida. Es una historia que gira en torno a la madera y la luz; en concreto, la afinidad que mantienen ambas.

Para seguir ahondando en este tema, regresemos al aserradero, donde el tronco se ha convertido en haces. Hoy día también hablamos de haces de luz. Cuando los rayos del sol, bajos en el cielo, centellean a través de una nube rota, decimos que vemos haces de luz. En latín se los conocía como *radii solis*, 'rayos del sol'. ¿Pero por qué han entrado esos rayos en el vernáculo del inglés y otros idiomas como «haces»? ¿Qué tienen en común los haces de sol y los haces de madera, que la misma palabra se utiliza para ambos? ¿Quizás fue su evidente rectitud? El haz de madera es un leño de longitud recta de una sección gruesa y rectangular, destinado a sustentar una pesada carga estructural. El haz de luz es un rayo, o un manojo de rayos paralelos, como los que emiten el sol o una vela. Lo que comparten, parecería ser, es una rectilinealidad bien definida.

Pero en cada haz de madera —en su fibra, repelos y anillos— merodean los vestigios del árbol vivo del cual fue talado en un momento dado. Así pues, similarmente, la misma palabra alberga rastros de su utilización anterior. En el inglés antiguo, *beam* ('haz') simplemente significaba cualquier árbol: no cortado todavía, sino vivo y creciendo en el suelo. Aunque por lo general obsoleta, esta utilización se preserva en los nombres de especies de árbol comunes como *hornbeam* ('carpe'), *whitebeam* ('mostajo') o *quick-beam* ('serbal' o 'azarollo'). En este significado original, el árbol es un haz no porque sea particularmente recto, sino porque se alza sobre el suelo como una columna. La radiación del haz está vinculada al crecimiento hacia arriba.

Curiosamente, también es este el significado que fue vinculado originalmente a los haces de luz: la luz generada por un fuego. El haz era la llama, disparándose hacia el aire de arriba como el tronco del árbol se alza sobre suelo, no perfectamente recto, sino serpenteando, adaptándose a las condiciones atmosféricas. Era el equivalente de la *columna lucis* bíblica, el 'pilar de luz' que, en el libro del *Éxodo*, guio a los israelitas a través de la noche. Beda el Venerable, escribiendo en el siglo VIII, utilizó la palabra «haz» precisamente de esta manera para describir la columna de luz o fuego que ascendía del cuerpo de un santo. Según Beda, igual que el tronco del árbol crece de la tierra, la luz surge verticalmente del cuerpo sagrado.[11]

Sin embargo, si lo concebimos así, lo cierto es que el haz de luz es bastante distinto al rayo. El rayo es una línea de emisión que irradia de una fuente de energía, igual que una varilla irradia del centro de una rueda. Cuando dibujamos el sol, o la llama de una vela, lo convencional es retratar los rayos de luz como líneas rectas desplegándose en abanico en todas las direcciones. Esta convención también nos da la conocida forma puntiaguda de la estrella. El haz, en cambio, no es ni perfectamente recto ni tampoco apunta en ninguna dirección. La línea del haz no es algo que la fuente emita; más bien describe el crecimiento o movimiento —literalmente la radiación— de la fuente misma. Es una línea de combustión. Puede centellear

---

11. *Oxford English Dictionary*, entrada de *beam*, *n.1*, III. 19a.

como la llama de una vela, zigzaguear como un relámpago que se bifurca, o ir a toda velocidad como una estrella fugaz. Incluso los haces del sol aparecen retratados, en fuentes medievales tempranas, como las llamas ondulantes de una gran bola de fuego (Figura 2).

Figura 2 El sol y la luna. Detalle de una pintura del techo de madera de la *stavkirke* (iglesia) de Ål, en la Noruega central, realizada en el siglo XIII (cortesía del Museo de Historia Cultural, Universidad de Oslo).

Lo que aquí propongo es que el rayo y el haz brindan formas alternativas de conceptualizar la luz: qué es, cómo se mueve y cómo es percibida. Por un lado, como rayo, es un impulso energético que conecta una fuente puntiforme con el ojo del destinatario, a través de lo que podría ser un vacío inmenso de espacio; por otro lado, como haz, es una afectación de la percepción visual, una explosión que se enardece tanto a ojos del observador como en el mundo observado. Porque en el momento que es percibido, el ojo y el cosmos se unifican. Si un árbol pudiera ver, sus hojas serían ojos en miniatura; y el destello en cada una de ellas —cuando se tensan para hallar su lugar bajo el sol— serían varetas y ramas absorbidas en un gran haz. Ahí donde nosotros los espectadores veríamos un tronco sólido, el árbol se abriría, en su visión, a un mundo en llamas. Sería una criatura de la luz.

Pero también podría ser una criatura de la oscuridad. Y si hay dos formas distintas de conceptualizar la luz, entonces también la oscuridad puede significar cosas distintas. Puede significar la oscuridad de la penumbra, como sucede cuando los rayos del sol, embistiendo contra un cuerpo sólido y opaco, arrojan una sombra en el suelo; o cuando, por la noche, la tierra se ensombrece a sí misma. O puede significar la oscuridad que surge cuando se apaga el fuego. Eso no es bloquear la luz, sino extinguirla. La «sombra» del haz, si es que podemos llamarla así, es el residuo material que se desprende de la conflagración. El mismo árbol que anteriormente se había tostado bajo los rayos del sol, y que arrojaba una sombra en el suelo, *deviene luz* en las llamas del fuego —como haces, más que rayos— y deja su sombra en las sustancias materiales de la ceniza, el carbón y finalmente la brea. Como creían pensadores antiguos y medievales, la brea nace del elemento del fuego.[12]

Decimos que la más negra de las negras noches es tan negra como la brea (*pitch-black*). Pero una oscuridad como la brea es una cosa; la oscuridad de la brea, otra. Una se define negativamente, radicada en la ausencia de luz radiante; la otra positivamente, radicada en la presencia de una sustancia material. Se dice que la luz radiante —la luz del sol— es blanca. Es lo que obtenemos mezclando todos los tintes del espectro visible, por ejemplo, cuando hacemos girar una peonza decorada con una rueda de colores. Cuando la peonza está inmóvil, podemos distinguir los tintes; cuando gira, se funden en un color blanco. Estos tintes, que corresponden a longitudes de onda, nos proporcionan los colores del arcoíris. Todo el color se halla en la luz. Si no hay luz, no hay color. El negro, por lo tanto, es un vacío de color y al mismo tiempo de luz. Sin embargo, la elaboración de la brea nos cuenta una historia distinta.

Regresemos, finalmente, al árbol del cual partimos. Tras haberse cortado el tronco para obtener madera en la serrería, se prende fuego a las raíces y el tocón. ¿Qué obtenemos de la luz del fuego? Alquitrán de lignito. ¿Qué obtenemos cuando se hierve el alquitrán para eliminar su contenido acuoso? Brea negra. Como afirmó famosamente Johan Wolfgang von Goethe, en su *Teoría de los Colores* de 1810, el negro no es la ausencia de color, sino

---

12. Spike Bucklow, *The Alchemy of Paint: Art, Science and Secrets from the Middle Ages*, Londres: Marion Boyars, 2009, pág. 60.

color en su forma más concentrada.[13] Del mismo modo que la brea es el extracto del alquitrán, el negro es el extracto de la luz: la esencia que permanece después de que se haya extinguido la luz. Por el contrario, prender fuego a materiales implica diluir su color. Siempre y cuando el fuego queme —como la secuoya del *Black Trunk* de Nash—, las llamas y brasas candentes emiten tintes de amarillo y rojo. Pero después de que el fuego haya sido extinguido, todos los tintes retroceden al negro. La negrura de la brea, pues, es un índice no de la nada, sino de una densidad infinita, de la cual colores explotan con la ignición de nuestra percepción visual. Todo color se vierte de la brea; y todo color, tarde o temprano, se repliega en ella.

---

13. Johann Wolfgang von Goethe, *The Theory of Colours*, traducción de Charles Lock Eastlake, Londres: John Murray, 1840, pág. 206, §502.

En la sombra del ser árbol

Imagínate un mundo al revés, donde el aliento se solidifica, pero los pulmones se volatilizan; donde la sombra es un cuerpo y el cuerpo es una sombra; donde paisajes enteros se ven reflejados en los globos de ojos que no ven o se reúnen bajo sus párpados; donde los árboles crecen de la punta a las raíces y desde fuera hacia adentro; donde esos mismos árboles nos observan, nos hablan, nos agarran de la mano e incluso nos envían cartas; donde el bosque nos tiene al alcance de sus dedos o debajo de sus uñas; donde la respiración es el crujido de las hojas y el sistema nervioso de un espino.

Este es el mundo del escultor Giuseppe Penone, una de las figuras principales del movimiento de arte italiano conocido como Arte povera, que despegó a finales de los sesenta y principios de los setenta. En este ensayo no hablo de Penone ni de su arte. Ni siquiera lo menciono. El camino que emprendo es el mío; y sin embargo, como el suyo, serpentea por los bosques, por la naturaleza y por la vida. A medida que avanzamos por nuestros caminos respectivos, el suyo y el mío, coincidimos en diversos puntos. Lo que me interesa son estas tangentes. Lo que sigue es, pues, un ejercicio en pensar en la misma línea, pero a través de las palabras en vez de obras artísticas. Es un modo de pensar que radica en la analogía y la inversión, en el cual todas las cosas y todas las personas —nosotros incluidos— tienen su doble y devienen enteras mediante su restauración.

Pero también es un modo de pensar al cual las palabras no se adecúan del todo bien, en diversos sentidos. Este ensayo —que me encargó originalmente la galería Gagosian de Nueva York para una exposición retrospectiva de la carrera artística de cuarenta años de Penone, y que reproduzco aquí en una versión abreviada— no fue fácil de escribir.[14] En efecto, mi esfuerzo parecerá andrajoso en comparación

---

14. *In the Shadow of Tree Being: A Walk with Giuseppe Penone* © Tim Ingold; publicado por primera vez en *Giuseppe Penone: The Inner Life of Forms*, editado por Carlos Basualdo, Nueva York: Gagosian, 2018.

a las obras con las que se corresponde. El impulso verbal del académico —esa propensión a siempre querer explicar— amenaza continuamente con desenmarañar el denso tejido de la experiencia. Pero eso es precisamente el quid de cuestión. Es la razón por la que el arte no tiene sustitutos. No esperéis, pues, que explique o interprete, o que coloque el arte en su contexto social, cultural o histórico. No habrá nada de eso. Mi propósito es pensar con él.

Cuerpo

Cada cuerpo tiene dos mitades. Una mitad está hecha de carne y cubierta de piel. Esta es la mitad que podemos ver. La otra mitad, que normalmente nos es invisible, está hecha de aire. Incluso cuando respiramos, estas dos mitades se juntan y separan. Eso es posible porque la piel no es un simple recubrimiento que separa la sustancia corporal interior del medio de aire exterior, sino una superficie cuya complejidad topológica es extraordinaria y que se envuelve en los diversos orificios que permiten un intercambio metabólico con el ambiente para dar paso a un verdadero laberinto interno de conductos, túbulos y capilares ramificados. Aunque la mitad aérea del cuerpo siempre está con nosotros —y aunque no podríamos vivir sin ella—, tendemos a ignorarla, creyéndonos criaturas únicamente de carne.

También en el bosque solemos ver únicamente una mitad de cada árbol. Nos olvidamos del viento. El viento es el doble del árbol: igual que no podría haber cuerpos vivos sin aliento, tampoco podría haber árboles vivos sin viento. No podemos ver la respiración de los árboles, pero podemos escucharla en el crujir de las hojas cuando el viento las envuelve. La superficie de la hoja, con sus venas y corpúsculos, no es una cobertura externa, sino un pliegue interior en el que la parte visible del árbol entra en contacto con su doble invisible.

Cada superficie es un pliegue en el tejido del mundo. Igual que con la hoja, también la piel es un pliegue en el cuerpo, donde la carne entra en contacto con el aire. Imagínate un cuerpo puesto al revés, de forma que su aliento es de la tierra, y su carne es del aire. ¿Qué aspecto tendría? Cincelemos tal cuerpo a partir del material térreo del fango. La boca, moldeada siguiendo los contornos de la cavidad oral, parecería un bulto de forma extraña, y cada exhalación se formaría cual inmensa urna, ensanchándose hacia una base redondeada donde saldría a raudales hacia la atmósfera circundante, y sería ondulada lateralmente por la turbulencia suscitada por su aparición (Figura 3). De la carne, ahora aérea, no veríamos nada, pero en su seno se formaría una estructura parecida a un árbol: su tronco, la tráquea; sus ramas y varetas, los tubos bronquiales y bronquiolares; y sus hojas, los alvéolos, aparentemente creciendo hacia abajo desde su raíz germinal en la boca.

¡Resulta que la figura que hemos creado es un ser árbol! Lo que es sustancial en el cuerpo del ser humano es aéreo en el ser árbol, y viceversa. Así, el árbol nos permite ver lo que es invisible en nosotros: la estructura dendrítica revela los pulmones; el cepellón, la boca; la forma del dosel, el aliento. Dale una boca al árbol y sonará como una flauta. Pero la flauta y el árbol —ambos instrumentos de viento de madera— funcionan de maneras inversas. En la flauta, el viento pasa a través de madera para producir un sonido melodioso; en el árbol, la madera pasa a través del viento para producir una línea de crecimiento. Cada rama o vareta es el sólido equivalente a una línea melódica. Los árboles incluso respiran al revés: lo que nosotros inspiramos, los árboles lo exhalan. El cuerpo y el árbol son como carne y uña.

Sombra

Todo lo que hay, en este mundo, está atado a la tierra; igual que todo permanece debajo del sol, estando sujeto a la gravitación de la primera y la iluminación del segundo. El ser árbol es una criatura del cielo y la tierra, del viento y el fango, de la luz y el sonido. Un cuerpo sólido, colocado sobre la tierra bajo el sol fulgente, proyecta una sombra. El cuerpo tiene sustancia, pero la sombra no tiene ninguna, aparte del suelo sobre el cual está siendo arrojada. Asimismo, viene y va. Cuando el sol desaparece detrás de una nube, la sombra también se desvanece, no porque la nube esté bloqueando los rayos del sol, sino porque están siendo dispersados en todas las direcciones por el vapor atmosférico. ¿Qué nos está contando esa sombra efímera, esa sombra quijotesca? Nos cuenta que la existencia es una cosa temporal, y que

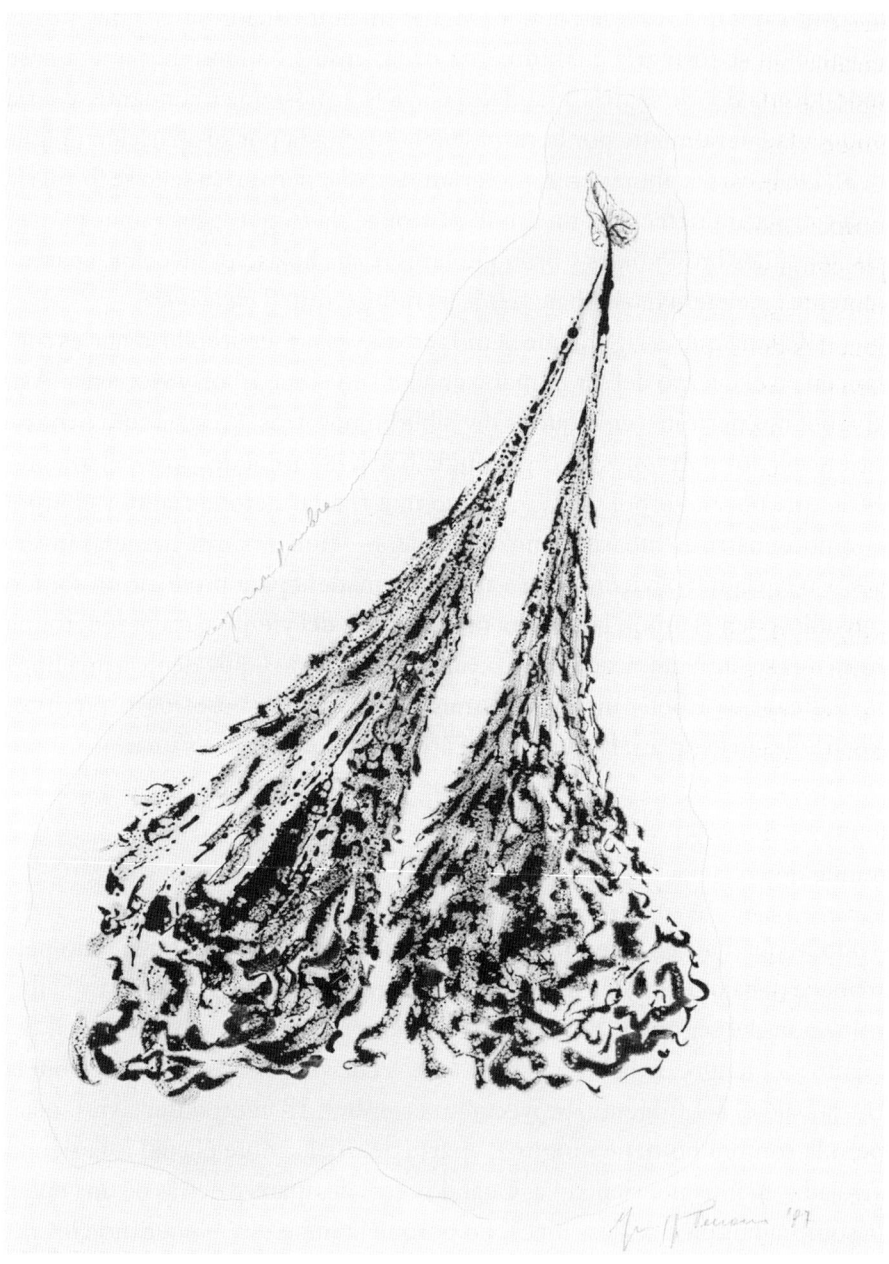

Figura 3 *Respirare l'ombra* [Respirar la sombra], ilustración de Guiseppe Penone, 1987 (cortesía de la Galería Gagosian).

En la sombra del ser árbol

nuestras frágiles vidas se hallan siempre suspendidas entre cielo y tierra, sensibles en todo momento a las horas del día, el paso de las estaciones y los caprichos del clima. Las sombras nos muestran que somos criaturas temperamentales, constituidas a partir de una mezcla elemental de luz y aire.

No obstante, una sombra se presenta como algo distinto si, cuando comparamos la luz con el árbol vivo, nos la imaginamos más como un haz que como un rayo. Si es un rayo, las sombras son proyecciones, arrojando sobre el suelo las siluetas de los objetos donde caen, ensanchados y distorsionados dependiendo del ángulo de incidencia y la topografía del terreno. Pero la sombra del haz es su negativo; es una impresión, más semejante a una huella de mano o pie, o a las marcas en una plata fotográfica. Si el haz de luz se alza de la tierra cual columna, entonces la sombra cae cual sedimento a su paso. La ceniza es la sombra de una hoguera, un montículo de cera es la sombra de una vela, la brea es la sombra del pino. La grasa es la sombra de los dedos y palmas sudorosas en las herramientas que usamos, en los pomos que utilizamos para abrir puertas y en las páginas gastadas de libros particularmente manoseados. Ceniza, cera, brea y grasa: estas sombras tienen sustancia. No son proyecciones de formas rígidas, sino residuos de flujos, mutaciones y agregados materiales.

Todo deja un rastro de sombra de algún tipo. Pero el cuerpo de la cosa no puede desprenderse de su sombra, como tampoco puede eliminarse del mundo en el que existe. Sabemos que hubo una persona por las huellas que dejó en el suelo. Anatómicamente, quizás, como estructura de carne y hueso, el pie forma parte del cuerpo; pero en nuestra experiencia de andar, tan solo es un pie que entra en contacto con la tierra; la tierra sobre la cual andamos, a su vez, existe para nosotros solo tal como la sentimos a través de nuestros pies. Así que no podemos decir que el pie pertenece al humano y la huella a la tierra. Más bien, tanto el pie como la huella son aspectos complementarios de un humano-tierra. ¿Acaso no sucede lo mismo con los árboles? Cada otoño, los árboles caducifolios se desprenden de sus hojas, que forman una gruesa alfombra en el suelo de su alrededor. Podríamos decir que esa alfombra es la sombra material del radiante árbol. Pero incluso después de haberse separado de las ramas y varetas donde crecieron antaño, las hojas nunca pierden su conexión vital con el ser árbol. Como las huellas de muchos pies, las huellas de innumerables árboles se entremezclan para formar un palimpsesto de sombra sobre la superficie de la tierra.

Tacto

Adéntrate en el bosque y encuentra un árbol fino, cuyo diámetro sea tal que puedas asir fácilmente el tronco entre el pulgar y los dedos de la mano. Agárralo bien fuerte, de manera que puedas notar las estriaciones de la corteza a medida que hincan el diente a tu carne. No hay duda de que estás tocando el árbol. ¿Pero te está tocando a ti el árbol? ¿Qué está sucediendo en ese lugar invisible del contacto superficie-con-superficie, donde la piel entra en contacto con la corteza? Asimismo, ¿cómo puedes estar tan seguro de que estás tocando el árbol, teniendo en cuenta que solamente una pequeña área se halla bajo tu mano?

Ostensiblemente, árbol y humano son seres de tipos muy distintos. El humano tiene un sistema nervioso que le permite no solo registrar cualquier sensación táctil, sino también posicionarla. Una sensación suscitada en cualquier punto del sistema lo afecta en su totalidad. Es por eso mismo que, cuando agarras el árbol, estás convencido de que lo sientes. Es un sentimiento, asimismo, que irradia del área de contacto y se propaga por el cuerpo. Sientes el árbol con todo tu ser. Si sustituyeras tu mano por una réplica fundida en metal, no habría tal tacto, ni tampoco ninguna sensación. Pero ¿y el árbol? ¿Se percataría de la diferencia entre una mano humana y su réplica metálica? De hecho, ¿se percataría de algo en absoluto?

El árbol no tiene sistema nervioso y, por lo tanto, no puede sentir como lo haría un humano. Pero es, en cualquier caso, un ser vivo. Respira; obtiene nutrientes de la tierra en su savia; sus superficies —de raíces, corteza y hojas— son porosas y facilitan un intercambio continuo de sustancias con el aire de arriba y la tierra de abajo. Por esa razón, al árbol le afecta el agarre de la mano de hierro, y sus materiales, con sus flujos y transformaciones, reaccionan adaptándose a la presencia intrusa. A medida que el árbol se entumece ante el empuñamiento del intruso, paulatinamente la mano acabaría siendo absorbida, hasta el punto de que ya no podría ser desenganchada.

Tras crecer juntos a lo largo de muchos años, árbol y mano se convertirían en uno.

El tacto es distinto, pues, dependiendo de si implica un mero contacto físico, una respuesta orgánica o una estimulación nerviosa. La piel humana es la superficie más sensible, tan atestada de terminaciones nerviosas que, de ser magnificada, haría una cama de espinas de cualquier superficie con la que entra en contacto. Si tocas un espino, serás tú, y no el matorral, quien sentirá la punzada. La corteza del árbol, si bien es áspera, no tiene el mismo efecto en la piel. Sin embargo, sí que se deforma bajo presión, como una esponja húmeda que envuelve los dedos a medida que la estrujen. Pero, ya sea mediante pinchazos o estrujones, la paradoja del tacto es que, si bien no hay forma de contacto que pueda ser más íntima, ninguno afirma más rotundamente la separación entre el ser sensor y el ser sentido. Esta separación se establece en la superficie. Porque si la superficie se disolviera, el ser tocador y el ser tocado se toparían uno con otro, como gotas de agua encontrándose y fusionándose, de forma que pasarían a ser literalmente indistinguibles.

Tiempo

A los arqueólogos les gusta volver atrás en el tiempo. En sus prácticas de excavación, sacan capa tras capa de materiales, y les asignan a los artefactos que hallan ahí encastrados sus ubicaciones correctas en lo que llaman «el registro». Es una cronología donde todo tiene una fecha. Esta herramienta de piedra es de hace cien mil años; este tallado de marfil, de hace diez mil años; este trozo de cerámica, de hace solo mil años. ¿Pero qué significa afirmar que estas cosas tienen cierta antigüedad? ¿Tiene algún sentido preguntarse cuán viejas son? En el fondo la piedra estuvo ahí durante eones antes de que fuera canteada y se le diera la forma de una herramienta, y sigue estando con nosotros hoy. En un pasado remoto, el marfil creció en forma de colmillo de un mamut que vagaba por el páramo-estepa; la arcilla fue formada como un sedimento en la tierra mucho antes de que el ceramista la desenterrara para obtener su materia prima. Las fechas que asignamos a los artefactos, basándonos en su momento de fabricación, no son más que instantes pasajeros en las vidas eternas de los materiales de los cuales están hechos.

O pensemos en un mueble ordinario; por ejemplo, una mesa. Sabemos el año en que fue fabricada, es decir, cuando un carpintero se puso a trabajar con alfardas y tablones, aserradas y cepilladas a partir de madera curada, para elaborar el conjunto. Pero cada alfarda o tablón sigue atestiguando el árbol del cual fueron tallados (Figura 4). El árbol es más viejo que la mesa. Pero, en ese caso, ¿cuán viejo es? Por supuesto, en algún momento debió de germinar de una semilla parental. Pero en ese momento, todavía no era madera, ni tan solo un retoño, sino un brote suave y delicado. El árbol no

Figura 4 *Gli alberi dei travi* [Los árboles de los haces], ilustración de Guiseppe Penone, 1970 (cortesía de la Galería Gagosian).

solo es más viejo que la mesa; ¡es más viejo que su madera! Ni tampoco tenemos por qué detenernos ahí. Porque la semilla conserva su conexión vital con el árbol en la cual creció anteriormente: tanto el árbol parental como la plántula forman parte del mismo ciclo vital. El árbol, en resumen, no tiene un punto de origen, porque está originándose todo el tiempo. Y ese origen en constante renovación es simplemente otra palabra para referirse al crecimiento.

Si tenemos en cuenta su material, pues, nuestra mesa de madera ya no consta como un objeto que pueda inscribirse en el registro histórico. Más bien, el registro es el objeto, incrustado en una historia material de germinación y crecimiento. Aplicando una especie de arqueología inversa, excavamos no para descubrir objetos en el registro, sino para hallar el registro en los objetos. Podríamos coger nuestra mesa, nuestra gran viga de madera, o incluso un tronco caído, y cortar capa tras capa, guiados por los anillos del crecimiento anual, para hallar ahí encajados una serie de árboles cada vez más finos, hasta llegar a la plántula inicial. Dentro de cada árbol se esconden versiones cada vez más jóvenes de sí mismo. Pero cuán más jóvenes sean las versiones, más viejas son, en el sentido de que llevan más tiempo ahí. Inversamente, cuán más viejas sean las versiones del árbol, más jóvenes son. Es por eso que escarbar en el árbol equivale a deshacer la labor del tiempo. Es como pasar una película del crecimiento del árbol, rodada a lo largo de décadas, por no decir siglos, marcha atrás y a toda velocidad.

Arte

El cuerpo es una forma sólida, acotada por la piel. El aliento es del aire; la carne, de la tierra. La luz proyecta una sombra cuando la obstruye un objeto opaco. Agarramos el tronco de un árbol con nuestra mano, pero no siente nada. El crecimiento es irreversible. La superficie de la piel, especialmente en los dedos y los labios, es sensible al tacto. Las hojas vuelan en el viento. Las espinas pinchan. Estas son algunas de las cosas que tendemos a dar por sentado en nuestra existencia diaria. No tienen por qué ser equívocas. Pero cuando caen por su propio peso, como suele ser el caso, puede que no nos demos cuenta de las condiciones más fundamentales en las cuales radica su verdad. Esas son precisamente las condiciones de nuestra existencia en el mundo. Y parece razonable pensar que nuestra experiencia no puede sino enriquecerse si les prestamos atención.

¿Y cómo podemos hacerlo? A través de experimentos que pondrían al revés todo lo que damos por sentado. ¿Y si el aliento fuera sólido y lo que consideramos cuerpo fuera aéreo? ¿Y si la luz se arremolinara en los cielos como el viento y las sombras permanecieran en pilas de hojas caídas? ¿Y si, en vez de agarrar el árbol, el árbol asiera nuestra mano? ¿Y si pudiéramos invertir el flujo del tiempo y hacer que los árboles se encogieran? ¿Y si el viento fuera el aliento de las hojas, y la piel, una cama de espinas? ¿Qué es lo que nos cuentan estos experimentos, y otros similares, sobre los cuerpos, sobre los sentidos, sobre la memoria y el tiempo, sobre nosotros y sobre el mundo donde vivimos?

Ciertamente no son científicos, estos experimentos. No se obtienen datos ni se someten hipótesis a prueba. Mantener a distancia la naturaleza es uno de los principios de la objetividad científica; que el investigador esté impertérrito e impasible ante las condiciones de los fenómenos que están siendo observados. La búsqueda de la objetividad, sin embargo, no debería confundirse con la búsqueda de la verdad. Porque si bien la primera requiere que cortemos toda conexión con el mundo, la segunda nos exige nuestra participación plena e incondicional en él. Nos invita a abrir nuestra percepción al mundo, a lo que ahí sucede, de modo que podamos responderle. Al hacerlo, incorporamos a nuestras propias formas de operar una acuidad acorde a los materiales que han llamado nuestra atención. Así como varían estos materiales, también varía la experiencia que se deriva de trabajar con ellos. O, en una sola palabra, los materiales y la experiencia se *corresponden*. En su arte, Giuseppe Penone se corresponde con los árboles, los cuerpos, el viento y mucho más; en este ensayo he intentado hacer algo parecido. Espero, por ende, haber correspondido mi propia correspondencia verbal con la suya artística.

Ta, Da, Ça!

Escribí las siguientes líneas como réplica a una intervención del artista Émile Kirsch. Su título, Ta, Da, Ça!, *proviene de los escritos del filósofo/semiólogo Roland Barthes, que atribuye la frase, a su vez, al* tathata *sánscrito, que se traduce literalmente como '¡eso, ahí está, vean!'*[15]. *Barthes se imagina a un niño pequeño que señala algo y exclama: «¡Mirad, ahí!». La intervención artística se basa en un aparataje mínimo: un conjunto de tubitos de acero imantado, cada uno de ellos de un centímetro de largo y medio centímetro de diámetro como mucho, abiertos por un extremo pero cerrados en el otro con una brida circular. Este objeto menudo se aferrará espontáneamente, gracias a la superficie plana de la brida, a cualquier artefacto sensible a la atracción magnética, sin dejar la más mínima marca. Pero la punta abierta del tubo permite la inserción de ramitas del diámetro aproximadamente correcto. Para realizar* Ta, Da, Ça!, *Kirsch recolectó ramitas de los bosques para meterlas en sus tubos, y luego los fijó a objetos metálicos dentro de su casa y por la ciudad. De repente, las ramitas brotaban, en interiores y exteriores, de radiadores, electrodomésticos de cocina, muebles de metal, barandillas, desagües y señales de tráfico.* Ta, Da, Ça! *no solo nos invita a prestar atención a artefactos de nuestros alrededores que tan a menudo damos por sentado; también desafía juguetonamente nuestra comprensión convencional del orden de las cosas. Objetos que considerábamos completos, contenidos y domesticados parecen germinar, crecer y proliferar. Surge la naturaleza en los lugares más inesperados. Aquí presento algunas ideas suscitadas por mis propios experimentos con* Ta, Da, Ça! *¿Qué sucede si recogemos ramitas de su hábitat natural en los bosques y las plantamos en el entorno artefactual de la ciudad?*

---

15. Roland Barthes, *La chambre claire: Note sur la photographie*, París: Gallimard, Le Seuil, 1980, págs. 15–16 (en inglés: *Camera Lucida: Reflections on Photography*, traducción de Richard Howard, Ridgewood, NY: Hill & Wang, 1981, pág. 5). (Trad. cast.: *La cámara lúcida*, Paidós, 2020).

Twig ('Ramita'): 'un brote delgado desprendido de una rama o tallo'. Los bosques están llenos de ramitas, y esta concisa definición, extraída del *Oxford English Dictionary*, nos cuenta todo lo que debemos saber. Hay tres cosas dignas de mención. En primer lugar, cuando se trata de material leñoso, la ramita es lo más flaco que existe. En el árbol en crecimiento, es el nivel máximo de subdivisión antes de dar paso finalmente a una hoja o un capullo. En segundo lugar, la ramita mana a lo largo de una línea de crecimiento sin un punto final concreto, improvisando su paso con un único objetivo: abrirse camino hacia la luz. Y en tercer lugar, se desvía. Sea cual sea la línea que emprenda la rama parental, la ramita insiste en emprender otra. Mientras que la rama ya ha reservado su sitio bajo el sol, la ramita sale en busca de otra ubicación. Pero cada ramita trae consigo el potencial de una desviación mayor, convirtiéndose en otra rama con relación a otras que emanaran de ella. Eso es lo que da pie a la estructura característicamente irregular y bifurcada de las ramitas que se dividen en serie. Cuando las encontramos, desperdigadas por el suelo del bosque, ya se han partido muchas horcaduras, igual que las mismas ramitas se desprendieron de las ramas que antaño las habían portado. Lo que había sido una horcadura, pues, se convierte en un recodo afilado. Las ramitas no son ni rectas ni están curvadas elegantemente. Siempre están torcidas.

Los animales que viven en los bosques saben cómo lidiar con la irregularidad de las ramitas, e incluso pueden aprovecharse de ellas. Para muchos pájaros, por ejemplo, las ramitas son ideales para la confección de nidos. Pueden ensamblar una estructura cuyos bordes quizás sean andrajosos, pero que, sin embargo, se mantiene firme a pesar de su desintegración, precisamente debido a la forma con que cada ramita se entrelaza con las otras con sus nudos, horcaduras y curvas. Es justamente la holgura de la estructura lo que le permite resistir al maltrato del viento cuando mece las ramas sobre las cuales se alza el nido. Los humanos, por su parte, han observado bien los animales y aprendido sus logros, que han incorporado a las artes de la cestería, llevándolas a otro nivel, tejiendo o trenzando ramitas para hacer trampas, corrales, cestas, cunas, sillas y un montón de otras estructuras de uso cotidiano. Asimismo, en el hogar, puñados de ramitas ligadas en un extremo, o atadas a un palo, producen cepillos y escobas que son perfectos para barrer materiales dispersos en superficies ásperas y desiguales. En todos los casos, los utensilios en cuestión aguantan sin descuajaringarse gracias a la fricción y elasticidad de sus materiales entrelazados. Las ramitas no están naturalmente predispuestas a encajar en estructuras mayores, no son, en ese sentido, partes de todos. La precisa configuración de cada ramita es única. Pero juntas, pueden llegar a una especie de acuerdo.

Nosotros, los humanos, no obstante, ya no nos sentimos tan en casa en los bosques como solíamos. Más bien hemos decidido rodearnos de objetos de facturación propia, hechos a partir de materiales cortados y moldeados en forma de sólidos geométricamente regulares. Estos son nuestros artefactos; y aunque el artefacto pudiera, en principio, ser cualquier cosa de manufactura humana, en la práctica son las propiedades formales de las cosas, y su asignación al diseño, lo que las desmarca como artificiales. Como objeto diseñado, el artefacto es todo lo que la ramita no es. Pues su solidez no se genera de manera incremental, siguiendo una línea de crecimiento, sino que aparece directamente embutida en los aspectos suaves y regulares de una forma. Mientras que la ramita mana incontrolablemente en todas direcciones, el artefacto es algo troceado. Su interior ha sido aislado de su entorno exterior. Uno encarna los principios del crecimiento y la desviación; el otro, los principios opuestos de la preformación y la contención. Para el primero, el cabo suelto es una señal de crecimiento y prosperidad futuros; para el otro, indica desintegración, o asuntos pendientes. Quizás nadie ilustró este contraste mejor que el autor sofista Antífono, escribiendo en el siglo v a. C. Si plantas una cama de madera en el suelo, observó Antífono, quizás arraigue y germinen nuevos brotes. ¡Pero lo que saldrá será un flamante árbol, no una cama nueva![16]

Lo que tenemos, pues, son dos órdenes distintos y desde luego incompatibles: el vegetativo y el artefactual. El orden vegetativo —el orden de la

---

16. Ver Jean-Pierre Vernant, *Myth and Thought Among the Greeks*, Londres: Routledge & Kegan Paul, 1983, pág. 260. (Trad. cast.: *Mito y pensamiento en la Grecia antigua*, Ariel, 2013).

ramita— lo constituye el poder del crecimiento. El orden artefactual lo constituye el poder del intelecto, de imponer sus propios proyectos en el mundo material. A este pertenecen los diversos objetos manufacturados. En los bosques, el orden vegetativo es el que prevalece. Todo brota. Si hay algún artefacto ahí, está perdido o a la deriva; quizás se le cayó accidentalmente a alguien que pasaba por ahí. Pero en la ciudad, son las cosas tipo ramitas las que están en la defensiva. Incluso la cestería se ha convertido en un anacronismo. Tu escoba de ramitas, que no es bienvenida en las superficies lisas del montaje artefactual, ha sido reemplazada por la aspiradora. Todo está encajado; nada brota. ¿Podrían estos dos órdenes unirse y confraternizar? A primera vista esto parecería inverosímil. Porque así como cosas tipo ramitas están anudadas mediante la desviación y el entrelazado de sus elementos singulares, la integridad de los artefactos depende de un engranaje en el cual cada pieza halla su sitio como parte de un todo superior. Una ramita podría no encontrar ningún punto en el orden de los artefactos al cual amarrarse; inversamente, un artefacto no tiene brotes con los que adherirse a la vegetación. Pero en realidad quizás la división no sea tan absoluta. ¿Podrían cosas de todo tipo estar tanto solidificadas en trozos a la vez que raídas en los bordes?

La cuestión es cómo se juntan las cosas. Ni siquiera en un mundo de artefactos encaja todo perfectamente. Las cosas deben afianzarse mediante pegamento, clips, resortes, alfileres, tornillos y clavijas de tipologías diversas. Algo común en todos es que comprometen la integridad de las superficies u objetos que están siendo afianzados. La mayoría de pegamentos, por ejemplo, los constituyen largas moléculas de proteína que pueden penetrar las superficies a las cuales son aplicadas, uniéndolas eficazmente. Porque una superficie que parece integral a simple vista es, a nivel molecular, más parecida a un colador. Está lleno de agujeros. Los clips y los resortes funcionan gracias a la elasticidad de los materiales de los que están hechos, gracias a su capacidad de doblarse y perder su forma, y su tendencia a volver a ella. Los alfileres perforan superficies, pero los tornillos lo hacen incluso más, pues la rosca del tornillo hinca la mismísima carne del material para mantenerlo afianzado. Y las clavijas, si bien cortadas con precisión para encajar en sus enchufes, permanecen en su sitio debido a fuerzas de fricción equivalentes a la fuerza necesaria para introducirlas. Finalmente, queda la posibilidad del magnetismo, gracias al cual un objeto puede quedar adherido a otro sin ni siquiera perforar su superficie. Porque, igual que con la gravedad, la atracción del imán es la de una masa interior de cara a otra, independientemente de las formas extrínsecas que adopten (Figura 5).

Figura 5 *Ta, Da, Ça!* (palo, imán, radiador), foto de Émile Kirsch, 2017 (cortesía del artista).

Solo es necesario algo pequeño para rasgar la superficie del mundo artefactual y, al hacerlo, liberar el poder vegetativo de los materiales de su vaina artefactual y así restaurar la ciudad a los bosques. Entierra los objetos, y la ciudad —como la cama de Antífono— empieza a germinar. Se observan líneas delicadas y finas de crecimiento asomándose en las superficies; líneas que buscan, tanteando, un acceso a la luz, bifurcándose a medida que avanzan. Los habitantes se detienen para admirarlas. Están asombrados. ¿Qué podría auspiciar esto? «Estamos acostumbrados a que nuestra ciudad esté siempre en obras —dicen—, pero no a ramitas que brotan de tuberías y radiadores, señales de tráfico y barandillas. ¿Es esto una ciudad, o un bosque?». Esa es la pregunta que plantea *Ta, Da, Ça!*

BROLLAR, ESCALAR, PLANEAR, CAER

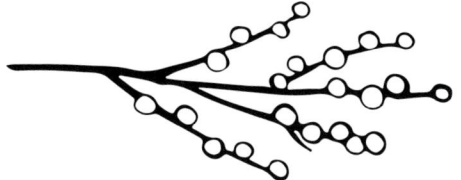

Introducción

En un relato de la Irlanda medieval narrado por el obispo Patrick de Dublín en el siglo XI, y vuelto a contar por el poeta Seamus Heaney en el siglo XX, los fieles asistentes a una misa divisaron un barco que flotaba en el cielo, del cual descendió una cuerda de amarre. El ancla, tras haberse quedado enganchada a una baranda del altar, había provocado que el navío se detuviera, zarandeándose. Un tripulante bajó para sacudir la cuerda y así intentar liberarla, pero no lo consiguió. Viendo que el hombre estaba a punto de ahogarse, el abad ordenó a su congregación que lo ayudara. Finalmente, se desenganchó el ancla y —justo a tiempo— el tripulante logró encaramarse por la cuerda para regresar a su barco, que siguió navegando hasta perderse de la vista.[17]

El medio del aire que nosotros los mortales respiramos para seguir en vida fue, para el marinero celestial, una trampa mortal. Lo habría matado si no fuera por la oportuna intervención del abad. ¿Acaso no nos mataría a nosotros también la mar salada si pasáramos demasiado tiempo debajo de las olas? Ya sea en tierra firme como en el mar, a los humanos nos hace falta el aire para respirar. Vivimos, por necesidad, debajo del cielo, o sobre las superficies formadas donde tierra, aire y agua entran en contacto y se juntan. Hay superficies donde el agua se encuentra con el aire; así son las olas, enardecidas por el viento y las corrientes del océano. Pero también hay superficies, del suelo que pisamos, donde el aire se encuentra con la tierra, y del fondo del mar, donde la tierra se encuentra con el agua. El aire está sobre el agua; el agua sobre la tierra. Entonces, la gente que vive en la Tierra, ¿vive también debajo del mar? Eso es lo que les debió parecer a los marineros fantasmagóricos de la historia del obispo Patrick. Pero a ojos de la congrega-

---

17. John Carey, «Aerial ships and underwater monasteries: the evolution of a monastic marvel», *Proceedings of the Harvard Celtic Colloquium* 12 (1992): 16–28; Seamus Heaney, «Lightenings», en *New Selected Poems, 1988–2013*, Londres: Faber & Faber, 2014, pág. 32.

ción de abajo, su barco parecía navegar por la cúpula del mismísimo cielo. Era un barco procedente de los cielos. Porque desde la perspectiva del edén de Dios, como había observado san Agustín, el cielo pertenece a la Tierra material que Él ha creado; una Tierra que también incluye sus océanos y tierras.[18]

Pero también nuestros barcos les parecerían celestiales a los habitantes de las profundidades marinas, y muchos debieron de preguntarse sobre las cosas extrañas que cayeron desde ese reino celestial: cofres de oro, balas de cañón, cadenas de ancla y, por supuesto, seres humanos, ahogándose, o directamente muertos. Hoy día, más que nunca, los océanos se están llenando de los residuos generados por la vida humana de la superficie, ya sean arrojados por la borda, arrastrados por inundaciones o transportados como polvo por los vientos de alta mar. Pero sea lo que sea que reciba el mar, también lo regurgita, y es a partir de este punto —donde las olas golpean el borde de la orilla— que empezamos nuestro viaje en los cuatro ensayos que siguen. Digiriéndonos tierra adentro, comenzamos a escalar, subiendo más y más arriba, por colinas y montañas, para intentar —a la larga, fútilmente— obtener una perspectiva divina. Despegando junto a los pájaros, subimos hasta el cielo, navegando sobre picos de montañas como un globo. Pero, al ser mortales, estamos destinados a volver a caer, finalmente, sobre la tierra, igual que el vapor de agua, impulsado hacia arriba por elevaciones ascendentes, debe, tarde o temprano, condensarse y precipitarse en forma de lluvia o nieve.

---

18. San Agustín, *Confessions*, traducción de Henry Chadwick, Oxford: Oxford University Press, 1991, pág. 246. (Trad. cast.: *Confesiones*, Editorial Gredos, 2010).

La saliva espumosa de un caballo

El día de Año Nuevo de 2016 me hallé andando por la playa de la ciudad donde vivo, Aberdeen, que da al mar del Norte. Diez días de lluvia incesante y vendavales del este habían sido la fuente de miseria para muchos vecinos cuyas casas estaban demasiado cerca de los ríos vesánicos Dee y Don, cuyos estuarios limitan la ciudad en el sur y en el norte, respectivamente. Se inundaron residencias, quedaron sumergidas carreteras, se destruyeron puentes. El agua se llevó por delante la totalidad de un parque de caravanas; con ella se fueron no solo las pertenencias de la gente, sino también las memorias de innumerables vacaciones, todas ellas siendo arrojadas atropelladamente río abajo hasta llegar al mar. La ciudad en sí misma había salido relativamente indemne. En la playa, sin embargo, la imagen que recibieron mis ojos era algo que nunca había visto antes. No era solo el mar el que espumaba, como si un insulto cósmico lo hubiera enojado enormemente. La misma playa arenosa estaba enterrada bajo un recubrimiento, de una profundidad de un pie, de espuma blancuzca que parecía estar espeluznantemente viva, pues el viento la contorneaba, enviando sus motas por el aire tierra adentro. Pisar este material era una sensación rara y extrañamente desconcertante: si bien era ligero como el aire y no ofrecía ninguna resistencia, me lamía los pies como un flujo que amenazaba con tragarme en cualquier momento. A medida que me abría camino por la espuma, me vino a la mente una exposición que había visto dos años antes, en la galería Common Guild de Glasgow, de la obra de la artista y escultora Carol Bove. El título de la exposición era La Saliva Espumosa de un Caballo.

¿A qué se estaría refiriendo Bove con este título tan enigmático? No se dio ninguna explicación. No aparecía ningún caballo en la exposición, ni tampoco saliva. Tras investigar un poco, encontré una leyenda en la cual Apelles, pintor de la corte de Alejandro Magno en el siglo IV a. C., en una ocasión acabó tan enfadado por su incapacidad de retratar la saliva espumosa de un caballo jadeante que cogió la esponja que solía usar para limpiar sus pinceles y la tiró contra el cuadro. Instantáneamente, con este gesto, consiguió el efecto pictórico que tanto deseaba. Unos cinco siglos después, esta historia reapareció en los escritos del físico grecorromano Sexto Empírico. Lo utilizó para ilustrar los apuros del filósofo escéptico, atormentado a partes iguales por su incapacidad de decidir entre objetos de sentido, por un lado, y objetos de pensamiento, por el otro. La respuesta del escéptico, según Sexto, debería ser simplemente congelar el juicio —tirar la esponja, podríamos decir— y dejar que decida la suerte. En ese estado de congelación, el filósofo halla una vía de escape, se evade del tormento y cierta tranquilidad de espíritu. ¿Podría esto ser, pues, la clave del arte de Bove? ¿Qué sucede cuando el enrejado pulcro y cristalino de nuestras concepciones se enfrenta a la exuberancia y el exceso de un mundo de vida y muerte, de crecimiento y descomposición? ¿Pueden quedarse congelados en una especie de equilibrio? ¿Y podría este equilibrio restaurar cierto sentimiento de tranquilidad en medio de la agitación de los elementos?

La exposición tenía dos pisos. Una de las obras del piso superior estaba formada por un soporte metálico vertical, montado sobre un pedestal rectangular, equipado con ramas y ganchos que sostenían una variedad de conchas marinas. En sí mismas, las conchas son objetos de una gran belleza (Figura 6). Pero no han sido fabricadas; no son artefactos. Como burbujas de jabón que se quedaron suspendidas, sus formas redondeadas no le deben nada al pensamiento humano, y le deben todo a las matemáticas del crecimiento. El soporte vertical, en cambio, se lo debe todo al pensamiento. Con sus ramas y ganchos, es un diagrama tridimensional que sitúa las conchas en relación unas con otras como si formaran parte de un sistema, quizás taxonómico, quizás morfológico. En el diagrama, los objetos del sentido (las conchas) quedan colgadas de un objeto de pensamiento (el soporte) a la vez que este también las sostiene. Esta obra se halla en el primer piso, sobre el nivel del mar, por así decirlo. Bajando las escaleras encontré, colocado sobre una repisa, un soporte parecido, con conchas parecidas. Pero todas las conchas excepto una yacían dispersas sobre la repisa, como si se hubieran desprendido del soporte (Figura 7). Bajo el nivel del mar, parece que la turbulencia del mundo se impone a nuestros esfuerzos de contenerla, y las cosas

Figura 6 Conchas marinas en el soporte, de Carol Bove, *La Saliva Espumosa de un Caballo*. (© Carol Bove, 2011. Cortesía de la Colección de la Familia Ovitz, Los Ángeles. Foto de Lorenzo Vitturi).

no se adecúan a nuestras demarcaciones conceptuales. Resultó que este contraste entre arriba y abajo, entre sobre el mar y bajo el mar, fue el concepto que guiaba toda la exposición. Pero también reveló otra pista sobre su título. ¿La saliva espumosa de un caballo? Eso es, por supuesto, un acertijo del mar.

Brollar, escalar, planear, caer

Figura 7 Conchas marinas caídas del soporte, de Carol Bove, *La Saliva Espumosa de un Caballo*. (© Carol Bove, 2011. Cortesía de la Colección de la Familia Ovitz, Los Ángeles. Foto de Lorenzo Vitturi).

Cada caballo es una ola, emboquillado con espuma, y la exposición era sobre las cosas que los caballos blancos del mar escupen en la orilla. A lo largo de incontables siglos, el océano se ha tragado cosas de manufactura humana y —después de longitudes varias de tiempo— las regurgitó. Tras ser arrojado por la espuma de un mar furibundo, los restos de tanques, bidones, redes y madera en estado de descomposición se despliegan ante nuestros ojos. En los mismísimos procesos de corrosión, y tras ser azotados por los elementos, artefactos antiguamente bien definidos pueden adoptar formas raras y fantásticas, y sus superficies —originalmente pulidas para lograr un brillo reflectante que habría escondido las sustancias dañinas que yacían debajo o dentro— se convierten como la superficie de la tierra misma: infinitamente abigarradas, multitexturadas, compuestas y reactivas. Eso es lo que le sucedió a un bidón oxidado que Bove había encontrado y expuesto. Cuando era nuevo, tenía la forma de un cilindro perfecto, de altura recta y diámetro circular. Su superficie brillante y pintada nunca habría dado el más mínimo indicio del petróleo de su interior. El exterior visible y el interior invisible se mantenían totalmente separados. Ahora, sin embargo, eximida de sus contenidos desde hace tiempo, la superficie contorsionada del bidón abraza el exterior como los pliegues de un tejido; asimismo, partículas de óxido, en el proceso de desprenderse, o ya desprendidas y desperdigadas a su alrededor, dan fe de la desintegración paulatina de la frontera que separa la superficie del medio.

Otra pieza más de la exposición, también colocada en el piso de abajo, evoca una lucha oceánica entre la naturaleza y el artificio. Un bloque enorme de madera que acabó a la deriva, alzado sobre un extremo, ligeramente torcido, y que antaño podría haber sido el pilar de un rompeolas. Uno de los pernos todavía sigue ahí, asomándose por uno de los lados. Probablemente, el revestimiento que soportaba el pilar debió de haber estado enganchado con él. Esta madera se habría mantenido firme contra el mar, rompiendo la fuerza de su oleaje, y poniendo en su lugar el sedimento de arena y el guijarral de abajo. Pero no pudo aguantar eternamente, y quizás debido a la violencia de una tormenta que fue incapaz de soportar, se la llevaron las aguas. Después se le giró la suerte: ahora el bloque que solía romper las olas del mar estaba a su merced, arrojado por caballos blancos, para finalmente acabar siendo escupido a la orilla sobre su espumosa saliva. En el mar, este bloque enorme, demasiado pesado como para que pudiera levantarlo un hombre, habría flotado como si fuera ligero. De vuelta a tierra firme, de nuevo pesado y letárgico, nos cuenta sus viajes, que pueden leerse en las torceduras, anudamientos y estregaduras de su carne, donde el grano queda revelado muy claramente. No solo eso; el olor y las superficies ennegrecidas cuentan que en otros tiempos estuvo recubierto de brea. Y fue la memoria de este objeto en la exposición lo que me regresó, de un sobresalto, a donde estaba de pie, en la playa de Aberdeen. Pues ahí estaba, rodeado en todas direcciones por la saliva espumosa de un caballo.

La playa entera está guarnecida de rompeolas. Aunque habían sobrevivido intactos a las tormentas, en los rompeolas también se había atorado lo que el mar había vomitado, impidiendo que se lo pudiera llevar la corriente.

Figura 8 Rompeolas en la playa de Aberdeen. Un tronco de árbol, arrojado por la tormenta de Año Nuevo, 2016, sigue, cuatro años después, atorado entre los pilares (foto del autor).

Árboles enteros arrancados, vigas de madera enormes, y ramas festoneadas con hierbas yacían desparramadas por la playa, algunos de ellos encaramados peligrosamente a los rompeolas como si los hubieran arrojado por ahí como cerillas (Figura 8). Y luego había los carritos de supermercado. Junto con zapatos perdidos y ubicuos trastos de plástico, bidones metálicos y neumáticos de coche, los carritos eran los restos de manufactura humana más abundantes en el panorama. La mayoría de ellos parecía que llevaran años sumergidos. Aunque gran parte de lo que había resurgido —incluyendo grandes cantidades de césped mustio— había llegado al mar claramente a través de los ríos, para luego ser devuelto a la orilla con la violencia de las olas, estaba claro que la población de bidones, neumáticos y carritos no era de recién ingreso al entorno acuático. Quizás habían permanecido más tiempo bajo el agua que en la superficie. Pero lanzados sobre la playa, los restos de conceptos humanos, y sus encarnaciones artefactuales, parecían hallar cierto sosiego, e incluso asumir una especie de belleza, medio enterrados en la arena o insertados entre las ramas de árboles transportados a la deriva.

No estaba solo contemplando la escena. Muchos otros ciudadanos habían sido atraídos a la playa por la misma curiosidad que la mía, y estaban abriéndose paso a través de los restos en un estado de asombro parecido a un trance, acompañados de sus perros ferozmente indagadores, mientras las aves marinas circunvolaban como si nunca lo hubieran tenido tan bien. Me pregunté, mientras deambulaba por la playa, si estaba observando la ciudad del futuro; una ciudad donde la oposición entre la *polis* y el océano, tan antigua como Platón, había sucumbido finalmente a la inevitabilidad de los niveles de mar en constante crecimiento. Durante más de dos milenios nos hemos esforzado por mantener separados a los dos, y por preservar el orden de la ciudad (gobernada por la razón) ante el tumulto del mar, que amenaza con su disolución. Incluso hoy hay ciudades donde la batalla se está perdiendo —Venecia es el ejemplo más célebre— mientras que la victoria, por lo visto, tan solo puede ser provisional y exige proezas de ingeniería cada vez más gigantescas e improbables. Llegados a cierto punto, tendremos que hacer como el escéptico Sexto Empírico: alzar la bandera blanca y buscar una reconciliación entre la ley de la razón abstracta y el tumulto material del mundo climatológico donde estamos condenados a vivir. ¿Podrá algún día la ciudad hacer las paces con el mar? ¿O podríamos estar entrando en una era donde las ciudades se convertirán en océanos, y donde sus edificios flotarán como barcos?

El lamento del alpinista

En noviembre de 2014, Deveron Arts, una organización artística basada en la localidad de Huntly, en la Aberdeenshire rural, organizó un simposio en un pueblecito llamado Tomintoul, encaramado en lo alto de los montes Cairngorms.[19] *A la conferencia acudieron residentes locales, excursionistas, una serie de artistas, un antropólogo (yo) y un alpinista mundialmente conocido, invitado especialmente para la ocasión. Los excursionistas y los artistas hablaron con entusiasmo sobre su exploración de las tierras altas, siguiendo senderos y vías familiares. Por muy inmersos que estuvieran en el paisaje, encontraron en él una fuente de asombro perpetuo: los cielos en constante cambio, el juego de la luz, la sombra y el color, las idas y venidas de los animales, las plantas que germinan y florecen, las piedras y formaciones rocosas intrigantes, incluso el poco frecuente hallazgo arqueológico que atestigua la larga historia de la existencia humana en la región. Siempre había algo que les llamaba la atención y los animaba a seguir.*

Pero cuando le llegó el turno de hablar al alpinista, el ambiente cambió abruptamente: pasó de ser un tono festivo a una escena de abatimiento. He aquí un hombre que había sido de los primeros en conquistar algunas de las cimas más elevadas y complicadas del mundo. El público lo escuchó embelesado a medida que les regalaba historias de hazañas arrebatadoras, de exploración y descubrimiento, ilustradas con imágenes que en su mayoría presentaban vistas panorámicas de formaciones topográficas, o primeros planos de hombres totalmente equipados con anteojos. Pero no hablaba con un tono triunfal, sino lastimoso. Porque ahora que ya se habían conquistado las cimas de todas las montañas, muchas por él mismo, a menos que empezáramos de cero en otro planeta, el único futuro de la exploración, a su parecer, se hallaba bajo tierra, en la práctica de una especie de alpinismo al revés que portaría la antorcha de la humanidad a profundidades incluso mayo-

---

19. Fue el Simposio Hielan' Ways, *Perceptions of Exploration*, 14–15 de noviembre de 2014, Tomintoul, Moray.

res en vez de las alturas más elevadas. «Ya no hay exploradores —se lamentaba— ¡solo espeleólogos!».

La observación de ese gran hombre a mí me hizo sonar tantas alarmas discordantes que apenas presté atención al resto de lo que tenía que decir. ¿Cómo era posible, me pregunté, que mientras los excursionistas y los artistas podían seguir explorando, el alpinista estaba convencido de que era el fin de todo? ¿Qué es lo que lo lleva, tanto a él como a nosotros, a creer que, cuando una montaña ha sido escalada, ha sido escalada para siempre? ¿Qué es lo que nos cuenta esto sobre nuestra forma de entender la percepción, la imaginación y la memoria? Ciertamente, esta observación parecía albergar en su interior todo un temario que nos invita a reflexionar sobre qué son realmente las montañas, por qué nos fascinan o repulsan, cómo juegan con nuestra conceptualización de la humanidad y lo que significa estar vivo, cómo experimentamos la tierra, el cielo y el suelo que hay entremedias, y cómo medimos —tanto en distancia como altitud— el espacio ocupado por los humanos.

Todos llegamos al mundo como bebés, así que empecemos por ahí. Para todos los bebés, el mundo que se abre paulatinamente a su percepción es una fuente de asombro constante. La fascinación que les suscitan todas las cosas y personas que los rodean los motiva para espabilar, sea como sea, con tal de descubrir más. Los bebés y los niños pequeños son exploradores compulsivos, y están descubriendo cosas todo el tiempo. Y es que tampoco tienen que alejarse demasiado de casa para hacerlo. En efecto, lo más probable es que descubran cosas cerca de casa, donde la familiaridad les facilita la libertad de movimiento, la posibilidad de deambular con cierta seguridad, despojados de ataduras, arneses u otros dispositivos de sujeción. Cuando nos hacemos mayores, sin embargo, nos convencemos de que todo lo que se halla dentro del círculo de lo familiar ya es algo conocido, y que para explorar debemos ir más allá, expandir nuestros horizontes, y prepararnos —tanto mental como físicamente— para asumir el reto. El sentido de la exploración del adulto, parece, es precisamente el opuesto al del niño. Uno, el del niño, es centrípeto; el otro, el del adulto, es centrífugo. Para los niños pequeños, la percepción y la imaginación son una única cosa; no porque el suyo sea un mundo de fantasía en vez de hechos, sino porque ellos mismos están inmersos en el proceso de las cosas convirtiéndose en lo que son. Todas las cosas y personas tienen —o, más bien, son— su propia historia, su propia forma de devenir, y el niño-explorador, emprendiendo su camino, mezcla su historia con las otras, en una correspondencia que seguirá realizándose siempre y cuando la vida también siga. El mundo familiar, para el niño, es una fuente inexhaurible de revelaciones. Los adultos, en cambio, interpretan su mundo como algo completo y plenamente formado. Por lo tanto, para convertir la imaginación en realidad, o la fantasía en hechos, tienen que ir más allá de los límites de lo ya conocido. Eso es lo que impele al aspirante a explorador adulto a llegar incluso más lejos.

¿En el ciclo vital de un ser humano hay algún punto, pues, cuando la exploración infantil acaba, y empieza la exploración adulta? ¿O es más bien que, a medida que nos hacemos mayores, cierto tipo de discurso —impregnado de expresiones de territorialidad, conquista y dominación humana de la naturaleza— va ganando terreno en nuestra mente? En este discurso hay dos clases de exploración, y dos clases de descubrimientos. La primera clase establece un currículum: una recapitulación condensada de logros humanos anteriores. Se espera que todos los niños la vayan destapando a lo largo de su educación. En esta concepción adulto-céntrica de la enseñanza, los niños simplemente se limitan a ponerse al día de las hazañas de sus predecesores, descubriendo por sí mismos lo que generaciones anteriores ya sabían, escalando las montañas que ya habían escalado otros. La segunda clase es el tipo de exploración y descubrimiento que llevamos a cabo como si nunca se hubiera hecho antes en toda la historia de la humanidad. Aquí el explorador-descubridor —que comúnmente se le presupone hombre— da el primer paso, tirando del resto de la humanidad a medida que avanza. Es a partir de esos pequeños pasos que se hace la historia de la humanidad, o eso decimos. Esta imaginación de la historia, creo yo, subyace tras el lamento del alpinista apesadumbrado. Si hacer historia significa pisar donde ningún hombre lo ha hecho antes, ¿cómo podría proseguir la historia humana si ya no hay más cimas que conquistar por primera vez? El gran hombre incluso parecía estar disculpándose por haberse agenciado tantas montañas para sí solo, sin dejarle ninguna a las futuras generaciones. ¿Estamos ahora condenados a la recapitulación eterna de un pasado otrora glorioso? ¿Es el alpinismo inverso del espeleólogo la única opción que nos queda, o sería mejor que redirigiéramos nuestra atención hacia otros planetas? ¿Podría haber montañas que escalar en Marte?

En la narrativa tradicional de la conquista, las cimas imaginadas van convirtiéndose paulatinamente en cimas recordadas; el testigo presencial retrata la montaña como una *historia verdadera*; como un hecho más que una ficción. Pero retratarla así también implica negarle a la montaña cualquier historia propia. Decir que después de haber sido escalada por primera vez cada escalada subsiguiente es una actuación repetida es presuponer que la montaña misma permanece siempre igual, que mientras la historia avanza, la montaña se halla del lado de una naturaleza siempre constante. Pero la naturaleza no es constante. Como dijo hace tiempo el filósofo Alfred North Whitehead, «no se puede mantener fija la naturaleza y observarla»[20]. Las montañas tienen sus historias, igual que nosotros. Una cima que nunca había visto un humano antes de que llegara nuestro alpinista desde entonces ha visto muchos más humanos. Han construido peldaños en sus barrancos, han insertado clavos en sus paredes rocosas, han dejado sus restos por toda la zona. Pero a una montaña que terremotos y erupciones, fuerzas inmensas de hielo y agua precipitándose, y extremos climatológicos han ido moldeando a lo largo de eones de tiempo, la huella humana le debe parecer bastante irrelevante. Para el gran gigante durmiente, el héroe conquistador no es más que una irritación menor, como una mosca en la punta de su nariz. La montaña no se siente conquistada o domesticada; no siente que la civilización se la ha agenciado, o que ha sido incorporada al redil humano. No tarda en olvidarse —si es que en algún punto se percató— de que un humano estuvo en la cumbre, agitando sus brazos extáticamente. La montaña simplemente sigue estando ahí, yendo a lo suyo. La gente indígena, para quien las montañas son una presencia familiar y cotidiana, sabe cómo tratarlas con respeto. A menudo han escalado sus montañas —muchas veces, antes de que

---

20. Alfred North Whitehead, *The Concept of Nature* (The Tarner Lectures, 1919), Cambridge: Cambridge University Press, 1964, págs. 14–15. (Trad. cast.: *El concepto de naturaleza*, Cactus, 2019).

llegaran exploradores para conquistarlas por primera vez— no con el objetivo de agenciárselas, sino para pedirles protección y prosperidad, un clima clemente y buenas cosechas.

En el siglo VI a. C., el filósofo griego Heráclito supuestamente declaró que nadie puede meterse dos veces en las mismas aguas de un río caudaloso. ¿Acaso no puede decirse lo mismo de la montaña? ¿No es cada ascenso el primero? Eso depende de cómo definamos la montaña. Quizás la identifiquemos como un accidente geográfico visto desde lejos, con su perfil característico. «He aquí una imagen del Everest», diremos; «el Everest es una montaña». Nos parece una montaña porque estamos alejados de ella. Cualquier perfil, por supuesto, será uno entre muchos, a menudo bastante distintos, vistos desde diferentes perspectivas. Pero todos suman un total, una presencia monumental que da todas las señales de permanencia. Tras haber sido escalada por primera vez, parecería que cada escalada subsiguiente de la misma montaña es una actuación repetida. La única forma de introducir variación es cambiando la ruta, abordando esa pared en vez de esa otra. Pero para la persona que está escalando las pendientes o ha llegado a la cumbre, la montaña no es un perfil, ni siquiera una ruta. En efecto, no le parece para nada una montaña. Más bien, la siente como una montaña. Y es un sentimiento de inmersión en un todo constituido por la roca y la tierra bajo las suelas de los zapatos, el cielo de arriba, y, entre ambos, la alfombra de vegetación, las aguas de arroyos burbujeantes y cenagales estancados, los pájaros y las bestias, la lluvia y la nieve, las nubes y nieblas arremolinantes. Aquí estás escalando, desde luego, pero no estás escalando la montaña. Más bien, estás escalando *en* la montaña. Y no solo eso: nunca podrás escalar dos veces en la misma montaña. Porque si la montaña es todo flujo, entonces —igual que Heráclito observó sobre el río— la idea de que una montaña que se ha escalado una vez ha sido escalada para siempre es simplemente absurda.

Así que, cuando el alpinista apesadumbrado nos dijo que todas las cimas han sido alcanzadas, y que no queda ninguna para ser conquistada, debió de hacerlo porque interpretó la montaña desde la perspectiva de alguien que no está *en* ella. No mora en la montaña, sino que se lanza sobre ella, igual que un soldado se embarcaría en una campaña, equipándose para enfrentarse a un adversario declarado con la esperanza de prevalecer con la fuerza de las armas. Y luego, tras alcanzar la cumbre y asegurarse un lugar en la historia, se marcha. Eso explica por qué sus imágenes son o bien instantáneas del panorama sin nadie en ellas, o primeros planos con gente armada hasta los dientes y cargada de equipamientos. A ojos de los habitantes, las montañas forman parte de un mundo familiar pero en constante proceso de evolución, donde nada es lo mismo de un momento a otro. Los residentes se familiarizan con este mundo abriendo caminos a través. La vida se mide en pasos, y se rastrea a lo largo del suelo. El alpinista, sin embargo, no es un habitante, sino un inquilino. Sus líneas no se marcan a medida que avanza, sino que primero las planea, como una solución al rompecabezas de cómo llegar del campamento base a la cumbre a través de una secuencia de puntos conectados, que luego realiza sobre el terreno sirviéndose de cuerdas y clavos. Paradójicamente, esto sitúa picos remotos más cerca de los centros metropolitanos en los que suele empezar cada expedición que de las áreas rurales deshabitadas de las faldas de las montañas. La visión telescópica del alpinista se salta las colinas para alcanzar las cumbres, cuyos ángulos aparecen enmarcados en el paisaje lejano. Las tierras que hay entremedias meramente deben atravesarse; sus habitantes quizás se vean obligados a prestar sus servicios como maleteros de la expedición. Incluso hoy día los alpinistas hablan de sus hazañas como si el avistamiento infrecuente de alguien local yendo a la suya, quizás pastoreando animales o cortando heno en una pendiente pronunciada, fuera una irrelevancia.

La mayoría de la gente se limita a seguir el curso de su vida cotidiana. Pero el alpinista tiene un único propósito: ascender. La verticalidad enmarca su ambición. Para él lo que cuenta es el pico, no la enorme masa de roca que se alza, cuya cumbre resulta ser simplemente el punto más elevado. Si eres un granjero, o un pastor, o incluso un viajero, y estás más interesado en abrirte camino por un entorno natural que en llegar a lo más alto, entonces no lo llames una montaña. ¡Llámalo una colina! Si las montañas son para escalar, las colinas son para andar. Aunque los alpinistas tienden a hablar de forma bastante despectiva de las colinas, como si fueran accidentes geográficos de estatura insuficiente como para ser considerados montañas, la verdadera diferencia radica en cómo se interpreta la relación entre tierra y formas, o suelo y rasgos. El excursionista, ya sea andando hacia arriba, hacia abajo o a nivel, permanece en un contacto consciente con el suelo, a través de los pies. Así, este suele parece ondulado; y las colinas y los valles, sus pliegues. Estas ondulaciones se sienten en los músculos, ya sea tensándose con la fuerza de la gravedad o contra ella. No es así para el alpinista, sin embargo. Desde su perspectiva telescópica, el suelo parece un plano isotrópico, abierto al horizonte y situado a nivel del mar, sobre el cual se han colocado formas y rasgos como si se alzaran sobre una base. La tierra misma parece estar amueblada, y entre sus muebles, las montañas son desde luego sus rasgos más grandes e impresionantes. Según esta percepción, la montaña no es un suelo, sino una estructura que se erige sobre él, con una base, unos lados y una punta. A medida que el alpinista escala las laderas de la montaña, se arrastra a sí mismo cada vez más arriba. Si bien el excursionismo es una forma de morar en el mundo, o una práctica de inmanencia, lo que le ofrece la montaña al alpinista inquilino es transcendencia. Y para lograrla, está dispuesto a poner en riesgo su propia vida.

Acerca del vuelo

En los Andes del suroeste de Bolivia yace el salar de Uyuni, el más grande del mundo. Cuando está cubierto de una fina capa de agua, la salina se convierte en un espejo que refleja perfectamente el cielo. Tal como encontró el artista Tomás Saraceno, andar por el salar en estas condiciones da la impresión de estar flotando entre las nubes, durante las horas de luz solar; o entre las estrellas, por la noche. Esta sensación le inspiró a imaginarse una época en la cual el aire, y no la tierra, sería el principal medio de residencia. Lo llamó el Aeroceno. La vida en el Aeroceno —alimentada únicamente por la luz solar, alzada por las corrientes de aire cálido o colgada de filamentos tan finos como las telarañas— sería ligera y delicada. Sustentada sobre el viento, permitiría una libertad total de movimiento, sin trabas ni límites. En busca de su visión, y con una comunidad de gente de todo el mundo a sus espaldas cada vez mayor que lo apoya, Saraceno ha estado recolectando bolsas de plástico residuales, y ensamblándolas para crear grandes globos que ya han roto récords de vuelo accionado por energía solar. El siguiente ensayo fue un encargo para un volumen que celebraba esa época venidera. Salió publicado en 2017.[21]

Quizás sea oportuno que esté escribiendo este ensayo a bordo de un avión. Es un avión comercial que realiza un viaje programado de Londres a Chicago. Estoy volando —o eso dice la revista *High Life* que encuentro en el asiento— gracias a la compañía que gestiona el avión. Pero no hay nada que pudiera recordarme menos al hecho de volar. Estoy encapsulado dentro de una máquina que pesa cientos de toneladas, atado a un asiento que contiene mi movimiento, quedándose este limitado a un meneo de los dedos de los pies, y respirando aire que hace circular el aliento de los otros pasajeros a la

---

21. *Aerocene*, editado y coordinado por Studio Tomás Saraceno, Milán: Skira Editore, 2017.

vez que mantiene herméticamente cerrada la cabina de la atmósfera del exterior. Siento que me he convertido en un animal ferozmente territorial, defendiendo cada centímetro de mi reposabrazos y mesa plegable ante las incursiones de mi vecino cazurro y su periódico, que no deja de desplegarse más y más. Como mínimo mi asiento está al lado de la ventana, lo que me ofrece una perspectiva de la Tierra desde arriba. Estamos pasando por encima de la Inglaterra del noroeste, y ahí abajo supongo que habrá gente siguiendo con sus vidas; unas vidas no muy distintas a la mía hasta que, hará una o dos horas, me subí al avión. Pero no puedo establecer ninguna conexión con ellos, ni que sea tan fugaz como el saludo con la mano que uno podría aventurar desde un tren a gente que observa. El desconcierto, sin duda, es recíproco: ¿cuántas veces habré observado, desde mi casa, un avión que vuela en lo más alto, su fuselaje centelleando bajo el sol y dibujando en el cielo una estela de condensación, y me habré quedado asombrado ante el hecho de que dentro de ese objeto tan lejano —tan remoto, tan misterioso— podría haber gente como yo, quizás disfrutando de su cena o, lo más probable, defendiendo sus pocos centímetros de espacio de asiento? ¿De dónde vino la idea extraña de que la vida podría empaquetarse de esta forma, encapsularse y expedirse a puntos distintos de la superficie del planeta?

Que no se me malinterprete. Un avión de pasajeros es algo maravilloso, un objeto de gran belleza, un triunfo de la imaginación tecno-científica y un testimonio de la extraordinaria historia de la aviación del siglo xx, una historia que ha combinado ingenuidad, paciencia y valentía con violencia incendiaria a una escala hasta entonces inimaginable. Me siento agradecido por el hecho de que el avión donde me hallo me llevará sano y salvo a mi destino en cuestión de horas (de lo contrario no estarías leyendo esto), mientras que en tiempos remotos hubiera tenido que sufrir semanas en el mar seguidas de un periplo traicionero campo a través. No pretendo iniciar una polémica contra los aviones comerciales. Sino más bien contra la idea de que esos aviones pueden volar, o de que la gente puede volar en ellos. Sí: despegan del suelo. Y sí: se propulsan por el aire. Pero lo mismo podría decirse de muchas otras cosas, desde bolas de *cricket* hasta balas de cañón, la mayoría de las cuales pertenecen a la categoría general de los misiles. Y después del 11 de septiembre, no hace falta que nos recuerden que el avión comercial también puede ser un misil. La trayectoria del misil está determinada por un compuesto: la fuerza de la gravedad, y el empuje y dirección de la propulsión. Quizás pueda estar guiada por la retroalimentación de un objetivo. Pero volar significa no rendirse a estas determinaciones mecánicas, ni tampoco trazar un arco desde un punto de origen a un destino. Más bien significa hallar un camino propio, y una existencia propia, entre las corrientes y circulaciones del aire atmosférico. Volar, en resumidas cuentas, no es algo mecánico; es algo existencial. Los pájaros vuelan porque *ser* un pájaro es a la vez ser un pájaro-del-aire. Lo mismo podría decirse de otras criaturas aladas, desde los insectos voladores hasta los murciélagos. Y desde luego fue también el caso de los pterodáctilos.

Si los humanos han llegado o no a volar, sin embargo, es tema de discusión. Suele decirse que los humanos no pueden volar sin ayuda, simplemente porque —como el sabio pero desdeñoso Búho recordó a Winnie-the-Pooh en la fábula inmortal de A. A. Milne— carecen de los músculos dorsales necesarios. Pooh, recordemos, recurrió a un globo, con el cual planeaba ascender y negociar con las abejas, con la esperanza de obtener parte de su miel. Pensaba que se convertiría realmente en un ser aéreo, parecido a una nube, pero, ante su perturbación, las abejas no creían lo mismo. Quizás lo más cerca que llegamos a estar la mayoría de nosotros del vuelo es en nuestros sueños, donde nos *convertimos en pájaros*; no como seres hechos de carne y plumas, sino como una composición de aire y movimiento según la cual el soñador alza el vuelo y circula impulsado por las corrientes.[22] El vuelo es la sensación de la vida en el aire sin ataduras. No obstante, me pregunto si podríamos volar sin perder nuestra orientación terráquea, tanto en la vida cotidiana como en nuestros sueños. A veces, cuando andamos bajo un fuerte vendaval, y especialmente en terrenos elevados, tenemos la sensación de que estamos volando, y quizás así sea. Es una experiencia estimulante. Sin duda, me siento más cerca de los pájaros, y de la experiencia de volar, cuando ando por las colinas que cuando estoy sentado en este avión. De ser el caso, ¿por qué de-

---

22. Al respecto de los sueños sobre volar, ver Gaston Bachelard, *Air and Dreams: An Essay on the Imagination of Movement*, traducción de Edith y Frederick Farrell, Dallas, TX: Dallas Institute Publications, 1988, págs. 65–89. (Trad. cast.: *El aire y los sueños*, FCE, 2006).

beríamos decir —como solemos hacer en este tipo de situaciones— que estamos andando y *no* volando? ¿Por qué no podemos hacer ambas cosas a la vez? Nuestros pulmones palpitantes, ¿no están en armonía con el aire arremolinante como lo están nuestros pies con la tierra por donde andamos? ¿Acaso la inhalación no sigue a la exhalación igual que un paso sigue al paso siguiente?

Quizás deberíamos considerar el andar como un vuelo a dos piernas: una especie de vuelo que todavía no ha despegado. Desde luego volar en este sentido es comparable con la navegación a vela. Mientras el casco de la nave rasea las olas, sus velas las impulsa el viento: está siendo arrastrado tanto por las aguas como por el aire. Así que la navegación a vela, también, podría ser la forma de volar del marinero. Y aunque la analogía podría parecer peregrina, solo me pregunto si lo mismo podría decirse de la escritura, por lo menos tal como se practicaba siglos antes de la llegada de la palabra impresa. Los escribanos medievales a menudo trazaban paralelismos entre su escritura y las andaduras de un viajero por el terreno, y entre la línea de letras trazadas por la pluma y el camino trazado por los pies. ¿Es posible que la escritura fuera la forma que tenían los escribanos de volar, igual que andar era la forma que tenía el paseante? No olvidemos que el escribano utilizaba una pluma literal, es decir, una herramienta hecha de algo que anteriormente había adornado el ala de un pájaro. Gracias a esta pluma, lo que vuela ahora es la mano del escritor, que deja su sinuosa huella en la página. Quizás el paralelismo entre la escritura y el vuelo es incluso más evidente en las tradiciones orientales de la caligrafía con pincel, que a menudo se inspiraba en el vuelo de los pájaros y las formas tenues de las nubes. Aquí, el pincel volador rasea el papel, dejando sus huellas como lo hacen remolinos pasajeros de viento en el polvo de terreno seco. Las líneas del caminante, las líneas del navegante y las líneas del escritor, digámoslo así, son todas *líneas de vuelo*, y lo que caracteriza a esas líneas no es solo que todas sean aéreas, sino que rehúyen especificaciones de origen y meta. No van de la A a la B, sino a través, entre las cosas. No es accidental que, en la lengua inglesa, los verbos «to flee» ('huir') y «to fly» ('volar') son etimológicamente cognados, y que ambos conjugan «vuelo».

A día de hoy, por supuesto, el escritor ya no es habitualmente un escribano o un caligrafista, sino un artífice de la palabra, cuyas composiciones verbales se plasman en una página o pantalla mediante un mecanismo. Pero seguimos llamando «manuscrito» al documento impreso o mecanografiado, *como si* sus líneas fueran trazadas en el vuelo de la mano. El mismo anacronismo nostálgico está presente cuando hablamos del vuelo de la aeronave comercial, o la navegación de su homólogo oceánico, el navío. Del mismo modo que es imposible redactar —en el sentido original de escribir o trazar una línea— con un teclado, tampoco es posible, *stricto sensu*, volar con el avión o navegar con el barco. La línea del crucero desde luego va de la A a la B. El barco, con sus propulsores, se abre camino perforando el océano como si estuviera haciendo un agujero por donde pasar, igual que el avión comercial —antaño equipado con propulsores, pero ahora con motores de reacción— avanza agujereando el cielo. El agua en el primer caso, el aire en el segundo, son tanto un medio como una resistencia que debe vencerse, y eso se consigue utilizando una fuente de energía externa para inducir una turbulencia ajena a su naturaleza. Pero el pez que nada por el agua y el pájaro que vuela por el aire actúan de forma notablemente distinta. Sus cuerpos, equipados respectivamente con aletas y alas, han sido diseñados para moverse no *en contra* del medio, sino *con* él, apareando sus propias energías con la dinámica fluida del medio. El agua para el pez o el aire para el pájaro no son masas homogéneas que uno deba perforar inexorablemente, como lo hace la excavadora a través de roca maciza, sino una textura altamente diferenciada, hilada por materiales en movimiento para crear los remolinos y corrientes térmicas que los moradores del océano y el cielo pueden tanto emplear como modular para su propio beneficio.

Observando desde la ventana de mi asiento, puedo avistar un atisbo de esa textura en las formaciones de nubes que actualmente cubren la tierra. Más allá de eso, a nosotros nos es invisible. Pero los pájaros pueden sentirla, y supongo que también los aeronautas o pilotos de planeadores. Me arrepiento de nunca haber volado en un globo o un planeador. Tampoco me he tirado en paracaídas, no he volado en un ultraligero ni he practicado el deporte de la caída libre. Por lo tanto, no soy ninguna autoridad para hablar de estas cosas, y debo recurrir al testimonio de otros. Uno de ellos es el del pintor Peter Lanyon, que en 1959 se animó a planear con tal de enriquecer su arte paisajístico. Lanyon dijo lo siguiente sobre una de sus obras más extraordinarias, *Thermal*, que realizó un año después (Figura 9): «El aire es un mun-

Figura 9 *Thermal*, 1960, de Peter Lanyon (1918-1964). (Cortesía de la Tate Gallery, St. Ives © Patrimonio de Peter Lanyon. Todos los derechos reservados, DACS 2020).

do de actividad muy definido, tan complejo y exigente como el mar. La térmica es en sí misma una corriente de aire caliente que asciende y finalmente se condensa en una nube. Es invisible y solo puede percibirse con un instrumento como el planeador. La fuente esencial de todo vuelo planeador es la térmica».²³ Pero el cuadro no solo hace referencia a la acción de planear. También describe el vuelo de aves marinas y su forma de gestionar los acantilados. También ellas deben cabalgar sobre las complejas corrientes que instaura el viento al restregar las paredes rocosas. O podría hacer referencia al águila depredadora que, tras haber subido con la corriente ascendente, debe tensar músculo y tendón para mantener una posición exactamente encima de una ubicación concreta en el suelo, preparándose para abalanzarse sobre presas incautas. Finalmente relajada, se desvanece por los aires con el viento. Lo que a nosotros nos parece quietud es movimiento para el águila, e, inversamente, lo que nosotros consideramos movimiento es la forma que tiene el águila de permanecer quieta.

Lo mismo puede decirse de los aeronautas, quienes, en las alturas, hablan de un sobrecogedor sentimiento de quietud. Precisamente porque el vehículo se está moviendo con el viento, y no contra él, es como si estuviera en bonanza. Ahí abajo, la gente quizás se esté agarrando los sombreros, pero ahí arriba, todo es puro sosiego. Abajo, el viento quiere desgajarte; arriba, flotas en él. La quietud, en resumidas cuentas, es la condición de movimiento perfecta, cuando todos sus elementos están en armonía. En este punto nos posamos en una verdad profunda, enunciada por primera vez por el filósofo greco-siciliano Empédocles en el siglo v a. C. Según Empédocles, el cosmos lo constituye el diálogo perpetuo de dos principios opuestos, que llamó Amor y Discordia. El Amor, en su forma más pura, es esférico. Dentro de la esfera, todos los elementos concuerdan unos con otros; es solo en su superficie circundante que entra en juego la discordia. Pero es la Discordia la que —despedazando los elementos, mezclándolos y formando nuevas combinaciones de estos— da pie a todos los fenómenos materiales que podemos observar a nuestro alrededor. En su época, Empédocles recurrió a la mitología para dar cuerpo a sus principios, utilizando las figuras de Afrodita y Ares, deidades del Amor y la Discordia, respectivamente. Pero si hubiera vivido los días del desarrollo pionero del vuelo en globo, es decir, los siglos XVIII y XIX, quizás habría considerado el globo la encarnación perfecta de Amor, y la fuerza del viento que lo tiraría con agrado de sus amarraderos, el epítome de

---

23. Es una cita de la ficha de explicación del cuadro en la Tate Gallery. Ver *http://www.tate.org.uk/art/artworks/lanyon-thermal-t00375*

la Discordia. Pero a una escala menor, únicamente tenemos que fijarnos en la humilde burbuja de jabón, pura quietud y armonía por dentro, pero ligada a las fuerzas de tensión superficial en el medio líquido. Al final, inevitablemente, la discordia prevalece, y la burbuja revienta: su líquido cae sobre la tierra y su aliento interior se desvanece en el aire.

¡Aquí estoy, a bordo de un avión comercial, reflexionando sobre la quietud! Es paradójico. Quizás esté sentado totalmente quieto, con mi cinturón de seguridad correctamente abrochado en caso de turbulencias inesperadas —esos momentos desconcertantes cuando poderosas fuerzas atmosféricas merman nuestra confianza en la homogeneidad del medio—, pero estoy crónicamente intranquilo. Siento fuertes deseos de mover mis extremidades, pero no puedo, y experimento la quietud como si fuera una restricción. Eso es Discordia, no Amor. Quiero ir de Londres a Chicago en el menor tiempo posible, y las horas que supone el viaje son una medida de mi impaciencia. Idealmente, no debería tardar nada. Pero luego apaciguo mi mente intranquila con pensamientos de burbujas flotantes, de molinillos arrastrados por el viento en un día de verano, de partículas de polvo errantes iluminadas por haces de luz. Pueden hallarse imágenes de todas estas cosas, y mucho más, en las páginas publicitarias de la revista *High Life*, que prometen una utopía de paz y relajación al final del periplo, a cambio, por supuesto, de pagar grandes cantidades de dinero. Lo que hacen esas imágenes es reforzar el sentimiento de inaccesibilidad, pero son atractivas precisamente porque evocan una experiencia real y memorias agradables. Sí: también mi atención a veces se ha ido a burbujas de jabón y molinillos, y en esos momentos he experimentado la sensación de quietud y armonía que Empédocles describió como Amor. Pero, de hecho, esta quietud no es una ausencia de movimiento. La inmovilidad absoluta equivaldría a la muerte. Un cuerpo vivo debe respirar, su corazón debe palpitar, debe circular sangre por sus venas. Experimentamos la quietud cuando estos ritmos corpóreos están en consonancia con los movimientos de nuestro alrededor. Es por eso que el águila está quieta cuando asciende con una corriente térmica; que los peces están quietos cuando circulan de aquí para allá en el agua; que el globo está quieto cuando va a la deriva conducido por el viento; y que yo permanezco quieto cuando mi atención ha sido arrebatada por la burbuja flotante, hasta que esta revienta.

Esas son las quietudes del hecho de estar vivo, del sonido armónico más que el silencio forzoso. Son quietudes que se mantienen en movimiento, en vez de pugnar contra él. En su poema en prosa *De Rerum Natura* (*De la naturaleza de las cosas*), escrito alrededor del año 50 a. C., el filósofo romano Tito Lucrecio Caro lo resumió así:

> Así pues no te preguntes
> cómo es que, si las semillas de las cosas están
> siempre en movimiento, la suma sin embargo parece
> permanecer sumamente quieta.[24]

Lucrecio era un gran admirador de Empédocles, e incluso utilizó el poema de Empédocles *De la naturaleza* como ejemplo para realizar su propia obra. Pero según Lucrecio, el cosmos, en su forma más pura y prístina, no era esférico, sino rectilíneo. Estaba hecho de innumerables átomos, que se precipitaban perpetuamente en paralelo a través de la infinitud del espacio. Pero solo tienen que virar con ligera brusquedad en su trayectoria para chocar unos con otros, y es en la caída en cascada de estas colisiones que se forma un mundo, constituido por permutaciones y combinaciones infinitas de materia. Aun así nosotros vemos las formas y no el flujo, aseveraba Lucrecio: el mundo nos parece que está quieto a pesar de que está íntegramente suspendido en movimiento. Ahora escuchemos lo que tuvo que decir el filósofo Henri Bergson, escribiendo un par de milenios después, a principios del siglo XX:

> Como remolinos de polvo levantados por el viento que pasa, los vivientes giran sobre sí mismos, suspendidos por el gran soplo de la vida. Son, pues, relativamente estables e imitan incluso tan bien la inmovilidad que los tratamos como cosas antes que como progresos, olvidando que la misma permanencia de su forma no es más que el diseño de su movimiento.[25]

---

24. Tito Lucrecio Caro, *On the Nature of Things* [*De Rerum Natura*], traducción de William Ellery Leonard, Nueva York Dutton, 1921, pág. 38. (Trad. cast.: *La naturaleza de las cosas*, Alianza, 2016).

25. Henri Bergson, *Creative Evolution*, traducción de Arthur Mitchell, Nueva York: Henry Holt, 1911, pág. 128. (Trad. cast.: *La evolución creadora*, Cactus, 2007).

Bergson opina, como Lucrecio, que en general la vida se da con movimiento, porque además cree que, para que haya cosas vivas, en concreto es necesario que este movimiento se desvíe de una trayectoria que de lo contrario sería totalmente recta. Pero a diferencia de Lucrecio, veía el movimiento como algo que siempre va hacia arriba, no hacia abajo. Bergson estaba escribiendo estas líneas en la época dorada del vuelo con globos, y es posible que, cuando habla del «gran soplo de la vida», tuviera en mente el aerostato.

¿Y qué hay de mí, a bordo de este avión comercial? He ascendido a las alturas, desde luego no gracias al gran soplo de la vida, sino gracias al soplo de motores de reacción que queman combustible fósil. Y mi inmovilidad no es el contorno de un movimiento, sino un producto de su constricción. Estoy encapsulado dentro de un soplo de muerte, proyectado hacia mi destino en un misil guiado, mientras sueño sobre burbujas y molinillos... hasta que me despierta el batacazo de las ruedas sobre el asfalto. Mi avión ha aterrizado. Me voy tambaleando a sumarme a una cola de immigración. Quizás, cuando haya salido de la terminal y vuelva estar al aire libre, ¡podré empezar a volar!

Sonidos de nieve

A medida que el cambio climático amenaza con convertir en rarezas fenómenos meteorológicos de temporal frío que solían ser normales y corrientes, ¿corremos el peligro de perder el vocabulario para describirlos? Esta pregunta llevó al artista Mikel Nieto, un nativo del País Vasco, a pasar el invierno en Finlandia, tanto para grabar los sonidos de la nieve como para vincularlos a las muy diversas palabras, en el lenguaje finés, que describen sus distintos estados y calidades. Nieto me invitó a escribir un ensayo para un libro llamado Un suave siseo de este mundo, *que acompañaría el proyecto, y yo acepté sin pensármelo.*[26] *El libro se imprimió en letras blancas sobre un fondo blanco, como si las letras y palabras hubieran caído silenciosamente como copos de nieve sobre la página. En este ensayo, reflexiono sobre los sonidos de la nieve y sobre cómo figuran en el lenguaje, tanto en el finés como en el escocés.*

¿Alguna vez has oído un copo de nieve? ¿Es cada copo de nieve un sonido? No es como una gota de lluvia. La gota renuncia a su forma cuando impacta contra el suelo, y eso es lo que escuchamos. Si cae en un charco o un lago, hace un pequeño plof, que en realidad es el sonido de otra gota formándose de rebote. Si cae sobre césped u hojas, se escurre y fluye. Si cae sobre un suelo asfaltado, salpica. Bajo una lluvia amable y constante, es posible cerrar los ojos y escuchar un paisaje entero, e identificar en el patrón del sonido las texturas de las superficies variables.[27] Pero a medida que la lluvia se convierte

---

26. Mikel Nieto, *A Soft Hiss of This World*, 2019, ver http://mikelrnieto.net/en/publications/books/a-soft-hiss/

27. El teólogo John Hull, que se quedó ciego cuando llegó a la mediana edad, describe cómo la lluvia que cae ininterrumpidamente «halla la manera de sacar a relucir los contornos de todo». Ver John Hull, *On Sight and Insight: A Journey into the World of Blindness*, Oxford: Oneworld Publications, 1997, pág. 26.

en nieve, el paisaje desaparece de la audición. Es como si alguien hubiera silenciado el sonido. Ciertamente, la primera nevada de la temporada puede traquetear cual lluvia, especialmente si su consistencia es cercana a la aguanieve. Se funde de inmediato al chocar contra el suelo, si no es que se ha fundido ya por el camino. Pero a medida que el suelo mismo se va congelando, el derretimiento cesa. El copo, aterrizando en la fría y pelada superficie, yace donde cayó, su forma de peso pluma todavía intacta, palpitando a la expectativa. La brisa podría recogerla en cualquier momento y llevarla a algún otro lugar, a uno de esos rincones a cubierto —como un portal o el abrigo del tocón de un árbol— donde tienden a congregarse los copos.

Cada copo de nieve es distinto. Aunque la geometría hexagonal básica es constante, el copo se forma a medida que cae, y no hay dos trayectorias que sean exactamente las mismas. En la precisión de su forma, el copo narra la historia de su viaje a la tierra. Pueden pasar muchas cosas por el camino: puede crecer a través de acumulación, fundirse y congelarse, o adherirse a otros copos para constituir grandes ensamblajes multicristal que parecen manchas en el cielo. En casos de viento sosegado, puedes seguirlas con la mirada. Su trayectoria, sensible a la agitación del aire por leve que sea, es lenta y errática, a menudo ascendiendo así como cayendo, empujada hacia aquí y allá por corrientes invisibles. A diferencia de las gotas de lluvia —que caen tan rápido que no es posible divisarlas a no ser que (o hasta que) aterricen oblicuamente, como cuando impactan contra el cristal de una ventana— los copos no quieren aterrizar. El viento, barriendo la superficie de la tierra, se lleva con él los copos, así que, cuando finalmente aterrizan, no impactan duramente contra el suelo, sino que descienden planeando, adoptando un ángulo agudo. A medida que caen más copos, cada uno se va posando sobre otros como él, sin hacer prácticamente ningún ruido, acurrucándose entre sus predecesores. Progresiva e imperceptiblemente, se forma un manto blanco sobre la superficie. Y a medida que eso sucede, la superficie —al menos eso parece— se queda dormida profundamente. Todos los sonidos quedan amortiguados. El silencio es ensordecedor. Solo el viento suspira al sacudir los árboles o soplar la nieve acumulada en montículos.

Normalmente, cuando está nevando, el aire no es particularmente frío, aunque podría helarte hasta la médula si el viento se levanta, porque es la mezcla de frío con aire más cálido lo que conduce a precipitaciones. No es hasta que la nieve afloja, se despejan los cielos y disminuye el viento que empieza el frío real. El aire, completamente seco y en alta presión, yace pesadamente sobre la tierra helada. Desde las chimeneas de casas y fábricas, el humo asciende verticalmente hacia el cielo. De nuevo, el silencio es sobrecogedor. Pero este no es un silencio amortiguado, como cuando cae nieve fresca. Al contrario: parecería que el sonido más insignificante —el hielo fisurándose, el chasquido de unas ramitas, el ladrido de un perro o la voz humana— puede viajar kilómetros, enfatizando el silencio como un alfilerazo. Esto tiene una explicación física, pues el sonido viaja más rápido en aire cálido que en el frío. Cuando el aire más cálido está encima y el aire más frío está debajo, las ondas de sonido se refractan hacia abajo, lo que arrastra hasta nuestras orejas los sonidos más lejanos. Los oímos como si fueran puntos esparcidos, de manera parecida a como vemos las estrellas en el cielo nocturno.

Eso es así hasta que el viento se levanta y el silencio espinoso da lugar a un tumulto devorador. La nieve, levantada súbitamente de ahí donde yacía, vuelve a estar en movimiento, y es arrojada en pilas. El dialecto escocés compara este montículo ascendiente de nieve con su desmoronamiento como *erd-drift* (o *yowden drift*) con *doon-come*.[28] En el resplandor de una tormenta de nieve, la superficie y el cielo son indistinguibles, y el paseante acaba hallándose en medio de un vacío sin suelo ni horizonte. Pero el viento no produce sonido por sí solo. Tiene que haber algo que encauce, interrumpa o desvíe el movimiento del aire, que lo haga vibrar. Aquellos de nosotros que moramos en ciudades a menudo asociamos los ululantes ventarrones del invierno con los sonidos gemebundos que se van produciendo a medida que el viento interactúa con cables colgantes y antenas de azoteas, o a medida que se cuela por las grietas y los resquicios de los edificios. Pero en los bosques, marismas y montañas, lejos de la presencia humana, este tipo de sonidos no se escuchan. Los árboles son como instrumentos de madera, los pantanos como tambores militares, las montañas como una banda de metales. El vien-

---

28. Respecto a estas y otras referencias a términos escoceses, debo agradecer a Amanda Thomson, *A Scots Dictionary of Nature*, Glasgow: Saraband, 2018.

to, a medida que sopla, es el intérprete. Canta a través de los árboles cual flauta, repiquetea los juncales de las marismas congeladas cual percusión, retumba por los zanjones de las montañas cual trombón.

Es el viento lo que le permite a la nieve su primera vida, su vida en el aire como copos en ciernes. Tras posarse, sin embargo, la nieve empieza una segunda vida, su vida en el suelo como un manto en constante espesamiento. Esta vida puede durar horas, días, meses, estaciones, años, siglos o incluso milenios. Debajo del manto podrían hallarse enterradas pruebas de épocas pretéritas, que regresan ahora a la luz a medida que el mundo se calienta y el derretimiento se acelera. En su interior, los copos cuajan en una masa helada, salpicada de burbujas de aire y partículas de tierra, una consistencia que, sin embargo, cambia continuamente, dependiendo —entre otras cosas— de la temperatura ambiental, los intercambios térmicos en el suelo donde yace y la compresión de caídas subsiguientes. Las propiedades reflectantes de la superficie cambian también, dando paso a muchos talantes —por no decir tonos— de blanco, desde el blanco anodino y meditativo hasta el blanco claro y chispeante. Como también cambian sus sonidos, desde el chasquido, crujido y reventón prácticamente inaudibles del hielo congelándose y las burbujas estallando hasta el rugido de la avalancha o, en menor escala, el batacazo de nieve que se desprende de un tejado inclinado.

Los animales cuyas vidas están íntimamente ligadas a la capa de nieve reconocen sus sonidos, especialmente en cuanto afecta sus propias actividades, frecuentemente la hora de excavar, raspar y dar zarpazos para llegar a fuentes de comida enterradas. Los ciclos de deshielo y recongelación, que endurecen como el acero la capa de nieve, pueden acarrear hambruna o incluso inanición. Para aquellos que pueden, la opción más sabia es hibernar. Sumidos en un sueño profundo, no escuchan nada hasta que los despiertan los sonidos de la primavera. Pero para los seres humanos, lo normal es que el sonido de la nieve se escuche bajo los pies, cuando se anda. La nieve escarchada chirría cuando la pisas, pues sus diminutas láminas cristalinas se deslizan unas contra otras. La nieve mojada cruje cuando es comprimida, dejando atrás huellas profundas que, al ser lo último que se derrite, se mantienen apartadas de la superficie del suelo cuando el resto ha desaparecido. Una capa dura de nieve rechina bajo los esquís o los trineos. Hoy día, sin embargo, lo más probable es que los sonidos más fuertes provengan del ruido generado por los motores de los motonieves, que ahogan el resto. Desde cierta distancia estas máquinas rugientes suenan como jejenes, e incluso lo parecen, zumbando fuera de temporada.

Los sonidos de la nieve se reflejan en las palabras que pronunciamos. En prácticamente todos los idiomas las palabras vinculadas al clima están imbuidas de una rica cepa de onomatopeyas, y los términos para referirse a la nieve no son excepción. No tienes por qué ser un hablante de escocés, por ejemplo, para deducir el significado de *glushie* ('nieve fangosa'); o de finés para adivinar cuál de las dos palabras, *lumi* y *räntä*, es para la aguanieve y cuál es para la nieve. Igual que sucede con las palabras inglesas, también en el finés las consonantes duras contrastan con las suaves, y las vocales agudas con las labializadas. Evocan la diferencia entre las gotas traqueteantes de la aguanieve y los copos de nieve que susurran suavemente. Existe, sin embargo, una diferencia entre ambos idiomas cuya importancia es significativa. En inglés, la palabra *snow* ('nieve') ya incorpora la idea de que desciende del cielo, igual que *rain* ('lluvia'). El agua, o la humedad, puede ser lluvia *solo* cuando está cayendo; ergo, el agua que esté fluyendo o quieta, ya sea bajo tierra o en la superficie, no puede ser lluvia. Pero en finés, la idea de precipitarse está estrictamente separada de *lo que* se precipita. Solo hay un verbo, *sataa*, que significa 'caer del cielo', y todo lo que cae del cielo es *sade*.

El verbo en sí mismo, junto a su homólogo reflexivo, *sattua* ('acaecer'), es tan antiguo que sus orígenes se han perdido en las neblinas de la historia. Del primero se deriva la palabra para referirse a la cosecha, *sato*; y del segundo, la palabra para referirse a una historia o relato, *satu*. La cosecha es la caída de grano: aunque no sea del cielo, sin embargo, sí es gracias al clima y por la gracia divina que lo ha decretado. El relato es la crónica de cosas acaecidas, de sucesos. Por lo tanto, en el finés no puede llover o nevar literalmente, pero puede suceder que tanto agua como nieve se precipiten. El verbo *sataa* siempre debe ir seguido de una especificación de qué es exactamente lo que está cayendo, ya sea agua, nieve, aguanieve, granizo, grano o sapos y culebras metafóricos. Así que, mientras la lluvia es *vesisade* y la nieve es *lumisade*, ni la palabra para agua (*vesi*) ni la palabra para nieve (*lumi*) contienen el mínimo indicio de su precipitación desde el cielo. La condición principal de la nieve es yacer, igual que la condición principal del agua es fluir.

En un lugar como Finlandia, la nieve —igual que del agua— pertenece ante todo a la superficie, no al cielo. Eso quizás no sorprenda si tenemos en cuenta que es un país tachonado de lagos donde además es habitual que la nieve permanezca en el suelo largas temporadas, entre cuatro y seis meses al año. Pero al llegar la primavera, cuando la nieve se hunde y derrite, derrumbándose sobre sí misma como una manta empapada, la tierra queda súbitamente bañada: ríos que desbordan sus orillas y campos que acaban inundados. El agua fluye por todas partes. Como está sucediendo por todo el remoto norte, sin embargo, los patrones climáticos están experimentando cambios. Las estaciones no están tan claramente definidas como antes. Las precipitaciones en pleno invierno y las nevadas en pleno verano ya no son algo excepcional. Los pájaros y los insectos van y vienen de forma irregular. La idea de que los inviernos del futuro pudieran evocar los sonidos de la lluvia y el agua corriente, y de que los veranos pudieran perder los sonidos de los pájaros y los insectos, es profundamente inquietante. El cielo, parece, está causando estragos en la tierra. En finés dicen *semmosta sattuu*, 'eso es lo que pasa'. Es lo que nos acaece, o *doon-come*, como lo anunciarían los escoceses. Inviernos ruidosos y veranos silenciosos: quizás tengamos que acostumbrarnos a ellos.

ESCONDERSE BAJO TIERRA

Introducción

¿Cuál es la mejor forma de volverse invisible, de desaparecer? Si fueras un criminal, un espía, un mago o incluso un fotógrafo de fauna, esta pregunta acarrearía consecuencias relativamente prácticas. Se te aconseja ocultar tus huellas, mantener el perfil bajo, esconderte bajo tierra. ¡Hagas lo que hagas, evita sobresalir! Pero eso suscita cierta perplejidad. ¿Qué significa, te preguntas, cubrir cosas, ir a lo bajo en vez de alzarte en lo alto, morar dentro de la tierra? No es fácil dar con respuestas, pero en los siguientes ensayos propondré algunas posibilidades. Aquí, a modo de introducción, quisiera destacar tres términos clave en torno a los cuales giran estos experimentos: cobertura, lo bajo y suelo.

Una manera de esconderte es ponerte un disfraz, por ejemplo, una máscara que te oculte la cara o una capa que te oculte el cuerpo. La máscara y la capa cubren, pero tu yo real sigue estando detrás. Lo que está cubierto también puede ser descubierto. Si es así, ¿qué pasa con tu cara o con tu cuerpo? ¿Acaso no tiene un recubrimiento de piel? A no ser que observemos la piel también como un disfraz que enmascara un yo interior, entonces tenemos que conceder que una cobertura puede tanto revelar como ocultar. Una cara puede llevar puesta una expresión aparte de una máscara; un cuerpo, sus fatigas aparte de una capa. Un tipo de cobertura puede ser arrancada; la otra, simplemente desempañada o borrada. Un agente encubierto puede recurrir a esta misma ambigüedad para engañar, presentando un tipo de cobertura como si fuera la otra. Este es el truco del camuflaje.

Pero también el suelo puede ser engañoso. Lo que a la gente situada en puntos elevados le parece una plataforma sólida sobre la cual construir puede abrírsele a los seres que moran en lo bajo, humanos o no humanos, descubriéndose como un entorno inmenso donde asentarse, un suelo no donde construir, sino donde morar. Aquí la altura y la profundidad se perciben de forma distinta: no como una tercera dimensión, que tan desconocida les es a las criaturas que viven bajo tierra como a los habitantes de Planilandia inmortalizados por Edwin Abbott en su fábula clásica,[29] cuyo mundo estaba confinado a las dos dimensiones de un plano geométrico, sino como la experiencia radicada en el ascenso y el descenso. Acurrucándote en los pliegues del suelo, sientes cómo alienta tu cuerpo hasta que, como en un sueño, parece ceder a lo que hay debajo, y te hallas cayendo por el abismo, para acabar salvándote justo a tiempo cuando despiertas. Mantener un perfil bajo significa arrastrarse ligera y cautelosamente, porque solo la membrana más fina separa la vida de la muerte.

Entonces, ¿qué *es* el suelo? ¿Una base en la cual se sustenta todo? ¿Un lugar de vida y residencia? ¿O un umbral entre el mundo de los vivos y el de los muertos? Podría ser cualquiera de estas cosas, o serlas todas. Las ideas que tenemos del tiempo, la memoria y el olvido, sin embargo, dependen de cómo interpretamos el suelo. Imaginemos que se renueva revolviéndose, como haría el arado del agricultor. Entonces el tiempo irá en ciclos. El pasado surge a la vez que el presente desciende. Lo que yace enterrado nunca quedará olvidado hasta que haya reaparecido en la superficie y sea borrado. Pero si no revolvemos el suelo, sino que le colocamos capas encima de capas, entonces el tiempo será percibido como una secuencia lineal. Con cada capa adicional, sus predecesoras se hunden más hondo en el pasado. Nunca volverán a emerger. Entonces, ¿un pasado enterrado puede acabar sepultado tan hondo que desaparezca para siempre, perdiéndose tanto en el olvido que parecería que nunca ha existido? Esta es la pregunta que nos plantea el presente, pero solo el futuro puede responderla.

---

29. Edwin Abbott, *Flatland: A Romance of Many Dimensions*, Londres: Seeley & Co., 1884. (Trad. cast.: *Planilandia*, Editorial Laertes, 1993).

Piedra, papel, tijeras

¿Qué diantres es el suelo? Según dice el diccionario, es una superficie sobre la cual permanecen o se mueven las cosas y las personas. Pero esto deja muchos interrogantes sin responder. ¿Qué tipo de superficie es esta? ¿Tiene un lado o dos? ¿Cubre la Tierra o la encubre? ¿Qué es lo que yace encima y qué debajo? A medida que se acumulan estas preguntas, la superficie del suelo, que tan a menudo damos por sentada como los cimientos de todo, cada vez se parece más a un rompecabezas. ¿Cómo podríamos empezar a resolverlo?

La idea de este ensayo me vino en un viaje de Aberdeen, mi ciudad, a Utrecht, en los Países Bajos, en enero de 2019. Me dirigía a un seminario cuya temática era «Los estudios de memoria y la materialidad», donde haría una presentación. Había prometido reflexionar sobre cómo las memorias quedan escritas en el suelo, y estaba buscando algo que me inspirara. Como verás, la inspiración me vino de un lugar inesperado. Este ensayo está basado en la presentación que realicé en el seminario.

I

Ahí donde haya suelo, hay tres cosas que deben estar presentes. Primero, tierra; segundo, aire o atmósfera; y tercero, seres que viven, crecen y deambulan. El suelo, por lo tanto, es la integración de estas tres cosas: tierra, atmósfera y habitantes. La cuestión del suelo radica evidentemente en cómo obran unos sobre otros, o cómo sufren unos bajo otros. Sopesándolo detenidamente, me acordé de un viejo juego infantil. Originario de China, tiene por lo menos dos mil años de antigüedad, pero es tan ubicuo que estoy seguro de que lo conocerán los lectores de cualquier parte del mundo. El juego se llama piedra, papel, tijeras.

Dos jugadores, sentados o de pie uno delante del otro, sacan simultáneamente una mano haciendo una de las tres formas posibles. El primero, un puño cerrado, significa piedra. El segundo, con la palma plana y los dedos estirados, significa papel. Y el tercero, con los dedos índice y corazón separados en forma de V, significa tijeras. Si ambos jugadores sacan la misma forma, se da un empate; pero de no ser el caso, el enfrentamiento se resuelve de la siguiente manera: las tijeras vencen al papel, el papel vence a la piedra y la piedra vence a las tijeras. La belleza del juego yace en el hecho de que ninguno de sus caracteres es todopoderoso. Las tijeras pueden cortar el papel, pero las rompe la piedra; el papel puede envolver la piedra, pero lo cortan las tijeras; la piedra puede romper las tijeras, pero lo envuelve el papel. Cada uno de ellos puede ser tanto el hacedor como aquel a quien le hace, puede ser tanto el que obra como el que sufre. La agencia y el sufrimiento quedan envueltos en el ciclo.

¿Podría suceder lo mismo con las tres cosas que se juntan para constituir el suelo? Supongamos que sustituimos las tijeras por los habitantes, el papel por la tierra y la piedra por la atmósfera. ¿Qué sucede? Primero, *los habitantes*, en su crecimiento y sus andaduras, inscriben marcas o caminos o tejen sendas en la tela de la tierra. Segundo, *la tierra*, atormentada por fuerzas geomorfológicas bestiales, hace erupción en forma de dobleces, pandeos, pliegues y grietas. Y, tercero, *la atmósfera*, con su clima —sus vientos, tormentas y precipitaciones—, erosiona la superficie de la tierra, borrando los rastros y senderos de sus habitantes. O, resumiéndolo: los habitantes se sobreponen a la tierra, en el curso de su *inscripción*; la tierra se sobrepone a la atmósfera, en episodios de *erupción*; y la atmósfera se sobrepone a los grupos de habitantes, en procesos de *erosión*. Por lo tanto, en vez del cortar, envolver y romper del juego de piedra, papel, tijeras, tenemos un ciclo de inscripción, erupción y erosión. Cada uno de ellos es distinto, ninguno es todopoderoso, pero todos son partícipes en la constante formación del suelo. Examinemos cada uno de ellos por separado.

La *inscripción* avanza. Tal como describió famosamente el artista Paul Klee su práctica de dibujar, «la línea sale a pasear por el amor al paseo»[30].

---

30. Paul Klee, *Notebooks, Volume 1: The Thinking Eye*, editado por Jürg Spiller, traducción de Ralph Manheim, Londres: Lund Humphries, 1961, pág. 105.

Intenta dibujar una línea a pulso en un folio de papel. Verás que el movimiento de la mano que sostiene el lápiz ya ha empezado su movimiento en el momento en que la punta del lápiz entra en contacto con la superficie del papel; movimiento que prosigue cuando ya se ha alzado. Lo que permanece en la superficie es el trazo de un movimiento. Aunque el trazo muestra el tiempo que la punta estuvo en contacto con el papel, el movimiento en sí mismo no tiene ni inicio ni fin. Así son los rastros de los habitantes. Igual que la vida y el tiempo, simplemente siguen adelante.

La *erupción* es equivalente a lo que sucede si tomas el folio de papel en el cual has trazado tu línea y lo doblas hacia dentro desde ambos lados al mismo tiempo, de forma que se pliegue hacia arriba. Si fuera la superficie de un material más rígido o frágil, podría formarse una arruga o fracturarse finamente a lo largo de la línea de grieta. Los pliegues, las grietas y las arrugas son interrupciones en la superficie causadas por tensiones y esfuerzos intrínsecos al mismo material base. No solo no respetan en absoluto las líneas que ya hay inscritas; también son reproducidos simultáneamente a lo largo de su longitud íntegra. Como prueba de ello tan solo tenemos que fijarnos en las fisuras y fallas geológicas que causan los terremotos más potentes.

La *erosión* poco tiene que ver con la inscripción y la erupción. Regresa al folio con su línea trazada con el lápiz, coge una goma e intenta borrarla. Eso requiere un gesto oscilatorio de vaivén que puede describirse como una «pasada». Comparada con la inscripción, donde todo el movimiento se centra en un punto concreto, con la pasada se distribuye por toda la superficie. La pasada siempre sobrepasa cualquier delineación que se pretenda borrar. Es precisamente así que el viento y la lluvia, estregando y aguando la tierra, borran los rastros y senderos de los habitantes. «Los rastros no perduran», escribe Tom Brown, un rastreador de Nueva Jersey formado entre apaches. «Se desvanecen y, a medida que van secándose, el viento los barre implacablemente a nivel para facilitar su paso por el suelo».[31]

---

31. Tom Brown, Jr, *The Tracker: The True Story of Tom Brown, Jr, as Told to William Jon Watkins*, Nueva York: Prentice Hall, 1978, pág. 6.

II

Ahora juntemos estos tres movimientos. Empiezo con la inscripción y la erosión, antes de pasar a la erupción. De nuevo, el destino de una línea sobre la página nos proporciona una buena analogía de lo que sucede con las inscripciones en la tierra. Esta vez, sin embargo, el ejemplo proviene no del trazo con lápiz sobre papel, sino de la práctica medieval de redactar con una pluma sobre pergamino. Como material de escritura, el pergamino es altamente absorbente. La tinta hace mella. Además, comparado con el papel producido en masa de hoy día, el pergamino era bastante caro. Por esa razón era habitual que se reutilizara el mismo trozo una y otra vez. Para hacer esto, la superficie se limpiaba raspando con un cuchillo —el mismo cuchillo que se utilizaba para afilar la pluma y marcar las pautas— hasta que los rastros de escrituras anteriores hubieran sido borrados. Era imposible, sin embargo, eliminarlas del todo. Así que siempre permanecían vestigios de inscripciones previas. Reescribir en un pergamino que cuenta con las inscripciones parcialmente borradas de un uso anterior produce lo que los paleógrafos llaman un *palimpsesto*.

Lo destacable del palimpsesto es que se forma no sumando capa tras capa, cada una con sus propias inscripciones, sino eliminándolas. Consecuentemente, los rastros más antiguos sobresalen a la superficie, incluso cuando los más nuevos se están hundiendo. La mejor manera de entender cómo sucede esto es a través de un diagrama (Figura 10). Muestra un pergamino cortado exageradamente de forma transversal, de manera que la línea de tinta aparece como marca vertical, tan ancha como el grosor de la línea y tan honda se hunde la tinta en el tejido del pergamino. En el diagrama he indicado dos líneas inscritas en el tiempo T_0. Luego, en el tiempo T_1, la superficie es raspada y limpiada, y se inscriben dos nuevas líneas cerca de las anteriores. Lo mismo vuelve a suceder en el tiempo T_2. Ahora, observando la superficie en T_2, fijémonos en lo que le ha pasado a los rastros. Los rastros originales de T_0 solo son visibles justo en la superficie y, sin duda desaparecerán si el pergamino vuelve a utilizarse. Los rastros de T_1 son más superficiales de lo que solían ser, pero siguen siendo constatables. Los más profundos de todos son los rastros más recientes, los de T_2.

Piedra, papel, tijeras

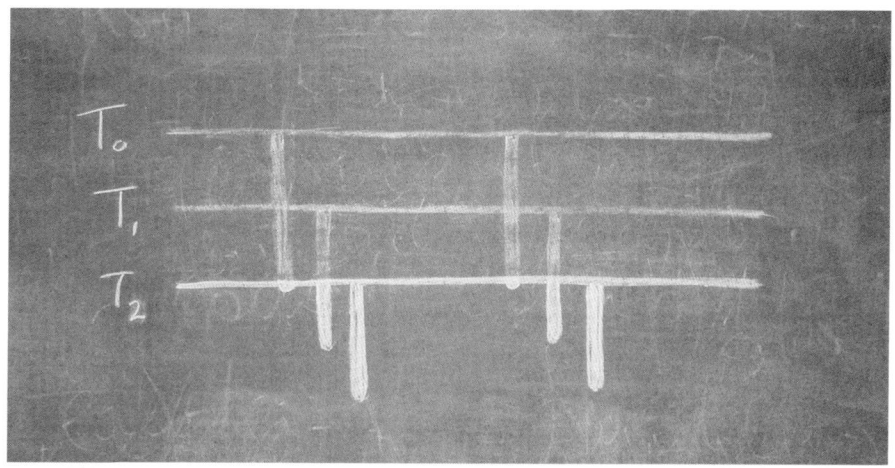

Figura 10 Corte transversal exagerado de un palimpsesto (foto del autor.)

Los arqueólogos y los historiadores de entornos han adoptado el concepto del palimpsesto para referirse a un suelo que, a lo largo de los años, ha sido utilizado, erosionado y vuelto a utilizar, repetidamente. Igual que las inscripciones anteriores en un pergamino, los rastros más antiguos, generados por andaduras de pies de hace siglos, son ahora rastros prácticamente invisibles en la superficie, a punto de desvanecerse. Quizás sea necesario un ojo especializado para verlos. Si no se preservan artificialmente, el clima pronto los barrerá del todo. En cambio, las incisiones más nuevas, de recién aparición en el entorno y todavía no sujetas a una erosión significativa, están fuertemente marcadas. Entremedias hay rastros históricos que, si bien han sido manifiestamente castigados por el clima, y a veces ofuscados, siguen siendo relativamente reconocibles. Así, tanto en la tierra como en el pergamino, el pasado no está enterrado bajo el presente, sino de hecho más cerca de la superficie, mientras que el presente, socavando el pasado, hurga en lo más hondo. El pasado se alza, incluso cuando el presente desciende. No es tanto un proceso de estratificación como un *volteado*. Regresaré a esta idea del volteado. Primero, sin embargo, debemos completar el panorama reintroduciendo el movimiento de erupción.

105

III

Esto implica centrarnos no en las líneas de la tierra, sino en la tierra misma, tal como asciende para dar con el cielo. A través del tiempo geológico, el diálogo entre tierra y atmósfera siempre ha enfrentado la fuerza de erupción de la primera contra la fuerza de erosión de la segunda. Entre ambas —entre la tierra y la atmósfera— se encuentra el suelo. Pero este suelo no es una interfaz. Una interfaz es, por definición, una superficie de grosor medible que separa lo que hay a ambos lados, a la vez que habilita canales de comunicación entre ambos lados. En la Figura 11, he dibujado el aspecto que tendría el suelo, en corte transversal, si fuera una interfaz. Tengan en cuenta que el diagrama es altamente esquemático, y que los arcos de la tierra y la atmósfe-

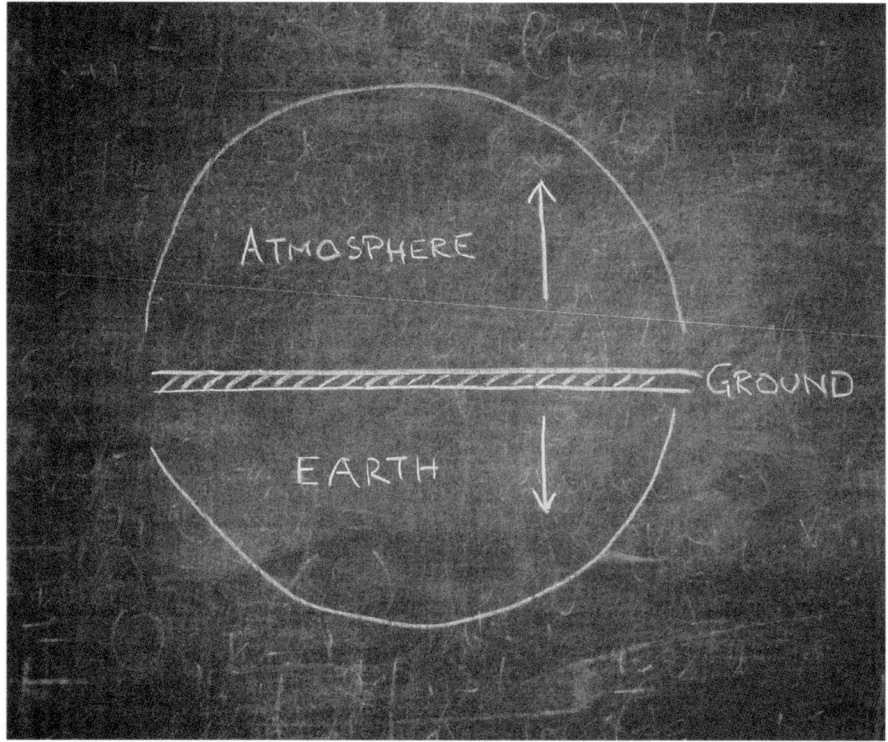

Figura 11 Tierra, atmósfera y suelo como interfaz (foto del autor).

ra indican horizontes afectivos y no tanto límites físicos reales, ya que, por supuesto, de estos no hay ninguno.

En realidad, sin embargo, el suelo no tiene un lado superior, ni tampoco un lado inferior. No mantiene separadas la tierra y la atmósfera. Al contrario, es la zona de su interpenetración. Es donde la tierra, con sus materias, y la atmósfera, con su clima, se encuentran y prosiguen con su eterna conversación. Es donde la lluvia se encuentra con la tierra y se convierte en fango, donde el viento se encuentra con la arena y la sopla en forma dunas, donde la nieve se encuentra con el hielo y recubre la superficie con una manta de blancura. La erupción de la tierra empuja el suelo hacia arriba desde abajo: la erosión atmosférica la oprime hacia abajo desde arriba. La superficie del suelo, no obstante, tiene una profundidad, pero no un grosor. Si intentáramos medirla, hallaríamos que, empezando desde el horizonte inferior atmosférico, no hay límite a cuán arriba podríamos ir, y que, inversamente, empezando desde el horizonte superior, terrenal, podríamos seguir yendo hacia abajo sin jamás llegar al fondo. La Figura 12 muestra —de nuevo muy esquemáticamente y en corte transversal— qué aspecto tendría esto.

Mientras observaba un paisaje de prados y bosques, páramos y montañas, John Ruskin —el extraordinario pensador social y crítico de arte victoriano— pensó que había visto la tierra cubierta con el «velo de un extraño ser intermedio».[32] En el fondo, aseveraba Ruskin, la tierra está muerta y fría; pero en su superficie atiende a sus habitantes a través de este velo «que respira, pero no tiene voz; que se mueve, pero no puede abandonar su lugar asignado; que atraviesa la vida sin conciencia...». Es un velo que cubre, pero no *re*cubre, un punto intermedio que puede habitarse, pero no cruzarse. Si asciendes, el velo también se elevará; si te hundes, el velo también caerá. Así es como es el suelo: puedes ascender o caer, pero no puede atravesarse.

---

32. John Ruskin, *The Works of John Ruskin* (edición de biblioteca), volumen 7, editado por Edward Tyas Cook y Alexander Wedderburn. Londres: George Allen, 1905, págs. 14–15.

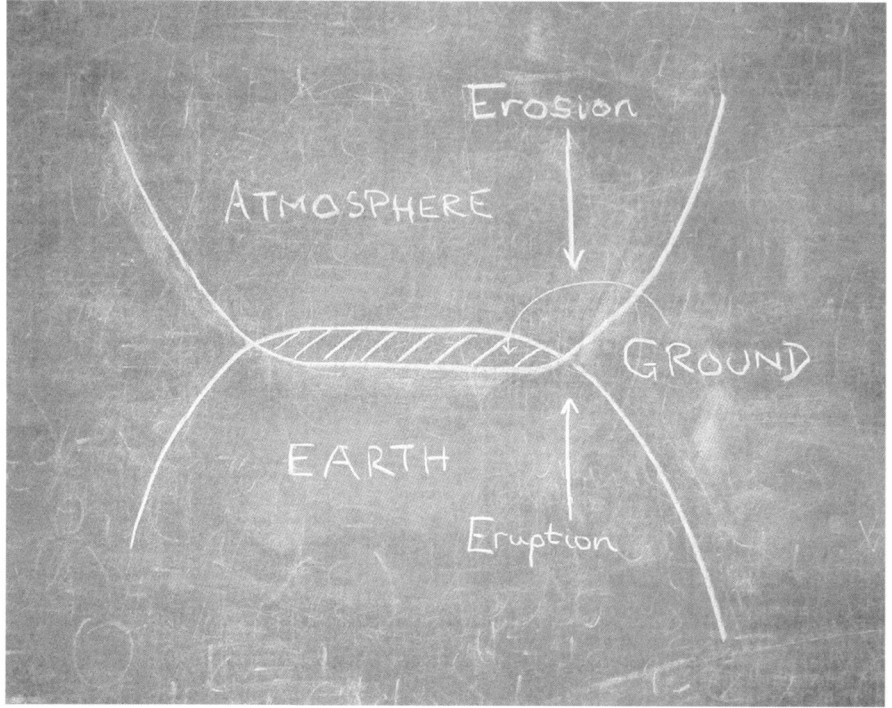

Figura 12 El suelo en el punto de encuentro entre la tierra y la atmósfera (foto del autor).

IV

Con esto, finalmente podemos volver a la idea del volteado, y al juego de piedra, papel, tijeras con el que empecé. Hemos visto cómo los habitantes marcan sus líneas en la tierra como las tijeras cortan el papel; cómo la tierra ascendiente se hincha hacia la atmósfera, cubriéndola con un velo como el papel envuelve la piedra; y cómo el clima atmosférico oprime las líneas de los habitantes como la piedra rompe las tijeras. Juntos constituyen un ciclo que siempre ha ido girando con el paso del tiempo. El suelo se forma en el ciclo. Existe solo en el proceso de volteado: en los movimientos de inscripción, erupción y erosión tal como pesan unos sobre otros. No equivale ni a las tijeras, ni al papel, ni a la piedra. Equivale, más bien, al mismo juego.

¿Qué puede aportar todo esto a nuestra forma de reflexionar sobre la memoria? Nuestras sensibilidades modernas están profundamente condicionadas por la idea de que todo está hecho de capas, de que el suelo, los árboles, los edificios, los libros e incluso las mentes humanas son construidas capa sobre capa; y de que cada capa ya está marcada con sus propias anotaciones, ya sean numéricas, gráficas o diagramáticas. Si adoptamos esta perspectiva, el pasado solo es visible mediante la translucidez del presente. Pero la lógica del palimpsesto nos muestra otra cosa. Nos cuenta que, con el paso del tiempo, las capas no se añaden, sino que se desgastan, y que marcarlas significa cortar hondo. Como en el palimpsesto, nuestras memorias más antiguas no son las más hondas, ni tampoco son las más recientes las más superficiales. Al contrario, cuanto más lejos en el pasado esté algo, más cercano estará de la superficie. En nuestras mentes, así como en el suelo que pisamos, nuestras palabras y hazañas recientes son las más profundamente cauterizadas, mientras que los rastros del pasado lejano son tan someros que están a punto de desaparecer del todo, borrados por los vientos del sufrimiento presente. Como caminos viejos que han acabado tan ofuscados que apenas pueden ya reconocerse, las memorias solo se desvanecen a medida que suben a la superficie; el olvido anterior es mera inadvertencia.

He aquí una lección para los tiranos de todo el planeta que creen que pueden hacer olvidar sus actos homicidas enterrándolos bajo tierra. Se imaginan el suelo como un encubrimiento, pensándose que pueden esconder debajo las pruebas para los siglos de los siglos. Eso implica tanto mirar desde arriba el pasado, en el sentido de vigilarlo, como también pasarlo por alto, en el sentido de negligirlo. Pero las acciones enterradas aflorarán y recibirán su merecido; solo serán olvidadas para siempre cuando finalmente resurjan, para ser barridas completamente por los estragos del tiempo.

Ad coelum

Esta pieza empezó con una petición del antropólogo Franck Billé, quien me propuso contribuir a un recopilatorio de ensayos breves sobre el tema de la soberanía volumétrica.[33] *El argumento básico planteado por esta colección era el siguiente: los avances tecnológicos recientes han posibilitado a los Estados-nación ejercer control sobre ámbitos previamente inaccesibles, tanto encima como debajo de la superficie de la tierra, ámbitos que además ahora pueden intentar colonizar. Este amplio alcance del poder soberano, hacia arriba y hacia abajo, a escalas incluso mayores que antes, parece que nos exige reconceptualizar el Estado como si ocupara un volumen tridimensional en vez de una superficie plana.*

Hasta ese momento no me había topado con el concepto de la soberanía volumétrica. Intrigado, y preguntándome cómo se reflejaba en concepciones del suelo en proceso de cambio, acepté el reto. A lo largo de mis indagaciones, hice dos descubrimientos nuevos, por lo menos, nuevos para mí. Uno era el hecho de que volumen ha acabado adoptando el significado de extensión tridimensional que conocemos hoy solo al final de una larga historia. El otro era el venerable principio legal ad coelum. *Ambos se explican en el ensayo que sigue, una revisión de la versión originalmente publicada.*

Cuius est solum, eius et usque ad coelum et ad inferos.
Sea de quien sea la tierra, es suya hasta llegar al paraíso y hasta llegar al infierno.

---

33. «Volumetric sovereignty: a forum», editado por Franck Billé, *Society + Space*, 2019; puede consultarse la colección completa en *http://www.societyandspace.org/forums/volumetric-sovereignty*

Ad coelum

El principio de la ley de propiedades, abreviada comúnmente como la doctrina *ad coelum*, se le atribuye a Accursius, jurista italiano del siglo XIII, y entró en el derecho civil inglés durante el reino de Eduardo I (1272-1307). Decreta que, por lo menos, en teoría, si soy propietario de un trozo de tierra, me pertenece no tan solo como superficie, sino también hacia arriba, hacia el cielo, como también hacia abajo, bajo tierra, en tanto que se pueda acceder a estos espacios. En la época moderna, la aparición del viaje aéreo, por un lado, y de la minería subterránea y operaciones de fractura hidráulica, por otro, han puesto severamente a prueba la doctrina, imponiendo límites al alcance vertical —hacia arriba o hacia abajo— de los derechos de propiedad individual. El suelo ha sido encajonado, por así decirlo. Pero en una escala mayor, todavía es válido el principio, ya que la caja de propiedad del individuo está alojada dentro de una caja mucho mayor: la del Estado soberano. Porque la jurisdicción del Estado, en la época moderna, no es solo territorial, sino también volumétrica, es decir, que alega poseer tanto el espacio aéreo como los recursos subterráneos, a alturas y profundidades que van mucho más allá de los límites del derecho individual.

La ley estatutaria, en resumen, ha concedido volumen al suelo, pero solo a través de la incorporación de una tercera dimensión —la verticalidad— a las dos dimensiones de su superficie putativamente horizontal. Sin embargo, hay un sentido del volumen cuyo origen es mucho más remoto, y que se halla sepultado en las costumbres y prácticas agrarias. Según este sentido, la superficie del suelo es *intrínsecamente* voluminosa. Para hallar este sentido, no tenemos que huir de la superficie, ya sea hacia arriba o hacia abajo. Más bien tenemos que enrollarla o voltearla. En efecto, la palabra «volumen» justo se origina en estas operaciones. Proviene del latín *volvere*, 'rodar'. Es decir, que es cognada de palabras tipo «evolución» y «revolución». El volumen original era un rollo de papiro o pergamino, normalmente inscrito con escrituras. Para leerlo, el pergamino debía ser desenrollado, o *evolucionado*, y después tenía que ser vuelto a enrollar, o *revuelto*. Solo posteriormente el rollo dio paso al códice manuscrito, y finalmente al libro impreso. La consecuencia de este proceso fue la transformación del significado de volumen: pasó del rollo al tamaño o extensión en tres dimensiones, que es como lo conocemos hoy día.

Esconderse bajo tierra

En el códice, la longitud continua del rollo se doblaba en pliegues, como una concertina, de manera que el lector, en vez de desenrollar el volumen, giraba sus páginas, abriendo cada pliegue subsiguiente solo tras dejar cerrado su predecesor. Al girar la página, de *recto* a *verso*, lo que había estado escondido se revelaba, y lo que había estado expuesto se ocultaba. Aunque cada pliegue tenía dos caras, no podía atravesarse: únicamente se podía pasar de una cara a la otra mediante el doblamiento y el desdoblamiento simultáneo del giro. Y el códice mismo —nunca cerrado, sino siempre abierto, en manos del lector o en su escritorio— se prestaba a esto. Sería visto no según su grosor, sino en el despliegue de sus páginas, de forma parecida a un periódico moderno. El libro no se cerró hasta que el manuscrito fue sustituido por la palabra impresa. Pues en el libro impreso, las páginas se depositan unas sobre otras para formar una pila. Aunque todavía tenemos que girar las páginas para leerlo, ahora el libro es percibido como un objeto de hojas apiladas que debe resolverse, de arriba abajo y de principio a fin.

La Figura 13, que muestra el códice abierto y el libro cerrado en un corte transversal diagramático, ilustra esta diferencia entre plegar y apilar, y entre girar las páginas y leerlas. Hoy día, cuando coges eso que llamas «volumen» de tu estantería, te estás refiriendo a la pila de capas. Confinada

Figura 13 Códice abierto y libro cerrado en corte transversal (foto del autor).

entre tapas, hasta cierto punto asume el carácter de una caja. El volumen se ha convertido en un contenedor, y las palabras, en sus contenidos. Por extensión, pues, el volumen de cualquier forma, ya sea material como una caja de madera o abstracto como una figura geométrica, se convierte en la medida de su capacidad de contener. Y con eso, lo voluminoso da paso a lo volumétrico.

Ahora regresemos al suelo. ¿Podemos compararlo a un rollo? ¿Puede enrollarse sobre sí mismo, y desenrollarse, como una alfombra? Enrolla una alfombra y verás que la cara inferior se alza sobre la cara superior, que ahora se encuentra debajo. Evidentemente, el suelo no puede enrollarse o desenrollarse de esa forma. Pero puede girarse. Ponte en el lugar de un labrador medieval, que giraba el suelo en cada cambio de las estaciones del calendario agrícola. Había tres temporadas de labranza en el año medieval: en abril para los cultivos primaverales, en junio para la cosecha de finales de verano, y en octubre para el trigo y centeno de invierno. El propósito de la labranza es sacar de las profundidades a la superficie tierra rica en nutrientes, así como sepultar tierra ya drenada de nutrientes en anteriores cultivos, junto a los hierbajos y rastrojos restantes. Gracias a este volteado recurrente, el suelo seguirá dando frutos, año tras año. Se renueva repetidamente, no poniendo capa sobre capa como en una pila, sino rompiéndolo, hendiendo con la reja para alzar lo profundo y enterrar lo somero.

Eso es lo que hace de la superficie del suelo —como la alfombra y el códice— un volumen. Es una superficie que gira con el paso estacional del tiempo, con las alteraciones de clima y la labranza de las cosechas, donde el pasado surge incluso cuando el presente se hunde. Este terreno no es solo de cultivo; también es un terreno de la memoria. Porque girándolo, las memorias de personas que vivieron o acontecimientos que sucedieron antaño regresan a la superficie para que los habitantes puedan interactuar con ellos directamente, como si estuvieran presentes aquí y ahora. Así es como se leían los libros en la época medieval, como si fueran ayudas a la memoria viva. Se leían en voz alta, mientras los dedos seguían las letras. Era como si las páginas hablaran con las voces del pasado, devueltas a la vida. Del mismo modo que el suelo le hablaría al agricultor con el botín de cosechas anteriores. Las semillas, plantadas en el suelo como palabras en la página, cobrarían vida con su germinación y crecimiento. Después de un ciclo de rotación, una fertilidad nacida en el pasado daría fruto en el presente, revivificando memorias con el florecimiento de los cultivos de cada estación.

Pero si reconceptualizamos el volumen como una caja o contenedor con contenidos apilados en su interior, el tiempo ya no enrolla, pliega o convierte el suelo en un volumen. Más bien atraviesa suelos sucesivos como una flecha, disparada o bien hacia arriba, del pasado al presente, o hacia abajo, del presente al pasado. Aquí cada suelo, cada capa, establece su propio plano de sincronía, y las capas siguen a otras capas en una secuencia diacrónica. Para alcanzar el pasado, como haríamos en una excavación arqueológica, debemos excavar hacia abajo. Aquí la memoria es como un archivo, depositada en pilas donde los registros más antiguos se sitúan en lo más hondo. Ahí permanecen, hundiéndose cada vez más a medida que avanza el tiempo. Visto como depósito, el pasado no contiene ningún potencial para la renovación. Está acabado. La renovación solo puede proceder de la superposición, de añadir otra capa a la pila, y luego otra, y luego otra más. Se concibe cada capa sucesiva como una plataforma fundamental —nivelada, vacía y dura— sobre la cual se alza todo, cada una en su ubicación adecuada, tal como podría representarse en un mapa cartográfico. Es el suelo como territorio, concebido dentro de la maquinaria del Estado.

A ojos del Estado, el suelo no existe para ser volteado. Existe para ser ocupado. Es una lógica territorial. El Estado no inscribe sus maneras en el terreno como lo hace el agricultor, o como el escribano en el pergamino, sino que más bien impone su soberanía desde arriba, igual que, con la imprenta, se imponen las letras sobre la hoja. Cada nueva impresión, pues, requiere una nueva hoja, o un nuevo suelo. Pero si el suelo fuera concebido únicamente como territorio, no tendría volumen, sino solo área. ¿Cómo podría, pues, un Estado cuyo territorio está confinado al suelo del presente instaurar simultáneamente su soberanía sobre el volumen? Solamente puede lograrlo reservando la superficie del suelo a espacios por encima y por abajo; aéreos y subterráneos, respectivamente. A las dos dimensiones de lo horizontal es necesario añadir una tercera, de una altura por encima del punto cero, o una profundidad por debajo de él. De esta forma, todos los movimientos quedan urdidos en una matriz de tres dimensiones. La persona puede atravesarla, yendo de un lugar a otro en el territorio, pero también moverse verticalmente hacia arriba y hacia abajo, como si estuviera en un ascensor.

Por esta razón, para los arquitectos que pretenden perforar el cielo con sus edificaciones, los ingenieros de transporte aéreo que quieren construir una pista de aterrizaje o científicos espaciales que desean enviar cohetes a la luna, el suelo no es una superficie que deba girarse, sino un plano nivelado —una zona cero— desde la cual ascender. Igual que un cimiento, una pista o una plataforma de lanzamiento deberían ser planos, de superficie dura y despojados de obstáculos. Inversamente, para los prospectores cuyo objetivo es taladrar para hallar petróleo, gas o minerales, o para los físicos que irían hasta lo más hondo para realizar sus experimentos sobre las propiedades fundamentales de la materia, el suelo es un plano desde donde perforar hacia abajo. Lo que para los autores originales de la doctrina *ad coelum* eran los reinos del cielo y del infierno, divino y diabólico respectivamente, está ahora dividido en compartimentos volumétricos de espacio utópico. Tal espacio —sea aéreo o subterráneo— puede ser sondeado y distribuido, pero en realidad nadie puede morar en él. Vacío y sin rasgos, no ofrece posibilidades para que la vida arraigue y prospere. No obstante, en el mundo de hoy día, es en el cálculo del espacio, y no en la revolución del tiempo, donde se produce el volumen.

¿Estamos a flote?

El Musée des arts et métiers, *fundado en París en 1794 con el objetivo de preservar y exhibir instrumentos e invenciones científicas, se alberga en lo que había sido el priorato medieval de Saint-Martin-des-Champs. Hay muchas leyendas sobre ese lugar. Una de las cuales cuenta la historia de un manantial o arroyo que hace siglos podría haber suministrado su agua a los monjes y quizás incluso era la razón principal por la que se seleccionó esta ubicación para el priorato. Incluso a día de hoy, de vez en cuando, se detecta agua que se cuela por las losas de la torre de la capilla, una parte del edificio que por lo general no está abierta a los visitantes.*

En 2019, la artista Anaïs Tondeur y el antropólogo Germain Meulemans escogieron este sitio para emplazar una interesante instalación llamada Paris flotte-t-il? *(¿Flota París?).*[34] *Revoloteando sobre la frontera entre la ficción y los hechos, la instalación recrea con luz y sonido el periplo milagroso de un adivino que presuntamente se ha colado en la torre para resolver, de una vez por todas, el misterio de dónde proviene el agua. Alzando una losa, de repente queda sepultado cuando la tierra se abre bajo sus pies. Cayendo por el vacío, se encuentra en un mundo cavernoso, ensoñador, tan oscuramente amenazador como siniestramente bonito, en el cual todo está goteando, chorreando y rezumando. La misma tierra se ha vuelto líquida, y los edificios de encima parece que o bien están yendo a la deriva como los cascos de barcos en el océano, o se mantienen sobre pilones clavados en el lecho de roca. Vista desde abajo, ¿está la ciudad realmente a flote?*

La instalación permite a los visitantes acompañar al adivino en su viaje y les proporciona una especie de periscopio invertido a través del cual entrever este acuoso mundo subterráneo, como si descendieran por el hueco de un pozo. Regresan con una conciencia recién adquirida de la solidez contingente de las superficies que solemos dar por sentadas en nuestra vida cotidiana sobre el suelo, y del gran

---

34. Ver *http://www.arts-et-metiers.net/musee/paris-flotte-t-il*

esfuerzo que exige diseñar un entorno construido que, a sus habitantes, parece seguro y seco. A mí me hizo reflexionar de nuevo sobre el significado del suelo, y me llevó a escribir el siguiente ensayo, que se me encargó y publicó (en francés) en el librito que acompañaba la instalación. He revisado y expandido el ensayo para este volumen.

Una pequeña área de mi jardín está enlosada. Me pregunto: ¿estas losas participan en el suelo? Puedo estar de pie sobre ellas, o andar sobre ellas, y me proporcionan un apoyo bastante firme. Con cierto esfuerzo, también podría alzarlas. ¿Qué es lo que encontraría debajo, pues? ¡Pues otro suelo, por supuesto! Esta vez, sin embargo, sería un suelo de tierra, quizás enroscado con las raíces de las hierbas que suelen crecer entre las fisuras del pavimento. Quizás, también, descubriría una diversidad de criaturas, desde cortapicos a diplópodos, cuyo lugar de cobijo he expuesto brutalmente. Las baldosas que anteriormente habían sido *del* suelo, después de ser arrancadas y apiladas, se han convertido en objetos *sobre* él. Pero para las hierbas, en un principio el suelo no fue nunca la superficie donde alzarse; más bien fue el entorno o la matriz exacta de su crecimiento y formación. Igual que les pasa a los cortapicos y los diplópodos, para ellos el suelo es más un medio que una superficie donde morar. Están acostumbrados a vivir y moverse *en* ella, no *sobre* ella. ¡Si fueras un diplópodo, utilizarías tus piernas para escarbar, no para estar de pie!

La superficie adoquinada, dura e inflexible, enclaustra la tierra inferior, desconectándola del aire de arriba. Tiene un lado superior y un lado inferior. Para que medre la vida, debe haber brechas o fisuras que permitan un paso entre ambos. Las hierbas, diplópodos y cortapicos son los residentes de las grietas. En el suelo suave y blando de la tierra, en cambio, esta se abre a la atmósfera, a su luz y sombra, su turbulencia, y sus variaciones de calor y humedad. Este suelo de apertura es donde la tierra surge para abrazar el cielo; una superficie temperada que está siendo formada continuamente por la mezcla y combinación de ambos. Pero de la misma manera, el suelo de apertura, el ascenso de la tierra, no tiene parte inferior. Solo se cubre a sí mismo. Un agujero en el terreno abierto es un foso, no un orificio; romper tal terreno —como haríamos con la reja de arado— significa grabar en la tierra, marcarla con estriaciones, pero no cortarla en tiras. Puedes caerte *en* un terreno abierto, en sus fosas y depresiones, pero no puedes caerte *a través* de él. Puedes dejar huellas en un terreno abierto y blando, pero en el pavimento cerrado y duro tan solo puedes estampar, sin dejar ninguna marca aparte de la que deja la suciedad de las suelas de tus zapatos.

Reflexionando sobre el pavimento y la tierra, me pregunto si todos los suelos son sujetos a un movimiento doble, de apertura y clausura, de exposición e incrustación. Alzarte o incluso caerte en un terreno que se abre significa ser abrazado por él y sentir su profundidad inconmensurable. El apoyo que ofrece es incondicional. Pero la profundidad de un terreno que se cierra no se siente en la superficie. Es una profundidad medida, proporcionada por el grosor de su corteza, entre el lado superior y el lado inferior. Además, ofrece solo un apoyo condicional que depende de la capacidad de carga de sus materiales constituyentes. Como el hielo, podría ceder si fuera demasiado fino para soportar el peso colocado sobre él. Pero precisamente porque es doble, el suelo puede ser engañoso. Residentes incautos podrían deambular campo abierto, confiando plenamente en el apoyo terrenal, a la vez que inconscientes de los vacíos cavernosos de abajo, hasta que la aparición repentina de un cenote los atrapa y se precipitan, como el adivino de Saint-Martin-des-Champs, a un inframundo cuya existencia habían ignorado completamente. Este inframundo también tiene su suelo, donde la tierra inferior se alza para dar con su propia atmósfera. Pero lo que es atmósfera para los habitantes de semejante mundo sería para nosotros la tierra; lo que les permite moverse y respirar presagiaría, en nuestro mundo, inmovilidad, asfixia e incluso muerte.

Y es que incluso cuando nos ocupamos de nuestros asuntos, amparados en la convicción de que, pase lo que pase, el suelo nos ofrecerá una base segura sobre la cual edificar nuestras vidas, nos acecha, sin embargo, el espectro de la mortalidad, el miedo de que el suelo sea la más fina de las cortezas, suspendida entre la vida y la muerte, entre arriba y abajo, entre este mundo y el inframundo. El mismo suelo que en la vida se abre para acoger sus habitantes, en la muerte se cierra sobre ellos. En este doble movimiento, de apertura y clausura, yace el arte peculiarmente humano de la sepultura.

¿Estamos a flote?

Cuando enterramos un cuerpo, primero abrimos la tierra y estiramos el cuerpo en su interior; luego la cerramos tapándola con una losa. Si bien inicialmente fue postrado *en* la tierra, finalmente es sepultado *debajo* de la tierra. Con el paso del tiempo, la vegetación crecerá en esa ubicación, contribuyendo a la formación de una capa de suelo, y a la larga la tumba acabará siendo indistinguible de sus alrededores, de no ser quizás por un pequeño montículo o piedra que marque su ubicación. La cámara mortuoria permanece oculta hasta que llega un tiempo que es perforada por excavaciones de superficie, no solo porque está a resguardo de miradas indiscretas, sino porque, en la superficie, parece que la tierra vuelve a ascender para dar con el cielo. Todo parece y se siente abierto a los elementos; no hay ningún indicio de encubrimiento.

Y, sin embargo, estamos engañados, por un olvido fruto de la negligencia y la inadvertencia, más que de una pérdida verdadera. Un pasado realmente olvidado aflora en la superficie para solo desvanecerse en la nada, pero olvidarse de un pasado sepultado significa caer en la trampa de la ilusión que nos tiende el suelo, confundir el suelo que se cierra, con un lado superior y un lado inferior, por un suelo que se abre, sin ninguno de los dos lados. Ha habido muchos intentos, tanto en la ficción como en la no ficción, de confabular con el engaño. En el clímax de la película de James Bond *Solo se vive dos veces*, lo que parece ser un lago natural en un cráter volcánico se revela como un tejado deslizante de metal que esconde una enorme y cavernosa operación para enviar un cohete al espacio. En otro ejemplo de escala menos espectacular, pero en este caso extraído del mundo real, los planificadores de la ciudad de Aberdeen recientemente propusieron un jardín urbano en el centro, equipado con céspedes, fuentes y árboles, que sería el tejado de una carretera principal, una línea de ferrocarril y un aparcamiento. Los materiales promocionales del plan, que nunca se llevó a cabo, retrataban ciudadanos felices y descansados paseándose por este paisaje pastoral, ajenos a los motores de los transportes rugiendo debajo y llenando el aire estancado con sus gases de escape.

En varios países hoy día se está planeando enterrar los residuos radioactivos de tecnologías nucleares en lo más hondo de pozos de mina abandonados, donde los pueden dejar descomponer a lo largo de milenios, sin que siquiera sean conscientes de ello los habitantes de un proyecto de terreno cuyo objetivo es volver a bosques prístinos y proporcionar un asilo a la vida silvestre. Aquellos de la superficie, que moran sobre el suelo y respiran el aire del exterior, no tendrían ni idea del veneno que rezuma insidiosamente de las profundidades. No quedarían registros, no habría secretos que pudieran destapar investigaciones futuras. Pero si los tecnócratas de hoy día están dispuestos a tender semejante engaño monstruoso a las generaciones venideras, ¿entonces cuáles serán las malas pasadas que nos habrán jugado a nosotros las generaciones pasadas, de las cuales no sabemos nada? Las acumulaciones del presente ¿acabarán tan olvidadas como lo están las ciudades de la antigüedad, hoy día sepultadas bajo las arenas del desierto? ¿Estamos destinados a vivir nuestras vidas en el suelo abierto, entre tierra y cielo, inconscientes de lo que subyace debajo; o más bien estamos condenados a ir a la deriva sobre el techo de cristal de un inframundo donde, como en las entrañas del *Musée des arts et métiers*, las almas de los muertos se mezclan con los vestigios y residuos de la industria humana? ¿Estamos asentados en la tierra o estamos a flote? Nuestro destino, por lo visto, es oscilar entre ambos.

Refugio

Frustrado por el auge en los precios de la vivienda y la cantidad cada vez mayor de gente sin hogar en Londres, al artista Tim Knowles se le ocurrió la idea de estudiar las posibilidades de hallar refugio en un entorno totalmente distinto: las Tierras Altas de Escocia. Un entorno tan aparentemente inhóspito como este ¿podría darnos pistas sobre otra forma de morar? Históricamente, la región había sufrido una despoblación, causada por el desahucio generalizado de los campesinos arrendatarios, lo que dejó atrás muchos edificios abandonados, la mayoría de ellos ahora en ruinas. Hoy día el derecho a deambular, que promociona el acceso a terrenos para la recreación y el ejercicio, roza incómodamente con el cercamiento de áreas extensas dentro de terrenos privados utilizados para la caza de urogallos, propiedad de dueños ausentes. En sus intentos de organizar una red de refugios ocultos en este entorno, Knowles no solo tuvo que pugnar contra los elementos, sino también actuar ante las narices de guardabosques potencialmente agresivos. En escocés, el refugio es un howff, *literalmente una guarida, un lugar donde un cuerpo puede pasar desapercibido a la vez que imbuye el entorno con su presencia. En el proyecto de Knowles, cada* howff *era una intervención escultural mínimamente llamativa, y tan solo él conocía sus ubicaciones. Sin embargo, compartiría sus experiencias en una publicación que acompañaría al proyecto, y me pidió que contribuyera con un artículo.*[35] *El resultado fue este ensayo sobre la temática del refugio.*

El refugio, suponemos, es una necesidad humana fundamental. Pero esto plantea una serie de preguntas. ¿Es una necesidad particular de los humanos o también la comparten animales de otros tipos? ¿De qué nos refugiamos exactamente? ¿Y de qué maneras lo hacemos? Sin duda, la primera

---

35. Tim Knowles, *The Howff Project*, Bristol: Intellect, 2019.

cosa que vendrá a la mente de muchos cuando piensen en refugio será el clima. Nos protegemos de un aguacero mientras esperamos el autobús, del viento punzante acurrucándonos tras un muro, del frío calentándonos ante el fuego en un cobertizo o del sol reclinándonos bajo un parasol en la playa. Los seres humanos no están bien equipados por naturaleza para aguantar viento y lluvia, nieve y temperaturas heladas, el deslumbre y calor extremo del sol. Nos resfriamos fácilmente y somos igual de propensos a sufrir golpes de calor. Las tormentas, las inundaciones y las sequías pueden poner vidas en peligro, y no solo vidas humanas, también pueden hacer peligrar las vidas de muchos animales domésticos que están acostumbrados a la protección de sus guardianes humanos.

Por lo general, sin embargo, los animales no-humanos que viven más allá del ámbito de la protección humana no corren tanto peligro ante los fenómenos meteorológicos. En su mayoría están perfectamente adaptados para aguantarlos. El principal problema, para ellos, no proviene de las fuerzas climatológicas, sino de las otras criaturas. Las presas, no los depredadores, son las que están más necesitadas de refugio. Si fueras un animal pequeño, podrías retirarte a tu grieta o madriguera, poniéndote fuera del alcance de tu enorme atacante. O podrías adoptar algún tipo de camuflaje y así esconderte a plena vista, quedándote perfectamente inmóvil y fundiéndote con el entorno. Ninguna de las dos opciones, sin embargo, es realista para los animales más grandes, como los rebaños de ungulados, que tienden a hallar su seguridad circulando en grandes cantidades y, en última instancia, en la posibilidad de una huida rápida. Los humanos, siendo de constitución moderada y relativamente lentos a pie, muy raramente podrían correr más rápido que un depredador, ni tampoco cabrían fácilmente dentro de grietas que los depredadores no pueden alcanzar. Su baza principal, sin embargo, consiste en su inusual capacidad de configurar las cosas de forma diferente a como son, o de reorganizar lo que tienen a mano de maneras concretas para solventar una situación problemática. Por lo general pueden confiar en esta habilidad para salir de algún apuro.

En tiempos pretéritos, los depredadores grandes como los osos, los lobos y los tigres presentaban un riesgo importante para los humanos. A día de hoy estos animales han quedado confinados a regiones remotas y muy poco pobladas, y ya no son la amenaza que solían ser. Mucho mayor ha sido siempre la amenaza que representaban otros humanos. Sí, hay pruebas que indicarían que la palabra *shelter* ('refugio') proviene de la palabra del inglés antiguo equivalente a *shield* ('escudo'), más concretamente, a una formación de batalla según la cual se posicionaban muchos escudos de manera que se erigía una especie de muro. Con el paso del tiempo, los escudos han ido evolucionando, así como también las técnicas ofensivas para imponerse a ellos. Los muros sólidos de fortificaciones medievales se hicieron más gruesos para soportar el bombardeo de balas de cañón, mientras que, en el transcurso del siglo pasado, gente de muchas partes del mundo se vio obligada a refugiarse de bombardeos. La amenaza pirotécnica de los cielos —y sus espacios, desde los refugios antiaéreos hasta los túneles subterráneos y los búnkeres nucleares—, obra de su propia especie, ha hecho que los humanos, indefensos ante ella, penetren más abajo en la tierra, situándose más lejos del alcance de la luz natural y el aire fresco. En tiempos de guerra, cuando la muerte y la destrucción visitan la superficie del planeta, los humanos se ven obligados a hallar refugio en los lugares subterráneos de sepultura, insensibles al caos que se está viviendo arriba.

Sin embargo, hay otra forma de refugiarse —de operaciones ofensivas, si no necesariamente del clima— que no implique excavar hacia abajo o construir estructuras defensivas. Consiste en elaborar un *escondite*. El principio del escondite es opuesto al de la fortificación. No es una estructura de resistencia, concebida para aguantar un ataque violento procedente del exterior, sino un ensamblaje endeble que toma en consideración las posibilidades que presentan los rasgos del entorno ya existentes, o —si es que hace falta construir algo— se sirve de materiales ligeros fácilmente obtenibles. Dado que esos materiales son virtualmente indistinguibles de aquellos que los rodean, y dado que la modificación de los rasgos del entorno es mínima, el escondite es muy difícil de vislumbrar. Y es esta invisibilidad lo que proporciona a los habitantes la mejor protección. Como diríamos coloquialmente, «desaparecen bajo tierra». El terreno proporciona a sus residentes lugares para refugiarse o esconderse precisamente porque no es una plataforma sólida y sin rasgos sobre la cual descansa todo, sino un volumen de materiales heterogéneos, intrincadamente plegado o arrugado. Desaparecer bajo tierra, pues, implica acurrucarse en un pliegue como lo harías en una cuna, apro-

Esconderse bajo tierra

piándote de sus rasgos existentes, con añadidos mínimos. Podría ser una grieta o un saliente en la roca, un recoveco en el dosel de un árbol o un hueco en la tierra (Figura 14). Con tal de acceder a la cuna y acurrucarse, sin em-

Figura 14 Refugio en saliente rocoso (foto de Tim Knowles, cortesía del artista).

bargo, es posible que el inquilino tenga que encaramarse, retorcerse o arrastrarse, ejecutando movimientos que le exigen al cuerpo una flexibilidad a la cual no estamos acostumbrados a medida que envejecemos.

No obstante, aparte de desaparecer bajo tierra, hay una forma alternativa o adicional de esconderse: encubrirse, adoptando el suelo no como refugio, sino como disfraz. Este es el truco del camuflaje. Significa engañar a los otros haciéndoles pensar que un tipo de superficie es en realidad otra. Tendemos a considerar la superficie como una capa que cubre lo que yace debajo, separándolo de lo que yace encima. Pero el terreno no es así por naturaleza. No solo está abierto al cielo; también es de una profundidad infinita. Puedes *perforar*lo, pero no *atravesar*lo. Arriba, quizás sea de vegetación gruesa, que rápidamente asemejamos a una alfombra. Pero sabemos que, si bien una alfombra puede alzarse y enrollarse, revelándose su lado inferior, el suelo no. No tiene un lado inferior. Es una cubierta, no un *en*cubrimiento. El truco del camuflaje consiste en pretender que lo que es realmente una superficie estratificada, con un lado superior y un lado inferior como una alfombra, es una superficie profunda como la de la tierra, cubriéndose únicamente a sí misma. Por lo tanto, el soldado vestido con una ropa cuyos colores moteados imitan los de sus alrededores y su cara recubierta de lodo parece desvanecerse. Similarmente, el cazador puede permanecer oculto dentro de un escondite hecho de hojas, ramas y palos indistinguibles de los que llenan el suelo del bosque.

El refugio, por así decirlo, es una trampa invertida. Tanto el refugio como la trampa presentan un elemento de subterfugio. La trampa funciona tentando a la víctima incauta a penetrar su pliegue, quizás mediante algún señuelo, para que luego se cierre de golpe una puerta escondida. O engaña a los imprudentes para que anden sobre lo que parece suelo firme, para que luego caigan en una fosa oculta debajo. Cuando entras en un refugio, es posible que también pases por una trampilla o escotilla, que se cierra a tu paso, pero en este caso no te han engañado. Ya que así como la trampa la arman agentes externos, poniéndote a riesgo de precipitarte en un agujero o ser cazado, el refugio es justo lo contrario: tú eres quien lo montas y entras a su interior conscientemente, mientras que las víctimas del engaño son las autoridades de las que escapas. Pero incluso en sus cámaras más recónditas, el refugio conecta con el exterior. Es un espacio provisional para la vida, pero no es un contenedor. Dado que el cuerpo debe respirar para vivir, el individuo se ve obligado a ir y venir. No puede quedarse dentro mucho tiempo; la residencia es temporal. Estar refugiado siempre se alterna con estar expuesto, dentro de un mundo abierto de tierra y cielo.

Es por eso que, en lo que se refiere a los espacios interiores de la modernidad que pretenden reconstruir dentro de sus paredes un simulacro de lo abierto —un mundo *como si* artificial, amueblado con todas las comodidades de la vida—, el refugio siempre se encuentra al aire libre, aunque el individuo quizás tenga que pasar a través de una puerta escondida, camuflada como si fuera tierra, para conseguir entrar (Figura 15). Pues la puerta o cobertura del refugio se halla en el umbral entre la tierra y el cielo, no entre el mundo tierra-cielo y su reconstrucción interior. Hallar refugio dentro de la casa moderna es como jugar a roles, jugar al escondite, con muebles que hacen las veces de amparo rocoso, y las cortinas, de recubrimiento vegetal. Al aire libre, sin embargo, el escondite no es un juego. E, independien-

Figura 15 Refugio barril con la puerta abierta
(foto de Tim Knowles, cortesía del artista).

temente de si se consigue sumergiéndose bajo tierra o camuflándose, esconderse significa sacar el mayor partido de un entorno, utilizando todo lo que pueda brindar protección. El habitante en busca de refugio debe, por lo tanto, estar más atento que nunca a lo que ofrece el entorno. Puede ser una persona solitaria, pero su solitud no tiene nada de aislante, porque radica en una percepción intensificada de sus alrededores, una percepción que podría incluir un profundo y empático compañerismo de cara a otros que se hallen en una situación similar.

Esta es la percepción del fugitivo, el criminal que huye de las autoridades, y el cazador furtivo que esquiva los ojos de guardabosques contratados por terratenientes sin escrúpulos. Deben mantenerse siempre alerta, improvisar con lo que sea que tengan a su disposición, dejando pocos rastros, o ninguno, de sus movimientos. Somos propensos a observar este tipo de figuras con cierto romanticismo, a admirar sus habilidades de supervivencia, a emular su ingenio y agudeza y a celebrar la calidez de su camaradería. Pero eso también implica hacer la vista gorda a las fuerzas opresoras que, a lo largo de la historia, han expulsado a las gentes de sus hogares, sus tierras y sus países. Siempre han sido los débiles y los vulnerables quienes han buscado refugio, nunca los fuertes y los poderosos. El dueño no busca refugio en su propia casa, pero podría ofrecerlo como caridad a los desvalidos. El refugio implica la carencia de aquellos que lo buscan, y la generosidad de aquellos que lo proveen. Hoy día la búsqueda de refugio refleja predominantemente la falta de techo, el abuso de sustancias, los hogares disfuncionales, la persecución religiosa o política, y las vicisitudes de la guerra. Así que, cuando declaramos que el refugio es una necesidad humana universal, conviene recordar que el universo de las necesidades lo estructuran las relaciones de poder, y que la necesidad no afecta a todos por igual.

Haciendo tiempo

Recientemente tuve el placer de conocer al reputado artista taiwanés Tehching Hsieh. La obra de Hsieh había sido expuesta en el pabellón taiwanés en la Bienal de Venecia de 2017, y me habían invitado a sumarme a un panel, que incluía al mismo Hsieh, para hablar de ello. Aunque su obra me era nueva —nunca me había topado con Hsieh ni tampoco con su arte—, su temática no lo era. Trataba sobre el tiempo y la vida, y la conexión entre ambos. Pero reflexionar sobre su obra me llevó a aproximarme a este tema de formas que hasta entonces no había considerado. La invitación de presentar un artículo en LA+, *una publicación interdisciplinaria de arquitectura de paisajes publicada por la Facultad de Diseño de la Universidad de Pennsylvania, en una edición cuya temática era el tiempo, me dio la oportunidad de dejar por escrito estos pensamientos.*[36]

La historia de Tehching Hsieh no es una historia ordinaria, como pude comprobar en mi visita a su exhibición en Venecia, así como leyendo un volumen exhaustivo sobre su vida y obra recopilado por el escritor y comisario de exposiciones Adrian Heathfield, llamado *Out of Now*.[37] Descubrí que en 1967, cuando era un chaval de diecisiete años en el seno de una gran familia de clase media, con un padre autoritario y una madre permisiva, Hsieh abandonó el instituto para dedicarse a la pintura; que en 1973, después de completar el servicio militar y llevar a cabo su primera exposición en solitario, dejó repentinamente la pintura y realizó su primera *performance* saltando de

---

36. *LA+ International Journal of Landscape Architecture* núm. 8, edición especial *Time*, editado por Richard Weller y Tatum L. Hands, University of Pennsylvania School of Design, 2018.

37. Adrian Heathfield y Tehching Hsieh, *Out of Now: The Lifeworks of Tehching Hsieh*, Londres: Live Art Development Agency; Cambridge, MA: MIT Press, 2009.

la ventana de un segundo piso al duro asfalto de la calle, una acción que le rompió los dos tobillos y le dejó un dolor constante durante el resto de su vida; que recibió una formación de marinero para poder llegar a los Estados Unidos; que en 1974 se escapó por la plancha de desembarco de un buque petrolero anclado en el río Delaware y se abrió camino hasta Manhattan, donde se buscó la vida como inmigrante ilegal, trabajando en restaurantes y obras de construcción hasta que se le ocurrió que el aislamiento y la alienación que estaba experimentado podrían ser una forma de arte: la obra sería él mismo.

Lo que siguió fueron seis piezas, cada una admirable por la tenacidad con la cual fue ejecutada y por su aparente futilidad. En la primera, llevada a cabo en 1978-9, Hsieh construyó una pequeña jaula de palitos de pino en su *loft* neoyorkino, la amuebló solo con una cama, un lavamanos y un cubo, y vivió ahí exactamente un año entero, sin la compañía de nadie, sin siquiera reconocer la presencia de espectadores —a los cuales se les permitía observar ocasionalmente— y sin hablar, leer o escribir. Un amigo le traía comida y le vaciaba el cubo, y ya está. Cada día rascaba una línea en la pared, y después de que transcurrieran 365 días, salió de la jaula. Para la segunda pieza, que siguió en 1980-1 y duró también exactamente un año, Hsieh se impuso la tarea de fichar cada hora en un reloj de fábrica, veinticuatro horas al día, cada día del año. Cada vez que introducía la tarjeta y estampaba la hora y fecha, se tomaba una instantánea fotográfica de él mismo, de pie, vestido con uniforme (Figura 16). Acabó con 8627 tarjetas estampadas por el reloj —tuvo solo 133 faltas— y el mismo número de instantáneas fotográficas, que, si se proyectan rápidamente en un cinematógrafo, presentan un registro fílmico extraordinario de la totalidad del año.

Apenas seis meses después de superar ese calvario, Hsieh emprendió una tercera *performance* de un año de duración: pasó todo su tiempo en el exterior, por las calles de Nueva York, rechazando —según su declaración de intenciones— entrar en cualquier «edificio, metro, tren, coche, avión, barco, cueva o tienda de campaña». Su única pertenencia sería un saco de dormir. Cada día planeaba sus movimientos en un callejero. El invierno de 1981-2 fue uno de los más fríos de las últimas décadas, durante el cual se congeló el río Este, y la escasez fue extrema. Pero Hsieh solo se vio forzado a romper

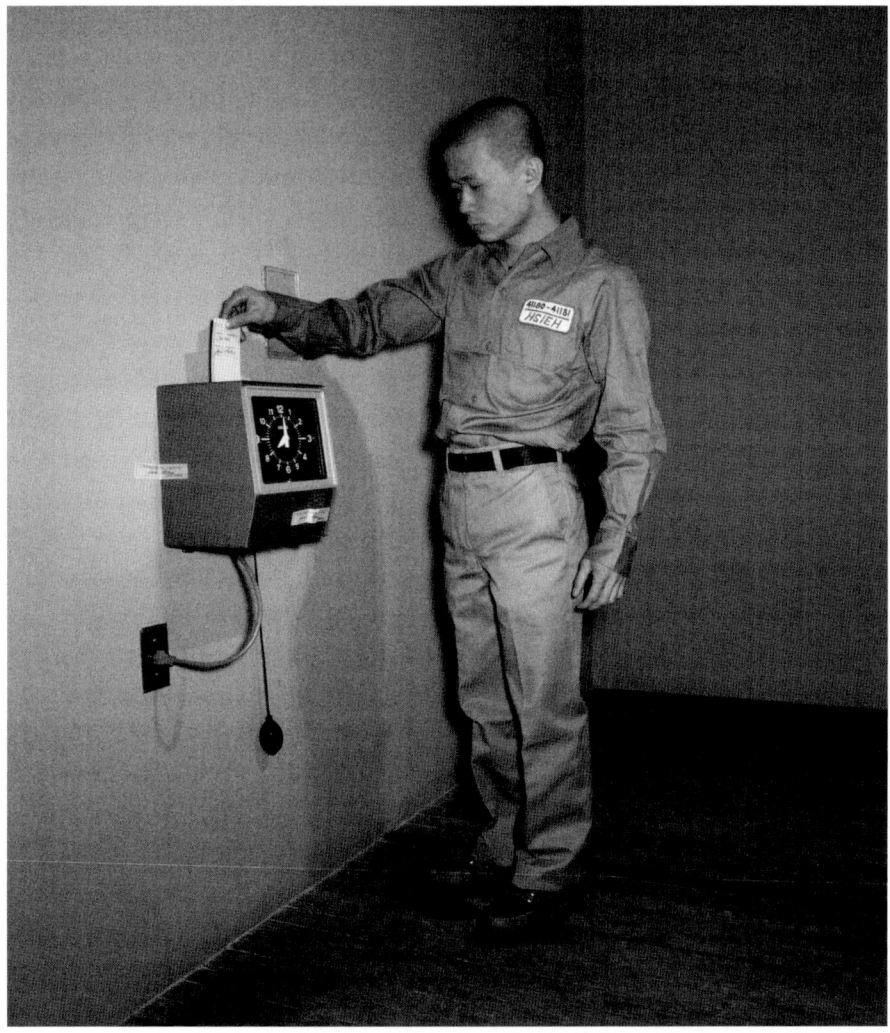

Figura 16 *Fichando en el reloj de fábrica: performance de un año 1980-1*, foto de Michael Shen. (© Tehching Hsieh, cortesía de Tehching Hsieh y Sean Kelly, Nueva York).

con su compromiso cuando un altercado con un miembro del público supuso su arresto y detención durante quince horas. Después de superar este tercer calvario, unos nueve meses después Hsieh se embarcó en un cuarto, en esta ocasión junto a la artista Linda Montano. Durante un año entero, 1983-4, tenían que vivir juntos sin tocarse nunca, pero atados por la cintura con una cuerda de dos metros y medio. Su relación, por lo que se llegó a saber, no fue precisamente armoniosa. Fue, quizás, mutuamente contraproducente. En cualquier caso, dio paso a la pieza número cinco, en la cual Hsieh iba a abstenerse, de nuevo durante un año, 1985-6, de tener nada que ver con el arte: no lo practicaría, no hablaría al respecto, no lo vería ni leería, ni iría a ninguna galería o visitaría ningún museo. «Seguiré con la vida», anunció. En un acto de renuncia final, Hsieh tramó su sexta pieza, un «plan de trece años» que empezó en el último día de 1986 y acabó con la llegada del nuevo milenio, según el cual desaparecería totalmente de la faz de la Tierra. Al final de ese tiempo resurgió para simplemente declarar: «Me mantuve en vida».

¿Qué tipo de vida fue esa? ¿Y por qué le obsesionaba tanto a Hsieh el paso del tiempo?

Observando las imágenes de Hsieh en su jaula, posando junto al reloj, deambulando por las calles o atado a una compañera poco comprensiva, no tienes la impresión de estar viendo a alguien que está disfrutando de su vida. Su expresión es taciturna y huraña, oscilando entre el aburrimiento y el cansancio. Sus ojos nunca brillan, ni tampoco hay ningún indicio de una sonrisa. Imagínate mi sorpresa, pues, cuando lo conocí por primera vez —un hombre de mi edad, por entonces de casi setenta años— y me recibieron unos ojos risueños y una sonrisa traviesa. Esto me hizo plantearme la siguiente pregunta: ¿Hay humor en su obra? ¿Levanta los ánimos? ¿Podría ser que lo que vemos en las fotografías es simplemente la cáscara de un hombre que en realidad ha hallado ese tipo de libertad con la que la mayoría de nosotros soñamos, pero nunca logramos alcanzar del todo? Esto, para mí, se convirtió en la cuestión principal de su obra. ¿Cómo puede la autoimposición de un régimen tan restrictivo, tan opresivo, tan monótono, tan despojado de cualquier posibilidad de evolución, en realidad liberar el espíritu humano en la plenitud de la vida?

Para muchos, la obra de Hsieh es una lección de egocentrismo absurdo. Una carta enviada por una persona anónima, fechada en abril de 1981, tenía esto que decir: «Todos los que utilizamos nuestra educación e inteligencia para hacer de este mundo un lugar mejor nos horrorizamos ante tu estupidez y la forma como promueves una autoexhibición vulgar. ¿Artista? ¡Uf!». La vida, según el redactor de esta misiva —y sin duda según la mayoría de los que estarían de acuerdo con su opinión— deberíamos dedicarla a un propósito productivo; debería ser constructiva. Una vida, según esta perspectiva, puede medirse basándonos en los logros. El tiempo que no contribuye nada a la suma de logros humanos es tiempo malgastado. Pero las seis piezas que constituyen la vida de Hsieh como artista no logran nada. Al final de cada período de privación autoimpuesta, lo único que puede decir de sí mismo es que sigue adelante, que todavía sigue vivo. Eso es todo lo que queda atrás de sus trabajos. Son, casi por definición, una pérdida de tiempo. Y el mismo Hsieh sería el primero en estar de acuerdo. «He estado trabajando duro para perder el tiempo», declara.

Pero a través de todo esto, ha logrado permanecer vivo. ¿Es vivir una pérdida de tiempo, pues? Todos los animales que residen en la Tierra, sin ningún otro propósito en la vida que seguir adelante, ¿están perdiendo el tiempo? Pues parecería que sí, según Hsieh, porque para él malgastar el tiempo es algo positivo: no es una señal de pérdida y destrucción, sino una promesa de libertad y crecimiento. Desencadenado de la tiranía de las metas y los objetivos, de la reglamentación del tiempo impuesta por el reloj y del espacio por las superficies duras y los recintos amurallados del entorno edificado, la imaginación puede emprender el vuelo, filtrándose por las grietas como lo hace el aire a través de un ventilador o el agua a través de tuberías agujereadas. Hsieh ya pensaba en todo esto cuando, en una pieza temprana fechada en 1973, empezó a fotografiar las rachas y los hilos de alquitrán vertido en el suelo asfaltado durante procesos ordinarios de reparación de carreteras. Ese era alquitrán desperdiciado, alquitrán que se había desbordado de la rigidez de la carretera y su dura superficie. Pero en forma de rachas y remolinos líquidos, había cobrado vida. Si sustituimos el alquitrán por el tiempo, damos con la esencia de las piezas posteriores de Hsieh. El tiempo que cobra vida, para él, es el tiempo que se filtra: tiempo sin propósito, sin destino. Hsieh nos enseña cómo puede hallarse la libertad a través de la des-destinación del tiempo.

Pero no es fácil. Mantenernos a flote —para evitar acabar siendo prisioneros de las estructuras físicas, sociales e institucionales que amenazan con poner en cintura a la vida y fijar la libertad a la disciplina de la ley y la razón— requiere un gran esfuerzo de voluntad. Eso es a lo que se refiere Hsieh cuando dice que para él perder el tiempo durante la ejecución de sus piezas fue un trabajo duro. Si la fuerza de voluntad es insuficiente, o queda neutralizada por fuerzas antagónicas, las consecuencias podrían ser catastróficas. Hsieh ya había aprendido esto a golpes, a partir de su temprana pieza de salto, que, según admite abiertamente hoy día, fue un acto de pura locura. ¿En qué estaba pensando cuando se tiró de esa ventana del segundo piso? ¿Realmente creía que podría desafiar la fuerza de la gravedad? Aquí, la vía de escape quedó brutalmente interrumpida por la dura superficie del tejido urbano. El roce de Hsieh con la ley, mientras vivía como vagabundo en Nueva York, amenazó brevemente con ser una interrupción similarmente brutal, bajo la forma de un arresto y una detención forzosas. La vida, tal como nos muestra su experiencia, cuelga de un hilo. Como esas rachas de alquitrán en el pavimento, sus líneas son frágiles y delicadas. Nos exige la máxima atención y cuidado.

Existe una diferencia fundamental, pues, entre las superficies duras de la ciudad —sobre las cuales se alzan sus edificios, circulan sus transportes y discurren sus ciudadanos amurallados, sin apenas fricción y con un apoyo constante— y las superficies hiladas por las vidas que deambulan casi invisiblemente a través de las brechas y fisuras del tejido. Morar en superficies del segundo tipo implica compartirlas con la multiplicidad de especies no humanas a quienes ofrecen no una base sólida, sino un punto de apoyo incierto. Andar por ellas, como hizo Hsieh en el año que se pateó el suelo de Nueva York, es como intentar mantenerse estable sobre telarañas; requiere atención constante con tal de evitar perder el equilibrio y caerse. Es un equilibrio entre la atmósfera de la ciudad y su tierra, incluso entre la vida y la muerte. Contrariamente a la indiferencia mostrada por la típica existencia metropolitana moderna, la atención de la persona que vagabundea se redirige constantemente al suelo, que siempre tiene presente como un lugar donde dormir, descansar, lavarse, hacer una hoguera. Pero estos también son lugares de vida: donde la tierra y el agua, irrumpiendo a través del asfaltado diseñado para sellar la ciudad, pueden encontrarse y entremezclarse con el viento, la lluvia y los rayos del sol.

Esta diferencia en las superficies de la ciudad ¿tiene su equivalencia en las formas del tiempo? Quizás el título de la exhibición del arte de Hsieh en la Bienal de Venecia de 2017 nos da una pista. Se llamaba *Doing Time* (*Haciendo tiempo*). Esto puede interpretarse de dos maneras, y la ambigüedad era intencionada. Por un lado, en el sentido del prisionero que, haciendo tiempo, cumple una condena que le ha impuesto un juzgado. La vida misma, ha afirmado Hsieh —en una de sus declaraciones más enigmáticas pero frecuentemente repetidas— es una «cadena perpetua». Pero en el otro sentido, hacer tiempo implica malgastarlo activamente, vivir y crecer, y hallar en ambas cosas una libertad sin destino. Así como el tiempo en el primero de los sentidos es tan duro e inamovible como una superficie asfaltada, en el segundo es fluido y fugitivo, facilitando, como lo hacen las fisuras en el pavimento, una vía de escape. Cuando Hsieh estaba a punto de empezar el año en que ficharía cada hora, se rapó la cabeza. Pero a medida que se eternizaba el año, su pelo volvió a crecer, siendo cada vez más largo, hasta que al final le llegaba a los hombros. Había el tiempo del reloj, y el tiempo del pelo. Y si el primero imponía una condena, el segundo siempre se escapaba.

Esto nos conduce, finalmente, a la paradoja perdurable de la obra y vida de Hsieh. Tiene que ver con la relación entre la vida y el arte. ¿Son separables o inseparables? ¿Se puede, o no se puede, distinguir entre tiempo artístico y tiempo vital? Si dedicarse al arte es perder el tiempo, y si perder el tiempo es vivir, entonces debemos concluir que ciertamente el arte y la vida son indistinguibles. En una entrevista con Adrian Heathfield, el mismo Hsieh admite que en la pieza con el reloj para fichar intentó «unir en el tiempo el arte y la vida». En otra parte de la entrevista, Heathfield plantea la posibilidad de que esta sea la razón por la cual al mundo del arte le cuesta tanto asimilar la obra de Hsieh: «En ella, la disolución del arte en la vida es absoluta». Pero ante el asombro de Heathfield, Hsieh no está de acuerdo. «Yo en realidad no desdibujo los límites entre el arte y la vida —responde—; las piezas en sí mismas son tiempo artístico, no tiempo vivido... mi vida debe seguir al arte».[38] Es por eso que la «pieza de la cuerda», durante la cual Hsieh

---

38. Heathfield y Hsieh, *Out of Now*, págs. 327, 334.

estuvo forzosamente aunado durante un año entero a una colega artista activa en el mundillo, resultó ser tan poco satisfactoria. Desdibujaba la frontera entre la vida y el arte que se esforzaba tanto en preservar, y al final acabó impulsándolo hacia la paradoja de su siguiente pieza, radicada en la premisa de que solo podía hacer arte, y preservar su integridad como artista, si rechazaba tener nada que ver con los artistas o con el mundo en el cual se movían.

Pero hay vida más allá del arte. Porque Hsieh no es ningún santo, y no tiene ninguna pretensión de serlo. No ha sacrificado su vida por el arte. Como cualquier prisionero, ha anhelado ser puesto en libertad. Una vez ha hecho el arte, puede dedicarse a la vida. Sigue cumpliendo su cadena perpetua, por supuesto, pero visto así, también seguimos cumpliendo la nuestra el resto de nosotros que nos hallamos —no por culpa nuestra— arrojados sobre este planeta. Las condenas del arte son autoimpuestas, las de la vida no lo son. Incluso el artista, al fin y al cabo, es humano.

LAS EDADES DE LA TIERRA

Introducción

Los humanos han tenido mucho que decir, a lo largo de los años, sobre la formación de la Tierra que habitan. Recientemente, incluso se han inventado una rama de la ciencia, la geología, dedicada a estudiarla. Pero la Tierra, parece, no ha tenido mucho que decir sobre los humanos. En efecto, se ha quedado especialmente callada al respecto. Pero si los humanos pueden estudiar la Tierra, ¿por qué no podría la Tierra estudiar a los humanos? Tampoco es que el estudio sea algo exclusivo a las criaturas dotadas de los poderes intelectuales del lenguaje y la razón, como los humanos. Al fin y al cabo, seres vivos de todo tipo reparan en las maneras de unos y otros en el proceso de sus vidas. Hay tanta percepción, movimiento e imaginación en el estudio que realiza el gato del ratón, abigarrado de intención depredadora, como los hay en el estudio que realiza el ratón del gato, centrado en trazar tácticas de evasión. Las plantas, también, no solo prestan muchísima atención a los movimientos del sol y los vientos, y de criaturas que vienen a nutrirse o polinizar; también comunican su experiencia entre ellas.

Sin embargo, podría objetar alguien, deberíamos poner el límite en los objetos inanimados. Piedras y rocas, ríos y glaciares, montañas y mares: estas cosas no tienen ninguna conciencia. No pueden escuchar o responder. Pero en este mundo hay mucha gente que no estaría de acuerdo, ¿y quién podría decir que nosotros tenemos razón y ellos no? La gente Tlingit, nativos de una región en la costa pacífica del noroeste americano, que alberga algunos de los glaciares más activos del mundo, insisten en que los glaciares pueden oír lo que la gente dice sobre ellos. Lo mejor es ir con cuidado en su presencia, no sea acaso que se ofendan y se hinchen.[39] Los Tlingit, que quede claro, no son tontos. No se imaginan que los glaciares tengan orejas. Lo

---

[39]. Julie Cruikshank, 2005, *Do Glaciers Listen? Local Knowledge, Colonial Encounters and Social Imagination*, Vancouver: UBC Press; Seattle: University of Washington Press.

que reconocen, sin embargo, es justo lo que niega la ciencia de la geología, que el glaciar existe para nosotros, antes que nada, gracias a su presencia fenomenal, en un mundo que también es nuestro. Está presente con su cegadora luz blanca, con su gelidez húmeda y empalagosa, y especialmente con el explosivo sonido de su agrietamiento. Y es a través de su presencia que habla. Su sonido es nuestro oído. Y nuestra escucha, de la misma manera, es también la del glaciar.

Lo que se aplica al glaciar puede decirse también de todos los otros elementos terrenales. Resuenan con el estallido, el temblor y la pulverización de su mezcla y composición. La naturaleza no es silenciosa. Quizás no tenga nada que decir, y si nuestras orejas estuvieran abiertas solo a hechos y postulados *sobre* el mundo, como exigen los protocolos de la ciencia, entonces ciertamente no escucharíamos nada. Los vendavales en los árboles, el rugido de la cascada y el canto de los pájaros; no oiríamos ninguno de ellos dada nuestra sordera. Porque estos son postulados que se apoyan sobre sí mismos. Son *del* mundo, y nos incumbe prestarles atención. Hoy día nos enfrentamos a las consecuencias de nuestra falta de atención, de haber relegado las cosas terrenales al silencio, como si fueran objetos en un museo, destiladas en sus formas más puras, y ordenadas según las categorías de la razón. Nos preocupa la pérdida de hábitats, de especies, incluso de glaciares a medida que se va calentando el planeta. Pero no olvidemos que, al convertir la naturaleza en hechos y el conocimiento en interpretación —al desprendernos de las conversaciones de la vida—, habremos perdido todas estas cosas, aunque quizás el tiempo todavía las preserve.

Los elementos de la buenaventura

Este ensayo fue originalmente un encargo del Museo de Arte Moderno de la Ciudad de París con relación a una nueva exposición de obras de artistas franceses e internacionales contemporáneos, sacados de la Colección de Anticipación Lafayette.[40] *Con el simple título* YOU, *la exposición estaba dividida en cinco secciones, cada una con el nombre de un elemento, es decir: metales, aguas, fuegos, aires y tierras. La idea era que la yuxtaposición de estos elementos plurales generaría atmósferas y microclimas que hablarían de las fracturas de nuestro mundo presente y de la promesa de un renacimiento creativo. En mi ensayo intenté evocar ese mismo espíritu.*

En mi casa teníamos una tradición familiar. Cada fin de año, derretíamos herraduras de miniatura hechas de hojalata, en un cacillo, sobre las llamas de la hoguera del comedor. Es una costumbre que, por lo que teníamos entendido, procedía de Finlandia, aunque es posible que pueda hallarse también en otros países. Todos esperábamos nuestro turno empuñando nuestra herradura. Después de derretirse el material, se vertía rápidamente del cacillo a un gran cubo de agua fría. Solidificándose instantáneamente, la hojalata cuajaba en formas extrañas y maravillosas que, tras ser extraídas del cubo, se alzaban contra la luz, de manera que arrojasen sombras sobre la pared opuesta. A partir de estas sombras intentábamos echarnos la buenaventura de cara al año que empezaba.

En este pequeño ritual se juntan metal, fuego, agua, aire y tierra. Porque es de la tierra que extraemos metales como la hojalata; es el fuego el que convierte el metal en líquido; es el agua la que transforma las masas infor-

---

40. *YOU: Collection Lafayette Anticipations*, París: Musée d'Art Moderne de París, 2019.

mes líquidas en formas cuajadas; y es en el aire que las formas arrojan sus sombras. Esta cadena de acontecimientos, ¿qué podría contarnos sobre cómo están relacionados estos elementos? ¿Es un microcosmos de algo de lo que está sucediendo, a escala mucho más mayor, en la formación de nuestro mundo? Y la buenaventura humana, ¿cómo está vinculada a estas transformaciones del mundo? Aquí presento algunas reflexiones en torno a estas preguntas, partiendo de las herraduras. Empezaré, sin embargo, con unos comentarios sobre los elementos mismos.

Estamos bastante familiarizados con la teoría de los elementos, que nos llega de la Grecia antigua y que identificamos como los constituyentes fundamentales del mundo material. Fue el filósofo siciliano Empédocles, alrededor del 450 a. C., quien propuso los cuatro elementos de la tierra, el aire, el fuego y el agua, al cual Aristóteles añadió un quinto, el éter quintaesencial, inmutable e incorruptible por cualquiera de los otros cuatro. De la filosofía china clásica, sin embargo, heredamos una teoría bastante diferente, conocida como Wu Xing, que se desarrolló en tiempos de la dinastía Han, es decir, en el segundo siglo a. C. En Wu Xing, los cinco elementos son tierra, fuego, agua, madera y metal. Pero los *xing* chinos, traducidos comúnmente como 'elementos', son más como estaciones que sustancias. Su propiedad más fundamental es el movimiento, o, mejor, el potencial de transformarse. La madera se convierte en fuego, por ejemplo, como la primavera en verano; el fuego se convierte en tierra cuando la madera acaba reducida a cenizas. Los elementos, en la filosofía china, existen no por sí solos, sino únicamente en tanto que cada uno de ellos puede afectar los otros, en un mundo que nunca está completamente formado, sino en continua formación.

Si listo los elementos como tierra, metal, fuego, agua y aire, soy consciente de que estoy perturbando ambos sistemas, el griego y el chino. Aunque la tierra, el fuego y el agua son comunes a ambos, el significado que tienen en cada uno de los dos sistemas no tiene nada que ver. De los chinos cogemos el metal, pero no la madera; de los griegos, cogemos el aire, pero perdemos el éter. Nuestra lista es relativamente arbitraria, desde luego, y filosóficamente híbrida. Es un reflejo, sin embargo, de los intereses de nuestra propia era maquinal, en la cual el metal ha superado a la madera como armazón de la industria, y en la cual el éter, drenado de su potencia espiritual, ha sido reducido a la vacuidad del espacio. La tierra, el aire y el agua siguen siendo tan fundamentales para la vida como lo fueron siempre: son los elementos a los cuales nos enfrentamos siempre que estamos en la intemperie, ya sea en alta mar o en tierra firme, mientras que el fuego —que hoy día quema más combustibles fósiles que madera— ha contribuido decisivamente al calentamiento de nuestro planeta.

Los científicos, por supuesto, aseveran que esta clasificación de los elementos ha quedado obsoleta. Es, dicen, una cosa del pasado, del folclore y los mitos, que fue superada hace ya mucho tiempo por los avances en la química. Para ellos, hablar de los elementos significa reducir la materia a sus esencias atómicas —listadas por primera vez en la tabla periódica publicada por el químico ruso Dmitri Mendeleyev en 1869—, cada una de las cuales es, a la larga, reducible a combinaciones específicas de partículas incluso más elementales, como protones, neutrones y electrones, de los cuales obtienen sus propiedades. Términos como 'tierra' y 'aire', e incluso 'metal', no pintan nada en una cosmovisión científicamente documentada. Son categorías tan imprecisas que incluso se resisten a la definición. Si es el caso, ¿por qué deberíamos seguir hablando de ellos?

Deberíamos preservarlos, quizás, para recuperar lo que se pierde en la reducción. Son formas de devolver los materiales al mundo fenomenal al mundo de nuestra experiencia. Este no es un mundo que pueda clasificarse fácilmente. Se resiste a la división en categorías. Desde luego, el hecho de que los elementos sean indefinibles podría ser precisamente la razón por la que los necesitamos. Son como personajes de historias, camaleónicos y temperamentales, tan afectivos como sustanciales, tan existenciales como esenciales, tan parte de nosotros como del mundo del cual hablamos. Los conocemos desde dentro; intuitivamente, a partir de sus talantes y ánimos, a través de lo que hacen y a través de lo que sucede cuando tratamos con ellos. Los conocemos igual que el pez conoce el agua; el gusano, la tierra; el pájaro, el aire, no como materia medida y pesada objetivamente, sino como el peso y la medida de nuestra propia existencia.

La tierra, por ejemplo, es roca y barro; pero también es la labor dura de labrarla, un trabajo donde los cuerpos se mueven y respiran. Pero si la tierra es la pesadez del ser que nos mantiene arraigados, entonces el aire es la ligereza con la cual nos atrevemos a soñar. Sentimos la tierra jalándola, el aire respirándolo, el agua bebiéndola o quedándonos empapados de ella. El fuego es la calidez resplandeciente de las llamas o el calor abrasador: sentimos el calor del fuego en nuestras panzas y en la maleabilidad del metal fundido; y sentimos el filo cortante del metal frío cuando el agua lo templa. Y es siempre en el umbral de los elementos, en el punto en el cual uno se va a convertir en otro, que se dan momentos importantes de transformación.

Con todo esto en mente, regresemos a nuestras pequeñas herraduras. Las herraduras de verdad, por supuesto, están hechas de hierro, y tradicionalmente el herrero solía fundirlas en la forja. El fuego y el metal eran sus elementos, y tenía que unirlos para obtener resultados. Nuestras herraduras falsas estaban hechas de hojalata —es posible que mezclada, ilícitamente, con plomo— y solo nos hacía falta un mero fuego en la chimenea para fundirlas. De la hojalata, como del hierro, sin embargo, primero debía extraerse la mena. Su presencia en la tierra es fruto del paso de eras geológicas, ya sea en la acumulación de minerales en el fondo marino como en la formación del hierro en roca sedimentaria, o a través de la descarga hidrotérmica en filones de roca ígnea, como es el caso de la mena de la hojalata. Para extraer el metal, la mena tenía que ser minada, aplastada y fundida. Al ser aplastada, se toparía con agua, que separa las partículas cargadas de metal de la ganga residual; al ser fundida, se toparía con el fuego del horno. La hojalata de nuestras pequeñas herraduras, pues, originada en erupciones volcánicas de hace muchos millones de años, desde entonces ha sido sujeta a las explosiones más modestas del minado, el lavado del agua y el calor del fuego, antes de acabar en nuestra casa esa noche de fin de año. Y está a punto de toparse, una vez más, primero con el fuego, y luego con el agua.

Estamos quemando carbón en la chimenea, y este, como la mena de hojalata, tuvo que ser minado de la tierra. También él puede atestiguar la labor del fuego y el sol a lo largo de los siglos, batiendo bosques antiguos, avivando su crecimiento. Este es el fuego que se desprende cuando quemamos los restos de estos bosques, consolidado en carbón. Fuego y tierra, fusionados en el material de la madera, vuelven a separarse en el momento en que el carbón arde y es reducido a cenizas. Cuando me llega el turno y deposito la herradura en el cacillo y lo coloco ante el fuego en la chimenea, estoy escenificando una versión microcósmica del encuentro entre el fuego de la Tierra y el fuego del Sol; el primero calentando el magma que se solidificó en forma de roca ígnea en la formación de la corteza de la Tierra; el segundo fomentando el florecimiento de la vida vegetal en su superficie. Y es en ese momento de encuentro que la hojalata empieza a fundirse.

Fuego y metal vienen a ser una combinación diabólica: las fuerzas que desencadenan les exigen a aquellos que tratan con ellos un vigor excepcional. En muchas sociedades, tradicionalmente el herrero era alguien temido a la vez que respetado, porque vencía al diablo en su propio juego, arrebatándoles a las fauces abrasadoras del infierno armaduras y armas para resguardar del mal a la gente corriente, rejas para labrar la tierra, herraduras para proteger sus posesiones más preciadas, los caballos, de posibles daños. Es por eso que la gente solía colgar herraduras sobre sus puertas, para protegerse de ataques de heraldos demoníacos que anunciaban la llegada de la desgracia: al constatar el poder que se había investido en ellas, recularían. Nuestras pequeñas herraduras, por supuesto, no tienen ese poder. Son falsas —no han sido golpeadas en la forja, sino hechas con un molde— y aquí estamos, fundiéndolas. ¿Por qué fundiríamos un símbolo de protección y seguridad? Quizás para romper el molde, para colocar el pasado a nuestras espaldas, para plantear la posibilidad de un inicio radicalmente nuevo. ¡Es la víspera de año nuevo, al fin y al cabo!

Lleno de asombro y anticipación, observo lo que sucede. Mi herradura empieza a fundirse por dentro, y el primer indicio de ello es que su superficie exterior empieza a comportarse como una piel, estriándose y deformándose a medida que se adapta a la masa licuante de abajo. Paulatinamente, ante mis ojos, la forma moldeada se disuelve convirtiéndose en una masa informe plateada y gelatinosa que se tambalea con incertidumbre, mientras se mantiene unida por las fuerzas de la tensión superficial. Parece tan expectante como yo. Con un movimiento rápido, aparto el cacillo del fuego, le doy la vuelta y vacío sus contenidos en el agua fría, que espera preparada en el cubo. Por un momento, la masa de hojalata, en caída libre, cobra vida y respira el aire de la liberación. Puede ser en sí misma, en vez de ser forzada a amoldarse. Su puja por liberarse, sin embargo, apenas dura un instante. Con un siseo y un salpicón, la hojalata precipitada es sofocada instantáneamente, atrapada en las contorsiones de su propia evasión como las víctimas de una erupción volcánica, abrumadas por el flujo de ceniza piroclástica.

Fue la alianza perversa del fuego y el metal, con su cómplice, el legendario rey Carbón, lo que impulsó la revolución industrial. Pero el agua, justo el elemento que mantiene en vida a la Tierra, es una sentencia de muerte para el metal. Estrangula y corroe. Hay paisajes enteros que están cubiertos de los armatostes oxidados de máquinas gigantescas, disolviéndose muy lentamente de vuelta a la tierra. Pero el metal se guarda su venganza. Los llamados metales pesados, lavados por el agua en los relaves de las minas, o en grandes montículos de residuos apilándose en esas partes del mundo que se han convertido en los vertederos de la opulencia, se están acumulando en concentraciones tales como para envenenar la misma tierra de la cual vinieron. Ahí nada puede medrar. Arsénico, cadmio, cromo, cobre, plomo, níquel y zinc: todos son benignos en cantidades ínfimas, pero letales si se concentran. Pero ¿cómo puede envenenarse la tierra de materiales que ella misma originó? La palabra «metal» se remonta al griego *metalleuein*, lo que significa 'minar' o 'extraer'. ¿Qué le ha pasado al metal, pues, que después de haber sido obtenido en procesos de minería o extracción, liberado del fuego y lavado por el agua, regresa a la tierra en una forma tan tóxica?

Quizás la respuesta yace precisamente en la reducción química que tiene su equivalencia conceptual en la reducción del metal, como constituyente elemental del mundo fenoménico, a los elementos atómicos de la tabla periódica. Batiéndolos y ordenándolos, lavándolos y filtrándolos, los metales han sido aislados del metal: un material que antaño era infinitamente variado y heterogéneo ha sido separado y destilado en una serie de formas puras. Los antropólogos llevan tiempo advirtiendo de que hay peligro en la contaminación, donde las cosas que pertenecen a categorías distintas entran en contacto y se enturbian nuestras distinciones conceptuales. Los actos de purificación, pues, sirven para preservar el orden conceptual eliminando tal contaminación. Pero nuestra experiencia en un mundo posindustrial nos indica lo contrario. La contaminación puede ser peligrosa, pero es la purificación de contaminantes potenciales —su aislamiento inicial de la matriz material previa a la recombinación o reemisión— lo que es más peligroso. Siempre y cuando las cosas estén revueltas, son relativamente inofensivas, pero recombinar o remezclar lo que anteriormente había sido separado en tipos puros puede desencadenar fuerzas de una magnitud espeluznante. Las explosiones nucleares son prueba de ello.

Ahora que lo que queda de mi herradura se ha hundido en el fondo del cubo, zambullo un brazo desnudo al agua para recuperarla. Aquí lo tengo, un salpicón cazado en el instante exacto de su formación. Así como la forma estándar de la herradura le había sido impuesta al material mediante un proceso de moldeado, la pieza que recupero ahora es más bien una instantánea tridimensional: es la forma arrestada de un movimiento fugitivo. Un extremo es redondo como una gota, el otro se rompe en esquirlas finísimas. Entremedias, la superficie de la pieza se pliega y arruga de formas tan caóticas que se resisten a descripción alguna (Figura 17). ¿Cómo es posible que, a partir de un glóbulo regular de metal derretido y un cubo inmóvil de agua del grifo, pueda emerger una forma singular de semejante variada complejidad? ¿De dónde proviene?

Si queremos una respuesta, podríamos regresar al poeta-filósofo romano Tito Lucrecio Caro, cuya disquisición en *De la naturaleza de las cosas* (*De Rerum Natura*) inspiró nuestras reflexiones anteriores al respecto de cómo, en el vuelo, la quietud se mantiene en movimiento (ver págs. 89-90). Cada objeto de percepción, explica Lucrecio, se condensa cuando la materia, precipitándose, se desvía ligeramente de su curso rectilíneo, desencadenando una cascada de colisiones:

> ... cuando cuerpos caen por el vacío
> en picado, bajo su propio peso, en un momento y lugar aleatorios,
> viran un poco. El viraje suficiente como para que lo llamemos
> un cambio de rumbo. Si no fueran propensas a virar, todas las cosas caerían
> en picado a través del profundo abismo como gotas de lluvia. No habría
> colisiones, y ningún átomo se toparía con otro átomo con un soplo,
> y la Naturaleza no habría podido dar forma a nada, punto y final.[41]

---

41. Lucrecio, *The Nature of Things*, traducción de A. E. Stallings, introducción de Richard Jenkyns, Londres: Penguin, 2007, pág. 42.

Figura 17 Hojalata de Año Nuevo (foto de Tero Sivula, cortesía de Lehtikuva).

Pero la naturaleza da forma a muchas cosas, entre ellas a este extraño y singular pedazo de hojalata. Porque yo no intervine para nada en su moldeado. Su forma emergió como una caída-a-través-del-agua, en el viraje. Es la forma de una cascada. Lo que a nosotros nos parece perfectamente inmóvil, como conjeturó Lucrecio, hierve de movimiento imperceptible. Para remachar su argumento, nos pide que examinemos el rayo de luz solar que se filtra por un orificio de la persiana. Contempla la infinidad de motas de polvo, en constante colisión mientras danzan en el aire, arrojadas y tambaleando de aquí para allá, a veces agrupándose, a veces dispersándose. A partir de todos estos movimientos normalmente imperceptibles a simple vista, dice, se forma un mundo para que lo contemplemos. Ha llegado el momento, pues, de seguir a Lucrecio y alzar nuestro pedazo de hojalata bajo la luz.

Con esto, finalmente regresamos al elemento del aire. Químicamente, el aire podría definirse como una mezcla de gases, principalmente oxígeno y nitrógeno, junto a cantidades pequeñas pero crecientes de dióxido de carbono y metano. No obstante, para nosotros existe —en nuestra experiencia— como nuestra capacidad de respirar. Similarmente, la luz existe para nosotros no bajo la forma de energía radiante, sino como nuestra capacidad de ver. Ahí donde podamos respirar y ver, hay luz y aire; cuando no hay ninguno de los dos, nos ahogamos en la oscuridad. Como seres que andan y respiran, somos criaturas de tanto carne como aire, pero la parte aérea de nuestro ser —la parte que nos llevamos para dentro al inhalar y distribuimos por los alrededores al exhalar— normalmente es invisible. Eso es porque es transparente. La parte que vemos es la parte que obstruye los rayos de luz y proyecta una sombra.

Desde el momento en que la coloqué en el cacillo, yo y mi pedazo de hojalata nos unificamos. Su historia también es ahora la mía. Pescándola del cubo, me rescaté a mí mismo de un ahogamiento. Contuve la respiración en vilo cuando la hojalata se hundió hasta el fondo; pero ahora, en el aire, puedo volver a respirar con total libertad. Y esa es mi sombra en la pared. Giro el pedazo hacia aquí y hacia allá, como si me estuviera examinando ante del espejo. ¿Qué aspecto tengo desde este ángulo? ¿Y desde este otro? Empieza a desarrollarse una historia. Es una historia que empieza en el justo momento en que alzo la hojalata bajo la luz, pero que no tiene un final. Los contornos cambiantes de la sombra, desdibujados por la penumbra, no representan nada. No son señales que deban descodificarse. Son inciertas, como lo soy yo; sus significados, ocultos en la niebla. Lo único que puedo hacer es seguir los contornos cambiantes y preguntarme hacia dónde conducen. A medida que echo mi suerte en el juego de sombras, el futuro se escapa continuamente, yendo más allá de los horizontes de mi imaginación. No puedo fijarlo. Adivinar es hallar; no es describir lo que ya ha sido hallado.

Pero incluso aunque nuestras suertes pertenezcan a un futuro fugitivo —un futuro de esperanzas y sueños siempre a punto de desvanecerse en la distancia— hay otro tipo de futuro que nos echa encima, cerniéndose más cerca con el paso de cada año. Medimos la velocidad de la vida a partir de la distancia entre este futuro y nuestra posición actual: cuanto más nos acercamos, más rápidamente nos sentimos impelidos a actuar. Como una cuerda que vibra más rápidamente y con un tono más agudo cuanto más corta es, la vida se acelera, y su sonido cada vez es más estridente. Anhelamos rebajar la velocidad. La sensación de un futuro que viene hacia nosotros, en vez de huir de nosotros, parece ser una tribulación peculiar de nuestra generación actual. No solo es la primera de la historia humana en experimentar una comunicación global virtualmente instantánea. También está presenciando acontecimientos climáticos extremos —además de la extinción de especies— a una escala hasta ahora sin precedentes. El futuro, parece, ya está sobre nosotros, mientras nuestras vidas están siendo embutidas en el presente, debido a las gratificaciones inmediatas.

¿Qué diría el gran Empédocles, que nos dio los elementos de la tierra, el fuego, el aire y el agua, si estuviera vivo hoy día? Todo lo que hay en el cosmos, nos contó Empédocles, nace del diálogo eterno entre el Amor y la Discordia. Dentro de la esfera del Amor, todos los elementos están en armonía, pero en su superficie exterior, la Discordia los despedaza. Si echara un vistazo, desde luego vería un mundo desgarrado por la discordia: montañas enteras destripadas por la minería, aguas drenadas hasta crear desiertos, bosques en llamas, aire cargado de esmog. Pero sabría, también, que los elementos funcionan mejor juntos que separados. Quizás cogería una vieja herradura oxidada y observaría que, si bien es hija de la Discordia, forjada a partir de metal golpeado en el calor del fuego, su forma redondeada revela amor, aunque todavía no esté cerrado o consumado. Puede que después la lanzara al cráter furibundo del monte Etna, como se dice que se arrojó a sí mismo. Según la leyenda, el Etna escupió una de las sandalias de bronce de Empédocles, revelándose así como falsa su aseveración de que era inmortal. También nosotros somos mortales, y gracias a que lo somos, podemos tener esperanzas y sueños. Los inmortales, al no tener ni futuro ni pasado, tampoco tienen ninguna de esas dos cosas. Quizás, si el Etna fundiera la herradura y la escupiera, remoldeada en el movimiento de su propia eyección, podríamos echar nuestra suerte observándola.

Ya no podemos, sin embargo, echar nuestras suertes con la hojalata. En 2018, la Unión Europea prohibió la producción y venta de herraduras de hojalata, alegando que este material, especialmente si se mezcla con plomo, es dañino tanto para el medio ambiente como para la salud humana. En la purificación de los elementos, nuestras esperanzas se han convertido en veneno. Entonces, para salvarnos a nosotros y la Tierra que habitamos, ¿deberíamos renunciar a la posibilidad de soñar? ¿Deberíamos prepararnos, junto a Empédocles, para la inmortalidad?

Vida de una piedra

Durante una visita a Sicilia en octubre de 2016 para asistir a una conferencia académica, tuve la oportunidad de visitar las ruinas de Selinunte, en la costa sudoeste de la isla. Me hallé deambulando por lo que antaño había sido una ciudad de dimensiones notables, con calles anchas, montones de casas y como mínimo cinco templos. Sabemos, a partir de fuentes antiguas, que esta ciudad fue fundada en el séptimo siglo a. C. por colonos griegos, que interactuaban con los fenicios y los sicilianos nativos. Pero su historia subsiguiente estuvo marcada por la turbulencia, y en 409 a. C. la invadió un vasto ejército de Cartago. De sus ciudadanos, 16000 fueron masacrados, 5000 capturados, y 2600 consiguieron huir. Después de eso, la ciudad estuvo en manos de los cartagineses de forma intermitente. Finalmente, alrededor del 250 a. C., durante las guerras púnicas, y ante la inminente derrota ante Roma, los cartagineses se marcharon destruyendo la ciudad a su paso. A lo largo de los siguientes siglos quedó mayormente reducida a escombros, gracias a una serie de terremotos que asolaron la región. Algunas de las columnas de los templos, sin embargo, han sido restauradas desde entonces. A medida que las observaba, y posaba mi mano sobre sus superficies ásperas y erosionadas, me imaginé no solo los rituales, sino también la destrucción, tanto humana como sísmica, que habían presenciado. Si las piedras hablaran, pensé, ¡la de historias que nos podrían contar!

Cuando, más adelante, me invitaron a escribir un ensayo para una publicación del Museo Zadkine en París, llamada Être pierre (Ser piedra), *que acompañaría una exposición epónima de esculturas de piedra,[42] decidí abordar la historia de una piedra concreta de Selinunte. La historia se divide en dos partes. Entre ambas presento algunas de mis propias reflexiones en torno al tema de la escultura.*

---

42. *Être pierre: Catalogue de l'exposition au musée Zadkine*, París: Paris Musées, 2017.

Vida de una piedra

Figura 18 *Selinunte – Ruinas*, una fotografía de Giovanni Crupi, tomada en la década de 1880 o 1890.

I

Hace mucho, mucho tiempo, la mayor parte de la Tierra estaba sumergida bajo el mar. En regiones cálidas y poco profundas, las aguas rebosaban de vida. Y donde había vida, había también crecimiento, no solo de tejidos suaves y orgánicos, sino también de materiales esqueléticos y las secreciones fecales que exudaban. Los detritos de foraminíferos minúsculos, corales, algas y muchos otros se precipitaban continuamente sobre el fondo marino, formando capa tras capa de material calcáreo. A medida que se iban secando los mares, estas capas se endurecían y fusionaban como roca sólida. Exprimida por el movimiento de las grandes placas continentales, e impulsada por las circulaciones tectónicas de la corteza de la Tierra, la roca quedó plegada en montañas, infestada de aguas, y picada por el hielo. La vida reapació, esta vez terrestre en vez de marina: plantas, animales, y finalmente humanos. Y es aquí donde intervengo.

Yo soy la resurrección de los viejos huesos de la vida, nacida en otro tiempo. Soy la carne de mi madre, la tierra gestante; y de la semilla de mi padre, el viejo mar. Vi la luz en una pedrera. No fue un nacimiento fácil; tuvieron que tallarme. Había hombres —muchos hombres— que vinieron con herramientas metálicas. Primero dibujaron un círculo de unos dos metros de diámetro. Luego cincelaron siguiendo la línea para hacer una hendidura a una profundidad constante. Socavando alrededor de la base de la hendidura, finalmente me arrancaron, trajeron palancas para cargarme, me envolvieron en un gran bidón de madera y me arrastraron sobre la tierra, tirada por un conjunto de bueyes, hacia donde estaban construyendo.

Aquí me hallé entre muchas de mi tipo, de tamaño y forma similares. Utilizando poleas, los hombres las estaban apilando una sobre la otra para erigir enormes columnas redondeadas. Finalmente llegó mi turno. Una enorme fuerza insistía en tirarme para abajo, como si mi madre, la Tierra, no quisiera dejarme ir. Tras haber dejado un agujero cavernoso en el lugar donde había estado, como si su panza se hubiera vaciado, me llamaba con una súplica tan ahogada que no hizo ningún sonido. Escuché solo los bramidos de los bueyes y los gritos de los hombres mientras lidiaban con su maquinaria para alzarme. Finalmente me hallé depositada encima de otra como yo, en lo más alto. Los rayos calientes del sol, los vientos revueltos: esas cosas me eran nuevas. ¿Es esto lo que significaba vivir?

Lo primero que sentí, sin embargo, fue la pesadez. La sentí en el mismo momento que nací, cuando me arrancaron y empezaron a alzarme. En ese punto de inflexión, cuando me di cuenta de que nunca podría regresar a la matriz de la cual había surgido, pasé a tener peso. ¿Qué es el peso sino el tirón de la tierra para que sus retoños vuelvan? Cuanto más intenso sea el deseo de reunificación, más difícil será sobrellevar la irrevocabilidad de la pérdida. Ya había conocido la masa: era una sensación que ya había tenido antes, de ser una cosa de sustancia, una composición de materiales. Le debo mi masa a mis padres, a la tierra y al mar. Pero el peso, eso era algo totalmente distinto. Era el dolor de la separación, un dolor que sufríamos todas, las huérfanas de la pedrera. Éramos como acróbatas, manteniendo el equilibrio sobre los hombros las unas de los otras. La piedra que tenía debajo acarreaba mi carga, aumentada por la carga que yo acarreaba, la de todas las que estaban encima de mí.

Acarreamos esas cargas sin queja, durante centenares de años, mientras los hombres veneraban a sus dioses, soñaban con poder e inmortalidad, realizaban sus sacrificios y luchaban sus guerras. Siguieron con su extracción de piedras, y levantaron más columnas. Y después, en el transcurso de un único día, desaparecieron. Aterrorizados, tiraron al suelo sus herramientas y huyeron de la pedrera, huyeron de sus templos, huyeron de sus casas. Permanecimos ahí alzadas presenciando el enfrentamiento armado, presenciando los gritos. Se dice que ese día las tropas cartaginenses invasoras masacraron a 16 000 hombres, mujeres y niños, mientras nosotras observábamos en silencio.

Eso no es lo que nos tiró abajo, sin embargo. Eso sucedió unos siglos después. Pues en las profundidades, las placas tectónicas seguían moviéndose. La Tierra estaba chirriando bajo la presión. Algo tenía que ceder, y finalmente eso pasó justamente. Con un jalón tremendo, el lecho rocoso se partió en una falla, enviando ondas sísmicas a lo largo y ancho. El suelo tembló violentamente: por un breve momento fui arrojada de un lado para otro, y después me precipité, aterrizando de lado en un gran montón, con otras a mi alrededor, apoyándose en mí como yo me apoyaba en ellas. Estábamos de resaca, como borrachas después de una juerga, finalmente liberadas de la eternidad de tener que mantenernos siempre en posición de firmes. Quizás mi aspecto era un poco más maltrecho, pero era una gozada poderse relajar en semejante compañía, volver a estar cerca de la tierra y sentir la calidez de su abrazo.

Disponía de todo el tiempo del mundo para conocer bien a mis vecinos: no solo las piedras que yacían a mi lado, sino también los hierbajos y pastos que crecían a mi alrededor o incluso dentro de mis fisuras, y las lagartijas que se arrastraban debajo de mí en busca de sombra o tomaban el sol en mis superficies encaradas al cielo. La gente también regresó, pero no en las mismas cantidades. No vinieron a venerar o luchar, sino a dibujar y pintar; andaban a nuestro alrededor con una mirada contemplativa, y a veces se sentaban en nosotras. Parecían especialmente fascinados por la textura de nuestras superficies, incluyendo la mía. Muchos se acercaban a posar sus manos en mí, para tocar y sentir la textura con sus dedos y palmas.

II

¿Superficies? ¿De dónde vienen? ¿Cómo se forman? Desde luego la piedra no tenía superficies antes de nacer; solo sustancia. Lo mismo puede decirse de su peso y masa. La piedra, por cuenta propia, siempre había conocido la masa, pero únicamente sintió el peso en el dolor de su separación de la tierra.[43] Fue esta separación, similarmente, la que arrancó las superficies de la sustancia. Las superficies de la tierra se generaron con violencia, son fruto de la fuerza del martillo y el cincel, que supusieron la escisión y rotura de la roca. Antaño habían lucido las cicatrices de la separación. Pero esas heridas ya no están abiertas. Con el paso del tiempo, las cicatrices han sido recubiertas. Es como si la piedra estuviera cubierta de una piel. Cuando la gente acude a tocarla, esto es lo que siente, la piel de la piedra. ¿Pero eso cómo es posible? La piedra no es como un árbol con su corteza, ni tampoco está envuelta en tejidos como las vestimentas de un ser humano. Pero tampoco está desnuda, como si su sustancia fuera tan transparente que los visitantes humanos pudieran ver directamente a través, o sentir como si estuvieran metiendo sus manos en el agua. Entonces, ¿qué es esta piel en la cual nuestra piedra no está envuelta ni de la cual está tampoco despojada?

Quizás, siguiendo el ejemplo de John Ruskin (ver pág. 107), podría compararse con un velo. En el velo, el interior y el exterior no están separados a ninguno de los dos lados de una barrera impermeable, sino que están reunidos, encontrándose y mezclándose para formar una textura. En el interior hay masa: una composición de materiales extraídos de la tierra. En el exterior hay atmósfera: la luz y el calor del sol, el soplo del viento, lluvias ocasionales pero torrenciales. Masa y atmósfera se entretejen en la erosión. Fue

---

43. El peso de los cuerpos, según el filósofo Jean-Luc Nancy, es «la elevación de sus masas hasta la superficie». Jean-Luc Nancy, *Corpus*, traducción de Richard Rand, Nueva York: Fordham University Press, 2008, pág. 93. (Trad. cast.: *Corpus*, Arena Libros, 2003).

a través de la erosión que las superficies de la piedra, cicatrizadas en el violento momento de la separación, se sanaron paulatinamente.

Podríamos suponer que el temporal es un agente de la erosión; que la lluvia, el viento y el sol únicamente se llevan cosas. Pero no fue así con la piedra. Desde luego, el restregamiento de la arena levantada por el viento, la lixiviación del agua de la lluvia, y la iluminación del sol la han dejada arrugada, picada y dentelleada, como puede notarse tocándola. Pero estas marcas y arrugas apenas pueden compararse con las cicatrices de su violento parto. Las herramientas humanas arremetieron contra su sustancia y la rompieron, pero el clima le ha permitido salir adelante hasta alcanzar la plenitud de su ser. Podemos interpretar su historia y carácter a partir de la textura de sus superficies, igual que, entre los de nuestra especie, podemos leer la historia vital de una persona a partir de las líneas y arrugas de su cara y manos. Desde luego no es accidental que por lo menos los angloparlantes —y posiblemente los usuarios de otros lenguajes también— recurramos al mismo verbo *to wear* para referirnos tanto al desgaste de la erosión como a la acción de vestir el velo. Las manos gastadas lucen sus pliegues y callos, la cara gastada viste una expresión. La textura de la piedra, desgastada por el clima, es el velo que viste.

Quizás esto tenga cierta repercusión en cómo conceptualizamos la escultura. Los artesanos que sacaron la piedra de la pedrera y la colocaron en una columna también eran célebres por sus esculturas: su trabajo todavía se venera a día de hoy. Esculpían bustos, figuras enteras y frescos, aplicando una técnica de gran maestría. Ahora, como regla, cuando se hacen las cosas, los materiales se integran o emparejan, uno con otro. El tejedor integra hilos, el ebanista empareja troncos, el albañil apila piedras sobre piedras. Pero la escultura normalmente funciona al revés. No es aditiva, sino sustractiva. Bien, pues, cuando el escultor coge una piedra y la talla, ¿qué tipo de superficie se crea en este proceso? ¿Está cicatrizada o velada?

Es lo primero, y luego lo segundo. Centrándose primero en la forma, el escultor talla el bloque. Eso implica cortarlo transversalmente, yendo en contra de la tendencia de la naturaleza, igual que cuando nuestra piedra fue extraída inicialmente de la pedrera. Pero luego, a medida que se va eliminando más y más material y el bloque empieza a tomar forma, su atención pasa a la textura de la superficie. Los gestos del escultor, ahora menos agresivos y más persuasivos, moldean un velo en el material, sacando a relucir su lustre. Es en este momento que la escultura cobra vida. Es como si, en esta segunda fase, el escultor pretendiera imitar el clima. Por supuesto, el clima no es el único agente que teje texturas. Piensa en las piedrecitas de una playa de guijarros, en sus bordes ásperos que se van suavizando a medida que se esmerilan unas a otras con la perpetua rotura de las olas; o en las piedras arrastradas hasta las orillas por el desbordamiento de un río. También el escultor, a medida que va pulverizando y puliendo la materia, sacando a relucir su textura, no va en contra de la naturaleza, sino que suma su labor a la del viento restregante, el mar enturbiado o la corriente del río, como si quisiera unificarse con ellos.

Sin embargo, a veces la gente se convierte en agentes de la erosión de forma inconsciente. Principalmente erosionan superficies con sus pies. En templos, en castillos y catedrales, en umbrales, escalinatas de piedra y calles adoquinadas, el paso de infinidad de pies ha ido desgastando —a lo largo de siglos— las superficies antaño ásperas recién salidas de la cantera, hasta dotarles una suavidad de terciopelo. El proceso es tan lento que nunca nadie es consciente de él. ¿Quieres saber quién pulió esta piedra? La respuesta es que lo hicimos todos, en la plenitud del tiempo.

III

Mi historia no terminó con el terremoto que me dejó recostada, yaciendo entre mis compañeras pedregosas, revuelta en la tierra. Vosotros, la gente que volvisteis a visitarnos —a dibujar y pintar—, pensasteis que estábamos en ruinas. Pero vuestra actitud ante las ruinas era extrañamente hipócrita. No sabíais si amarlas o detestarlas. Para algunos, los de la segunda inclinación, las ruinas ofendían su sentido del orden. Muchos de vuestros filósofos más eminentes vieron una especie de belleza matemática en las proporciones del templo antiguo: una belleza que parecía sacrosanta y eterna, alejada de todo el sudor y el esfuerzo —por no decir la violencia— que habilitaron su construcción, y que yo llegué a conocer tan bien. Observaban una columna y veían en ella no la pesadez de unas rocas quejumbrosas, sino el triunfo de la razón. La ilustración era su lema. Pero otros profesaban un temperamento más romántico, vislumbrando en las ruinas una especie de belleza que consideraban sublime. Asombrados ante una naturaleza capaz de derrocar las obras de los hombres, y gozando la libertad y exuberancia de nuestro patente desaliño, encontraron en él una fuente de consuelo espiritual, una vía para restituir sus existencias al mundo sin tener que padecer sus malestares más materiales. En lo que a mí se refiere, no quiero tener nada que ver con ninguna de esas dos tendencias. Cuando los humanos se acercan a tocarme, yo no los toco a ellos. Quieren absorber mi esencia, o eso dicen, pero a mí la suya me es indiferente. Francamente, me importa un bledo. Que los humanos me observen, me toquen y se sienten sobre mí tanto como quieran; nada de esto me hará más parecida a ellos. Yo soy una piedra, no soy una artista o una filósofa.

Un fatídico día, sin embargo, humanos de otra estirpe hicieron acto de aparición. Eran arquitectos e ingenieros, y vinieron con una palabra que no había escuchado antes: *anastilosis*. En griego significa 'reensamblaje' o 'reconstrucción'. Nos rodearon, sosteniendo mapas y planos detallados entre las manos, y empezaron a discutir sinceramente cómo nos podrían restaurar a nuestras posiciones originales, antes del terremoto. «Podemos rebobinar la historia —dijeron—. Podemos rehacer el templo de forma que tenga el mismo aspecto que antes. ¡Será magnífico!». Yo y mis compañeras observamos con horror la llegada de albañiles que llevarían a cabo sus instrucciones. Nuestro resacón de mil años de duración estaba a punto de llegar a un fin oprobioso. Pero nosotras no nos ajustábamos a sus objetivos. Toda esa erosión, por no mencionar las roturas y lascas que sufrimos cuando caímos, había pasado factura. «Intentad ponernos una encima de la otra —replicamos—, y será como querer mantener en equilibrio una pila de guijarros. El temblor más ligero de la Tierra nos volverá a tirar abajo». Pero los hombres tenían una solución. «¡Hormigón! —gritaron—. Os uniremos con hormigón. Esta es la solución a todo. ¡Nunca volveréis a caer!».

¿Por qué tuve tal sensación de afinidad extraña cuando vi que los hombres abrían unos grandes sacos pesados repletos de un misterioso polvo gris fino? ¿Y qué era esta premonición que sentía a medida que el polvo se vertía en grandes bidones rotatorios, rellenos de arena y agua? ¿Podría haber sido un atisbo de reconocimiento, un vago recuerdo de cómo había empezado mi vida bajo el mar, como mezcla de arena marina y hueso en polvo? ¿Estaba volviendo al punto de partida, de vuelta al futuro?

Estaba asomándome al abismo, desde luego. Porque lo que estaba presenciando, lo que contenían esos sacos, era la destrucción de la tierra y la aniquilación de sus retoños. Ese material había empezado de la misma manera que yo, como capas de sedimento submarino solidificado en roca. Como yo, había sido extraído a la fuerza en una cantera. Pero a partir de ese punto su destino había sido totalmente distinto al mío. Porque justo después de salir de la cantera, lo hicieron añicos, lo chafaron y pulverizaron. Esa materia nunca podría sentir su peso o lucir superficies. Nunca tuvo la oportunidad de vivir. Su destino era más bien ser incinerada, arrojada a los fuegos de un horno, para luego emerger al rojo vivo, en forma de bolas de clínker fusionadas por el intenso calor. Luego de volver a ser aplastada y reducida a un finísimo polvo, llenó los sacos que los hombres estaban vaciando ahora en su máquina mezcladora, de la cual emergía un lodo semilíquido. Este era el ingrediente mágico que rellenaría los huecos donde las piezas del pedregoso puzzle tridimensional faltaban o no encajaban del todo.

Hubo mucha gente que se quejó. Es un anacronismo, dijeron, mezclar este material moderno con piedras antiguas. Las piedras tienen una textura especial que denota el pasado. Pero el hormigón es blando, homogéneo y falto de historia. Este no es su lugar. Pues bien, yo estaría de acuerdo con esta perspectiva; es lo que siempre me he dicho a mí misma. Pero en el fondo las cosas tampoco están tan mal. Volvemos a estar arriba, en nuestras columnas, de nuevo en posición de firmes. Estoy tan arriba que ningún humano puede tocarme, pero los pájaros y los insectos pasan volando a mi alrededor, y puedo sentir el viento y el sol. Además, tampoco me molesta tanto que el hormigón llene mis grietas y junturas. Al fin y al cabo es un primo mío; y como yo, tampoco él escogió su destino. Nos lo pasamos bien, discutiendo cuál de nosotros durará más. El hormigón es bastante engreído: sus propios fabricantes le han vendido la moto. «Yo soy la nueva piedra mágica —dice—. Soy más sólida, más fuerte, más poderosa. Soy el material que prefieren todos los constructores de templos modernos. Porque puedo adoptar la forma que deseen, y duraré para siempre».

Pero yo sé que todo esto es fanfarroneo frívolo. No puedes acelerar el tiempo, digo yo. Es cierto que comparto los orígenes acuosos del hormigón. Pero piensa cuántos milenios hicieron falta para que mis capas se formaran y solidificaran, y piensa, también, en cuán lentamente se desgastan mis superficies, a un ritmo prácticamente imperceptible en la escala humana del tiempo. ¿Y qué es lo que dice el hormigón? ¡Que no le hacen falta milenios, sino tan solo unos días, para solidificarse en una roca tan resistente que nunca se desgastará!

Es un mito pensar que una piedra puede crearse en un instante. El hormigón nunca se seca del todo, esto es un hecho. El agua permanece dentro, amarrada a la arena y el cemento. Por eso mismo todo hormigón está condenado a derrumbarse, tarde o temprano. Y cuando lo haga, nosotros las piedras volveremos a caer. La gente vendrá y observará las ruinas. El lagarto se postrará bajo el sol, la hierba crecerá entre las grietas, y yo seguiré suspirando por la tierra de la cual vine. Quizás un día, el calentamiento generado por todos hornos de cemento, y los combustibles fósiles que queman, provocará una subida en el nivel del océano, y me hallaré de vuelta a donde empecé, debajo de las olas. Progresivamente, quedaré cubierta de los detritos del mar y acabaré mis días como fósil, no alzada en el aire, sino enterrada en lo más hondo de la tierra, una piedra dentro de otra piedra. Por fin habré encontrado el camino a casa.

El muelle

Catalyst *es el título de un volumen que contiene la obra del escultor Wolfgang Weileder.*[44] *El volumen surgió de un proyecto centrado en el muelle de Dunston Staiths, que forma parte de una serie de estructuras abandonadas que originalmente fueron construidas a lo largo de las orillas del río Tyne, cerca de Newcastle, para facilitar el traslado de carbón de la vía ferroviaria a los barcos. El Proyecto Muelle (Jetty Project) combinaba las prácticas experimentales de Weileder, radicadas en la utilización de materiales reciclados para* performances *de ensamblaje y desensamblaje, con la obra de su principal colaborador, el sociólogo Simon Guy, en el ámbito de la planificación urbanística y arquitectura sostenible. Me invitaron a escribir un prólogo al volumen, y decidí centrarme en la obra llamada* Cone, *una construcción redonda en forma de torreta hecha de bloques de Aquadyne, un material fabricado a partir de plástico a la deriva reciclado. Aquadyne cosecha el sedimento marino, localizando productos humanos para reutilizarlos en tierra, en un proceso que es la inversión precisa de la extracción de depósitos de carbón formados naturalmente en zonas interiores para el uso marítimo como combustible de barcos de vapor. El* Cone *de Weileder junta las historias del carbón —tanto la de su formación geológica como la de los hombres que se encargaron de minarlo— con las historias de sus descendientes, rodeados de un deterioro, ruina y desperdicio industriales. En su obra, los pesos respectivos del carbón y el plástico, y de un pasado de extracción y un futuro de reciclaje, se pliegan uno sobre el otro en una obra que aboga poderosamente por un tipo de sostenibilidad cuya lógica no es conseguir finalmente un estado invariable, sino construir, deconstruir y reconstruir constantemente.*

---

44. *Catalyst: Art, Sustainability and Place in the Work of Wolfgang Weileder*, editado por Simon Guy, Bielefeld: Kerber Verlag, 2015.

El muelle

¿Cuán pesado es el pasado? Podríamos presuponer que no tiene demasiado sentido pesar la historia en toneladas, como podríamos pesar sacos de carbón. Aunque podamos decir del pasado que pesa significativamente en nuestra mente, o que impone sus cargas en el presente, desde luego eso son expresiones idiomáticas cuya fuerza expresiva radica en cómo nos impelen a trazar paralelismos entre lo que, *a priori*, son áreas diferenciadas de la realidad. ¿Acaso el carbón no es literalmente pesado? Sólido como una roca, ha sido extraído de la tierra y alzado contra la fuerza de la gravedad terrestre. En comparación, la pesadez del pasado humano evoca una sensibilidad metafórica. Su acumulación es insustancial; su atracción es más afectiva que gravitacional. La primera pesadez, parece, pertenece con todas las de la ley al mundo material; la otra depende de sedimentaciones de memoria que solo pueden atribuirse a una mente. Lejos de disolver la división entre mente y materia, la metáfora parece reforzarla. Es una división que ha atormentado a la filosofía durante siglos.

Podría decirse que sucede lo mismo con la sostenibilidad. Este es un tema sobre el cual los ingenieros y obreros que construyeron el enorme muelle de madera de Dunston Staiths, en Gateshead, debieron reflexionar mucho. Construido para trasladar carbón minado a barcos para su posterior transporte por mar, el muelle tenía que ser lo suficientemente fuerte como para aguantar el peso de una locomotora y un tren de vagones cargados. Hoy día, más de tres décadas después de que el último barco zarpara de los Staiths, el muelle ha vuelto a convertirse en un punto importante donde reflexionar sobre la sostenibilidad. La discusión, sin embargo, ya no gira en torno a la carga física que sustentará, sino en su capacidad de sustentar el peso del pasado. Porque solo un presente que pueda sustentar el pasado del cual fue forjado, y las responsabilidades que este conlleva, puede ofrecer cimientos para el futuro. ¿Puede cargar con este peso el muelle? ¿Seguirá siendo una presencia viva en las mentes de la gente, o sobrevivirá solo como reliquia, mientras se van evaporando las memorias de su época de esplendor?

Lo que ha desatado estas preguntas no es la descarga eficiente de carbón, sino la presencia de una obra de arte. Sí, quizás pienses que un millón de kilómetros separan el peso del carbón del peso del pasado, y un vagón de tren de una obra de arte. El vagón cargado de carbón pone a prueba la sostenibilidad del muelle de una forma absolutamente concreta. El fracaso equivaldría a un derrumbe físico inmediato. La obra de arte, en cambio, parece desafiar la sostenibilidad de manera más abstracta y conceptual. Su fracaso no acarrearía consecuencias materiales funestas, no supondría la destrucción de los medios de subsistencia, no pondría en peligro las vidas de la gente. Pero me pregunto si la distancia entre el vagón y la obra de arte, entre las formas que ponen en cuestión la capacidad del muelle de aguantar, por un lado, el peso del carbón y, por otro, el peso del pasado, es tan abismal como nos imaginamos. ¿Realmente es una distancia tan irreconciliable como la que existe entre literalidad y metáfora, o entre la materia y la mente?

La pesadez del carbón, en el fondo, no es algo simplemente dado, como si fuera una propiedad objetiva del material en sí mismo. Más que medirse, la pesadez del carbón —como la de tantas otras cosas— se *siente*. Se siente en la fuerza de compresión que una masa, arrancada de su matriz terrenal, ejerce sobre otra. El carbón no pesa siempre y cuando se deposite en el suelo. Pero, sin duda, lo sintieron los cuerpos de los mineros, cuando lo picaban y movían con las palas, y las vigas de madera del muelle, refunfuñando bajo la carga. Pero si el peso se siente, también se concibe a medida que empaña la conciencia imaginativa del ser. Intención y en tensión: ¿no son una misma cosa? El peso y el pensamiento, pues, ¿realmente se encuentran en lados opuestos de la división entre materia y mente, o más bien los unifica, en un nivel más fundamental, el movimiento de las cosas compadeciéndose-unas-de-otras? Porque cuando todo está dicho y hecho, la materia es la madre de todos nosotros: la vida se forja, igual que se conciben las ideas, en la turbulencia de los materiales.

Si la pesadez del pensamiento radica en las historias que han dado forma a nuestras vidas, similarmente, la pesadez del carbón es producto de su pasado geológico. Originado en bosques antiguos, el carbón acumula toda la energía del sol veraniego que antaño bañó árboles en flor, año tras año, alimentando su crecimiento leñoso. Durante casi un siglo, ese carbón albergó el potencial de producir el futuro: un futuro que, comparado con lo que había sucedido antes, portaba la promesa de la prosperidad material. Ese futuro es ahora pasado. Era insostenible. *Cone*, la obra de arte de Wolfgang Wielder, promete una alternativa (Figura 19). La obra se erige sobre bloques

El muelle

Figura 19 *Cone*, de Wolfgang Weileder, 2014 (foto de Colin Davidson).

de un material tan negro como el carbón, tan pesado como el carbón, y extrudido —como el carbón—, del sedimento del pasado. Pero este pasado es reciente, porque el material, conocido como Aquadyne, está hecho del tipo de residuo plástico que actualmente está asfixiando nuestros océanos y atestando nuestras tierras. En algún punto del futuro, estos depósitos ¿podrían servir como reservas permanentes de materia prima para la producción de Aquadyne, el cual, por entonces, podría ser tan ubicuo como lo es el hormigón?

Es especialmente en la realización de la obra, en su performatividad, que el pasado y los materiales pesan conjuntamente. Los antepasados de los aprendices que fueron contratados para construir *Cone* habrían, en su apogeo, estado minando carbón, o transportándolo con palas, o descargándolo a los conductos que lo llevaban a los barcos que esperaban. Y a medida que sus descendientes apilaban los bloques de Aquadyne, este pasado ignorado durante tanto tiempo volvió a borbotear en forma de historias que hablaban de tiempos remotos, incluso cuando se imaginaban los tiempos venideros. No puede decirse, pues, que los bloques pesen literalmente —un total de 11 toneladas, para ser más exactos— mientras que el pasado pesa metafóricamente. En la performatividad, los pesos respectivos del pasado y de los bloques se sienten igual, simultáneamente. Y la performatividad tiene otra característica: da igual que estés haciendo o deshaciendo, poniendo las cosas juntas o separándolas. El carbón se arranca de la pared de roca solo para llenar el vagón, y el vagón es llenado solo para ser vaciado. Y fiel a su lógica, *Cone* fue erigido únicamente para ser desmantelado y que sus bloques fueran reutilizados en otra parte.

Finalmente, fijémonos en la estructura. El muelle, arrojado hacia las aguas de marea del río Tyne, es un espacio de sentido único (Figura 20). No es como un puente, que permite a los viajantes pasar de manera segura a otra orilla desde la cual podrán regresar con la misma seguridad. Para el carbón que rodó hasta su plataforma no había vuelta atrás. Enviado a un futuro incierto, no tenía posibilidad de apelar al pasado. Los vagones, sin embargo, iban y venían, como también pueden hacerlo las obras de arte si se construyen primero aquí y luego allá. Sucede lo mismo con los andamios: van para arriba y luego para abajo. A veces, pensando sobre los edificios, me pregun-

El muelle

Figura 20 El muelle de Dunston Staiths, Gateshead (foto de Colin Davidson).

to si deberíamos considerarlos estructuras acabadas. Quizás también ellos son en realidad andamios del proceso vital que se desarrolla en su interior. Y esto es, sin duda, lo que Weileder quiere que veamos con *Cone*. En el arte, como en la arquitectura, la sostenibilidad consiste en mantener la vida en marcha, no en flotar en un equilibrio interminable. Siempre que las mareas sigan subiendo y bajando, que los pájaros aniden en los recovecos y ranuras de los Staiths, y que la gente venga para visitarlos, el tiempo seguirá pasando, siempre tan lentamente, siguiendo su curso.

Acerca de la extinción

Cuando decidí aceptar la invitación de los editores de la publicación The Clearing, *que me pidieron que contribuyera a un recopilatorio de ensayos sobre el tema de la extinción, mi intención primera no fue escribir un poema. Sin embargo, mientras rumiaba al respecto en el breve paseo que doy diariamente antes del desayuno, las palabras empezaron a venir a mi mente y ordenarse por sí solas con un ritmo y una cadencia que debió corresponder al compás de mis pasos. De regreso a la mesa del desayuno, escribí rápidamente los versos que ya tenía. Me pareció que lo más natural era seguir en la misma línea, puesto que ya había empezado. El resultado final fue este poema, que he revisado ligeramente desde su publicación original.*[45]

La extinción es para los otros, no para nosotros. Nunca sabremos
qué palabras acabaron siendo nuestras últimas, qué pasos tomamos
en dirección al abismo. Porque ¿quién dirá de los humanos:
«¿Los recordáis? Se extinguieron»,
como decimos ahora de los mamuts lanudos o los neandertales?

Los historiadores, de entre los animales,
¿escribirán cartas en las arenas movedizas, o en las raíces de los árboles,
para decir que antaño hubo gente que acabó desapareciendo?
Los cazadores caninos de fósiles, hocicando en el sotobosque,
olisqueando un diente, o el trozo de una calavera,
¿ladrarán el hallazgo de otro homínido?

---

45. Originalmente publicado por Little Toller Books en *The Clearing*, 29 de noviembre de 2018, disponible en *https://www.littletoller.co.uk/the-clearing/on-extinction-by-tim-ingold/*

Acerca de la extinción

O ¿se convertirá el topo en arqueólogo silencioso
para exhumar sus restos?
Las estridentes gaviotas, prefiriendo las ciudades al mar,
¿llorarán la pérdida de sus habitantes
o solo ocuparán las ruinas?
¿Lamentará el gusano el fallecimiento del campesino,
o el pez el anzuelo o hilo del pescador?
Sin duda, seguirán adelante sin nosotros
como hicieron antes de que llegáramos.
En realidad les damos bastante igual.

Pero en un mundo donde todavía hay elefantes,
¿por qué deberían estar extinguidos los mamuts?
¿O los neandertales, en un mundo donde todavía hay humanos?
Los elefantes, ¿no podrían ser los mamuts de hoy, y los
humanos, los neandertales?
«No, no —decimos—, los mamuts no son elefantes,
Y los neandertales no son lo mismo que nosotros.
¡Eran otra raza de la humanidad,
exterminados por nuestros ancestros superiores!».

Eso también fue lo que dijeron los hombres blancos,
hablando de como exterminaron a la gente de Tasmania.
«Simplemente son otra raza —dijeron—, y nosotros somos superiores!».
Pero regresó, la gente:
«Vosotros sois nosotros —dijeron—, y seguimos aquí.
Estamos todos revueltos, ¿sabéis?, y no hay razas».
¿Acaso era distinto en el Paleolítico?

Y he aquí el quid de la cuestión: si revueltos es como estamos,
si la vida entra y sale de cosas precisamente como el aire
que respiramos,
y no podrá ser contenida,
entonces nada se extingue, a no ser que todo lo haga.
Y pues, ¿cómo podemos prevalecer, mientras los otros se extinguen?

Pero no es así como solemos plantearlo.
La historia de la extinción es una que solo nosotros estamos
acostumbrados a contar.
Es la historia de un mundo dividido, cada especie por su cuenta,
compitiendo con el resto para acceder a recursos limitados.
Para que una se vaya, y la otra sobreviva,
deben distinguirse.
No hay extinción, pues, sin distinción.

Pero nosotros, que contamos este relato, hemos dado la espalda al mundo
y clasificado sus contenidos como si fueran solo para nosotros,
no nosotros para ellos. Hemos hecho de la naturaleza un museo,
un gabinete de curiosidades, sus contenidos ordenados, clasificados,
Y nos hemos hecho sus guardianes.
Lejos de protegerlos, sin embargo, como harían unos buenos cuidadores,
hemos arrasado los cajones, sembrando caos,
y malbaratado la mayor parte de nuestra colección.

Estas especies, no obstante, que estamos a punto de perder...
¿Acaso la vida no se ha marchado de ellas primero?
¿No están ya, en cierto sentido, extinguidas?
Parece que hemos perpetuado una doble muerte, encerrando primero cada
corazón palpitante,
Cada cosa voladora, ambulante, nadadora, en proceso de crecimiento,
dentro de la prisión de un cajón; y después
liquidando su línea. No su linaje, sino su línea de descenso,
a lo largo de la cual no crece nada. No es un movimiento, sino una cadena,
cada vínculo es la degeneración de una forma, como si pudiera ser separada
de su crecimiento.
Y, sin embargo, aparte del crecimiento hay la muerte; en la vida no hay sino
un proceso de formación.

¿Cómo puedes extinguir aquello a lo que se ha dado muerte?
Debe haber algo que se pueda apagar,

luz, vida, amor, esperanza, una llama, un fuego.
Debe arder, debe tener un movimiento,
una hinchazón o una concrescencia.
Pero las especies, encaminadas a la extinción, ya no tienen vidas que
puedan vivir.
No son más que sus genes, una mina oculta de información heredable,
la biodiversidad. La estamos perdiendo, decimos. Pero la vida está
ya perdida.
Se fue con la partición del mundo.

Tres breves fábulas de autorrefuerzo

Es célebre la descripción que hizo el antropólogo Bronislaw Malinowski de la vida social como una larga conversación, un ir y venir que se alarga hasta la eternidad. Pero no hay razón alguna para que la conversión debiera limitarse a los seres humanos, o incluso a los seres vivos. Ni tampoco tienen los humanos por qué hallarse en su epicentro. En el marco de las cosas a largo plazo, quizás su rol no sea más que el de meros figurantes, haciendo una breve aparición y luego volviendo a desaparecer, mientras que el sol y la luna, el viento y las mareas, el mar y la tierra, los árboles y los ríos, prosiguen por su cuenta. En el momento en que los científicos han declarado la llegada de una nueva era geológica, el Antropoceno, en la cual la actividad humana se considera la fuerza dominante en el modelaje de la Tierra, también estamos más perturbados que nunca por la idea de que la vida humana pudiera llegar a su fin en el planeta, y que poco puede hacerse para prolongar nuestra estancia. Sea lo que sea que venga después del Antropoceno, es improbable que contenga una presencia humana sustancial. Estamos atrapados, parecería, en una espiral de lo que el físico Walter Behrmann, escribiendo un siglo antes, llamó «autorrefuerzo».[46]

En las páginas que siguen respondo al texto de Behrmann, ante la invitación de los editores del compendio en cuatro volúmenes, Grain, Vapor, Ray: Textures of the Anthropocene *(Grano, Vapor, Rayo: Texturas del Antropoceno).*[47] *Cada uno de estos cuentos alegóricos relata una conversación: de la arena marina con el viento, del río con el árbol, de los humanos con su entorno construi-*

---

46. Walter Behrmann, «Der Vorgang der Selbstverstärkung» [El Proceso de Autorrefuerzo], *Zeitschrift der Gesellschaft für Erdkunde zu Berlin*, 1919: 153–7.

47. *Grain, Vapor, Ray: Textures of the Anthropocene (Volume 1, Grain)*, editado por Katrin Klingan, Ashkan Sepahvand, Christoph Rosol y Bernd M. Scherer, Cambridge, MA: MIT Press, 2015, págs. 137–46. Reimpreso en *The End of the World Project*, editado por Richard Lopez, John Bloomberg-Rissman y T. C. Marshall, Munster, IN: Moria Books, 2019, págs. 546–55.

do. Las dos primeras conversaciones acaban en una especie de acuerdo, o como mínimo en un empate perpetuo; la tercera, sin embargo, conduce al olvido. Es el destino que nos espera inevitablemente si, en vez de unirnos al mundo, nos esforzamos —a través de hazañas de ingeniería cada vez mayores— en defendernos contra él. La autodefensa equivale, a la larga, a la autodestrucción.

I

Una concha yace en la playa. Antaño albergó un molusco vivo que había encontrado su sitio en las rocas, y se había alimentado filtrando partículas de nutrientes arrastradas por el flujo y reflujo de la marea. Esto podía agradecérselo a la luna. Pero ahora, encallada bajo el brillo implacable del sol, vacía y sin vida, agujereada y fracturada por colisiones con los guijarros, la concha espera su fin. Sabe que tarde o temprano acabará pulverizada en la misma arena sobre la cual yace ahora: el depósito en constante acumulación de innumerables otros que corrieron la misma suerte. Pero en lo más alto, el aire se está perturbando. Vapor húmedo, calentado por el suelo, está alzándose y —hallando poca presión en las capas superiores— se va resfriando a medida que avanza, condensándose en nubes que manchan el sol y esparcen sus rayos. La sombrecita que la concha había proyectado sobre la arena desaparece. Un frescor repentino provoca que un grupito de playeros, que habían estado deambulando por la orilla, se hagan un ovillo. Uno de ellos, que había estado a punto de coger la concha y guardársela como recuerdo, la dejó sin palpar luego de repensárselo. ¡Cuán distintas hubieran ido las cosas si se la hubiera agenciado!

Las nubes, densas con humedad, se vuelven grises y amenazantes. Y aquí viene el viento, primero un mero suspiro agradable, suficiente para levantar algunos granos aquí y allá. Lo sigue un soplo más fuerte, y luego otro incluso más intenso. Pronto los soplos se convierten en un rugido. Nuestros humanos huyen en busca de refugio. Aparte de la concha, la playa ha quedado desierta. El viento, parece, ha tomado el mando de un reino prácticamente vacío.

«Soplo, luego existo», proclama el viento altivamente, mientras pasa por encima de la concha, apenas pausando en su paso. «¡Tú, pequeña concha, no eres nada para mí!», brama. «Puedo tirar árboles abajo y azotar el mar, convirtiéndolo en olas gigantescas. Puedo derribar casas y hundir barcos. ¿Sabes esas mismas olas que te escupieron a la orilla? Fui yo quien las causé». La concha se encoge de miedo: antes no se había topado con semejante poderosa fuerza. Arrojada en las olas, conocía bien la turbulencia del mar, pero no la entidad que la creó.

Pero después de que pasara la racha, la concha siente el impulso irresistible de rascarse. Algo le hace cosquillas. Aunque fuera golpeada en la cara por los más pesados de los granos de arena que el viento le había lanzado, parece que unos granitos más finos aterrizaron en su espalda. Algunos, alzados por el viento en su paso, han sido descartados casualmente al lado del sotavento. Porque al pasar por encima de la concha, el viento había dejado un vacío, y la resaca de aire que se apresuró a llenarlo había depositado granos a su paso. Vuelve a aparecer el viento, y en el lugar de la irritación inicial, algo empieza a hincharse. La hinchazón crece y crece. En poco tiempo, se forma un pequeño montículo.

«Soplo, luego existo», proclama el viento, con gran condescendencia, mientras pasa por sobre del montículo, pausando brevemente en su paso. «Tú, pequeño montículo, no eres prácticamente nada para mí», añade. Pero, sin embargo, siente cierto obstáculo momentáneo como si, forzado a ascender, debiera ralentizar su paso un poco. Y cuando lo ralentiza, el ímpetu se afloja —muy ligeramente— dejando resbalar unos cuantos granos más. Y con cada grano, el montículo crece. Pronto parece un bulto constatable en la playa.

«Soplo, luego existo», vuelve a proclamar el viento, esta vez de forma más esperanzada que no gloriosa, a medida que se abalanza sobre la pendiente ascendente del montículo. Pero le hace falta un gran empujón para descollar la cima, y tras lograrlo, con un gran suspiro, libera su carga entera de arena levantada, que se desliza y desploma en el otro lado. En ese momento el montículo se dirige al viento:

«Tú, viento —que me creaste—, desde luego eres tu soplo. Cuando no soplas no eres nada. No puedo cogerte, ni meterte en una botella y decir:

Tres breves fábulas de autorrefuerzo

"Aquí tenéis, dentro de esta botella se halla el viento". No puedes, como la concha, ser recogido y coleccionado. Te tiendo una trampa, y te desvaneces. Pero yo me mantengo firme. Cuando dejes de soplar, seguiré aquí, quizás hasta que la lluvia o la marea primaveral se me lleve. Porque mientras que tú eres puro movimiento, yo soy puro asentamiento. Tú chillas; yo duermo. Tus formas son remolinos en el flujo del tiempo; las mías son pilones que se han desprendido de él. Tú eres historia; yo soy arqueología. Tu cese es mi constitución. Yo duro, y soy perdurable; tú eres efímero. Te jactas de cómo puedes arrancar árboles, hundir barcos y destruir edificios. Pero conmigo es justo lo contrario: cuanto más fuerte soples, y cuanto más rato, más alto me alzaré. Intentas tumbarme y mi fuerza no hace que crecer. ¡Soy invencible, eso está claro!».

Esto hace enfurecer al viento. «Parece que te crees —le dice al montículo— que podrás seguir creciendo, más y más alto, hasta que llegues al cielo. Lo cierto es que, si creces, es solo porque los granos que te constituyen están cayéndose continuamente. Tu forma es un estado perpetuo de hundimiento, ni más ni menos. Mi fuerza es tu inercia». Y tras esto, el viento empieza de nuevo a soplar, cada vez más fuerte. Al hacerlo, tira cual latigazo la arena de la cima del montículo, dispersándola bien lejos. Pronto, el montículo empieza a nivelarse hasta que, de nuevo, hay más arena depositada por el viento cuando sube que arena arrojada de la cima.

El viento y el montículo han proseguido desde entonces y para siempre con su disputa, luchando con vapor y granos. Ahora ya saben que ninguna de las dos partes se impondrá a la otra, y han llegado a una especie de tregua incómoda. Y así es como nuestro grupito de humanos los encuentran ahora, cuando reaparecen en la playa. A los seres humanos —especialmente los niños que se hallan entre ellos— les encanta excavar, y uno de ellos empieza a escarbar el montículo. A medida que cava más y más profundamente con su pala, como si buscara un tesoro escondido, se forma otro montículo. Como sucede con todas las empresas humanas, excavar hacia abajo significa construir hacia arriba, y construir hacia arriba significa excavar hacia abajo. Solo podemos construir si cavamos. ¿Y el suelo? Es simplemente la diferencia entre ambos, donde ascender y caer se invalidan el uno al otro.

¿Y qué hay de la concha con la que empezó todo? Si excavas lo suficientemente hondo, quizás la encuentres. Pero lo más probable es que ya se haya despedazado en añicos, de forma que ya no puede diferenciarse de la arena que antaño la rodeaba.

II

Había una vez un árbol. Creció cerca de la orilla de un río, y la corriente del agua, dragando la orilla, dejó al descubierto sus raíces. A veces, en tiempos de riadas, estas raíces acababan sumergidas y el tronco rodeado de agua. Pero fue el viento el que finalmente tiró abajo el árbol, durante una gran tormenta que asoló el bosque. Tras haberse derrumbado sobre el arroyo, las raíces quedaron secas patas arriba, y el tronco y las ramas quedaron ahora sumergidas, torcidas y golpeadas por las corrientes del agua en vez del viento. No obstante, el flujo del río no quedó del todo bloqueado, pues el árbol caído tan solo ocupaba la mitad de lo ancho, y había espacio suficiente para que el agua pudiera sortear el nuevo obstáculo. Además, el tronco y las ramas formaban solamente una barrera parcial, incluso ahí donde yacían. Ralentizaban el flujo, pero no lo detenían del todo.

Ahí postrado, el árbol rememoró con melancolía sus días pasados. Recordó cómo, cuando era un pequeño plantón luciendo sus primerísimas hojas, se había burlado de sus parientes mayores. «Miradme —había dicho—, puedo pillar la luz. No podéis mantenerme en vuestra sombra». Y agitando amablemente sus ramas cargadas de hojas, los grandes árboles le habían respondido: «Un día crecerás y serás tan majestuoso y fuerte como nosotros, pero tarde o temprano caerás y te pudrirás. No hay ningún árbol que se mantenga erguido para siempre. Si el viento no te tira abajo, entonces los hongos te comerán por dentro, y los pájaros carpinteros picarán tu carne putrefacta para alimentarse de los insectos que morarán en ella».

Cada año, sin excepción, los árboles grandes desprendían sus hojas, se precipitaba la lluvia y los hongos se ponían manos a la obra en el lecho empapado, convirtiéndolo en un humus rico y nutritivo. El plantón creció y creció: no mediante un laborioso proceso de apilar cosas, como hacían las hormigas del bosque, ocupadas con la construcción de un hormiguero cercano, sino a través de la extrusión de materiales a lo largo de su fibra. Porque la fibra del árbol consiste en líneas de crecimiento en vez de en partículas de materia, y se mantiene unida mediante nudos, y no gracias a la fuerza equilibrante de la gravedad. Cuanto más crecía en altura y más expandía su diámetro, más bajo tierra se extendían sus raíces. Y mayor era su sed de luz. Siempre que un rayo de luz penetraba el dosel, el árbol colocaba una hoja para cazarlo. Más hojas implicaba más humus, más humus implicaba mayor crecimiento de raíces, más crecimiento de raíces implicaba más brotes y más yemas foliares, más hojas implicaba más energía para crecer y más lecho para descomponer, etcétera. ¿Cesaría un día el ciclo? Y de ser el caso, ¿cuándo?

Pues un vendaval puso fin a todo eso. Y ese árbol antaño orgulloso ahora yacía ahí, humillado, ya no erguido sino postrado, y empapado de un elemento que nunca había conocido, excepto como lluvia del cielo. Las aguas fluviales gorgoteaban a su alrededor y se tronchaban, burlándose de la ignominia del árbol. «Envejeces y mueres —reían entre dientes—, pero nosotras somos siempre jóvenes. Nunca dejamos de fluir». Esto al árbol no le hizo ninguna gracia, y a medida que las mofas de las aguas ganaron en sonoridad, su humillación se convirtió en resentimiento, y su resentimiento en obcecación. «Ya verán —se decía a sí mismo—. Les daré una lección a estas aguas que no olvidarán». Y eso fue justo lo que hizo.

A medida que las aguas se acercaban, el árbol impedía su curso. Al ser ralentizadas, las aguas soltaban inadvertidamente la tierra que transportaban, recogida de las orillas y los lechos de tramos superiores. Paulatinamente, empezó a acumularse un banco de sedimento, llenando los huecos entre las ramas que anteriormente habían posibilitado el paso a las aguas. Y a medida que subía el sedimento, las aguas perdieron profundidad, pues su movimiento se ralentizaba incluso más debido a la fricción con el lecho. Las aguas que venían detrás cada vez se mostraban más impacientes. «Venga, id tirando —gritaban—; no podemos encallarnos aquí, hay más detrás de nosotras. ¡Rodead ese árbol!». Así que las aguas lo rodearon, solo para acabar chocando con todas las fuerzas contra la orilla opuesta a la que había caído el árbol.

Su choque contra la orilla, sin embargo, era suficiente para enviar las aguas de regreso a la otra orilla, a toda velocidad. Y en el punto de impacto, donde rebotaban las aguas, la orilla empezó a derrumbarse. La colisión constante con las aguas la estaba desgastando. El banco de arena creciente en uno de los lados estaba provocando que las aguas generaran un recodo en el otro. Y corriente abajo, se estaba formando otro recodo en la primera orilla, porque las aguas también la estaban golpeando de rebote. Esta era la nueva situación. El cauce anteriormente recto de las aguas se había convertido en un eslalon. «Míranos —gritaban las aguas al árbol caído al pasar susurrando—, esto mola». Pero con cada susurro, su velocidad disminuía. Pronto se vio reducida a un serpenteo estancado.

El viejo árbol, ahora seco en lo alto del banco de arena donde había estado prácticamente encajonado del todo, suspiró satisfecho. Finalmente había agenciado su justo castigo, largo y tendido: quizás no una victoria rotunda, pero sí un ajuste de cuentas. Porque el río que antes se había mofado de él, jactándose de su juventud eterna, ahora había sido condenado a vagar impotente para siempre, de aquí para allá. Ya no se escuchaban sus carcajadas o risitas. Más bien se arrastraba hacia abajo, malhumorado y taciturno.

Eso fue así por lo menos hasta que otra impresionante tormenta, y la riada que la siguió, se cernió sobre el banco de arena y se llevó con ella la totalidad del árbol, desbordando los meandros y dejándolos como estancos en forma de arco. ¿Y el árbol? Finalmente se abrió camino hasta el mar, donde todavía sigue flotando, perdido entre innumerables troncos y ramas distintos, arrojados al océano como madera a la deriva. Algunos son arrastrados hasta la orilla, y la gente los utiliza como combustible o material de construcción. Pero otros navegan por los mares para siempre, o se suman a los restos de naufragio que se hallan en las profundidades. Quizás esto es lo que le sucederá a nuestro árbol, o quizás —tras acabar escupido en una playa arenosa— será el impulsor de la formación de otro montículo.

III

Los ciudadanos se estaban quejando. «Nuestras calles están atestadas de tráfico —refunfuñaban—. Fueron diseñadas para burros, no para coches. Son demasiado estrechas, serpentean, y no hay espacio para aparcar. Los negocios locales están sufriendo. Necesitamos un plan urbanístico que se adecue al mundo del mañana, no al mundo del ayer». Después de una larga campaña, el consejo municipal decidió hacer algo al respecto. «Ensancharemos y enderezaremos las calles —dijeron—, incluso aunque esto implique tirar abajo algunos edificios viejos. Y construiremos un cinturón de ronda para todos los vehículos que no quieran detenerse aquí».

La gente se puso contenta. Llegaron grandes máquinas: niveladoras, excavadoras, apisonadoras. Aparecieron hombres con cascos. Así como también el primer ministro, que se puso un casco para que la prensa le hiciera una foto. Ahí estaba, hombro a hombro con los obreros, ataviado para la labor. «Nuestro Gobierno se lo está tomando en serio —pensó la gente—. ¡Deberíamos votarlos!».

Después de muchos meses, el trabajo se dio por concluido. Amainó el ruido; los hombres se fueron con sus máquinas. El primer ministro reapareció, ya no con un casco, sino con tijeras y una cinta roja. Primero cerraron la carretera con la cinta, y luego el dirigente la cortó para inaugurarla. Todo el mundo aplaudió, y la vida siguió su curso.

Al principio, todo fue bien. El comercio local ganó en dinamismo, y muchos negocios decidieron ampliarse. Ya que el centro de la ciudad era de espacio limitado, optaron por aprovecharse de la nueva ronda construida, y se edificaron vastos complejos en la periferia. La ampliación trajo consigo a nuevos residentes que necesitaban casas. Afloraron propiedades construidas apresuradamente en los terrenos bajos de alrededor de los límites de la ciudad. Las personas que vinieron a vivir ahí también necesitaban coches para llegar al trabajo y a los nuevos centros comerciales. Los concesionarios estaban atestados de gente.

Más gente, más coches. En vez de ir a toda velocidad por la ronda, esta estaba siempre atascada de vehículos. Los malos humos de los conductores y los malos humos de los tubos de escape saturaron el aire. Cada vez había más casos de enfermedades asmáticas y vinculadas al estrés. «Necesitamos una nueva ronda —dijo la gente— que desvíe el tráfico de paso por fuera de la ciudad, ya que la vía actual está colapsada. Y necesitamos un aparcamiento subterráneo en el centro». Regresaron las máquinas, los obreros, y el primer ministro —uno distinto— con su casco. Pero en esta ocasión, la gente se quejaba también de otra cosa.

«Necesitamos gasolina para conducir nuestros coches —dijeron—. Pero se están agotando los suministros de petróleo, y el precio no para de ascender. No nos lo podemos permitir». El dirigente les dijo que no se preocuparan. «Mi gobierno —afirmó— se compromete a invertir en nuevas tecnologías que nos permitirán alcanzar suministros ilimitados de petróleo. Taladraremos a lo largo y ancho del territorio, más hondo de lo que se ha taladrado nunca antes. Y de ahí saldrá petróleo a borbotones».

Así que construyeron el nuevo cinturón de ronda, perforaron el terreno, sacaron el petróleo. La gente pudo conducir sin problemas, y la vida siguió su curso. Luego vino la lluvia.

Primero hubo solo un chaparrón, que supuso que se colocaran señales de alerta en las rondas, advirtiendo a los conductores de las malas condiciones. Pero vino más lluvia, y luego incluso más. El primer ministro volvió a aparecer, para que le hicieran una foto, esta vez no con un casco, sino vistiendo botas de goma recién adquiridas. Vadeó las calles de la ciudad y se mostró empático hacia los vecinos. Prometió que, una vez se detuviera la lluvia, no repararían en gastos a la hora de limpiar y arreglar los desperfectos. Pero el dinero no puede detener la lluvia. Y la lluvia no se detuvo.

Algunos culparon a los políticos. Algunos culparon a los campesinos por haber antepuesto sus ganancias al sentido común, con métodos agrícolas que causaron una escorrentía mayor de los terrenos. Algunos miraron en dirección al cielo y pusieron en blanco los ojos. Pero otros argumentaron que los gases de escape de los coches, tras contaminar la atmósfera, habían puesto el clima patas arriba. Se formó una larga fila de científicos que querían aseverar que todo se debía al cambio climático antropogénico, causado por la acumulación de gases de efecto invernadero. Y advirtieron que ya se había sobrepasado un punto de inflexión. Cada incremento de calentamiento solo tendría el efecto de liberar gases a la atmósfera o redirigir corrientes oceánicas de tal manera que la desestabilización sería cada vez peor. El espiral del cambio climático, dijeron, era autorreforzante e irreversible.

La lluvia siguió cayendo, y la ciudad —ahora completamente sumergida bajo el agua— ya no era un lugar habitable. Los pocos que se habían rezagado hicieron sus maletas y se fueron. La vida siguió su curso, pero siempre en otro sitio.

Han pasado muchos siglos, y estás paseando por un entorno desértico, bajo el brillo cálido del sol. En su mayor parte ha quedado atestado por la arena transportada por el viento, pero algunos arbustos, adaptados a las condiciones áridas, se asoman aquí y allá. Y en algunos sitios, también la arena ha generado pequeños montículos. Cavándolos, a veces te topas con un pedazo de hormigón, un ladrillo roto, una protuberancia de asfalto o metal oxidado. «En otra época aquí hubo gente —dices—, pero no sabemos quiénes eran». Y la arena y el viento, absortos en su disputa eterna, están demasiado ocupados para siquiera percatarse de ello.

LÍNEA, PLIEGUE, HILO

Introducción

Empezamos nuestras correspondencias en lo más hondo de los bosques. Después, dirigiéndonos a la costa, nos embarcamos en un ascenso desde la orilla hasta el cielo, a través de colinas y montañas, para volver a caer finalmente a la tierra. Tras posarnos ahí, giramos con el suelo, rebajamos el perfil y nos aventuramos bajo tierra. Nos hemos relacionado con los elementos a la hora de narrar, a través de sus voces, las historias de la tierra a lo largo de los siglos. Nuestro siguiente paso nos llevará de esas conversaciones con las cosas terrestres a correspondencias en palabras: del suelo a la página; del andar y el volar al escribir; de la recolección de hojas en los bosques a su encuadernación en el libro.

La transición, descubrimos, es fluida. Pasamos, sin interrupción, de los surcos de la tierra labrada al alambre de la cerca; de la sombra proyectada por el alambre sobre el suelo a la imagen negativa que se proyecta en el cianotipo o la placa fotográfica; de la imagen a su positivo, el hilo material; y de la iteración y serpenteo del hilo a las oscilaciones de la línea de escritura a medida que va tejiendo su trazo errático a través de la página. No cruzamos ninguna frontera ontológica cuando pasamos del mundo a las palabras. Pero a medida que avanzamos, vemos que el ambiente del aire libre se desvanece paulatinamente. En vez de los bosques y campos donde solíamos deambular, nos hallamos en interiores, en el entorno familiar del despacho, sentados en un escritorio y escribiendo nuestras líneas. Desde donde estamos sentados, el aire libre solo puede imaginarse o verse a través de una ventana. Por mucho que intentemos alcanzarlo, lo único que conseguimos es dejar una rayadura en el vidrio.

Antes de embarcarnos en los siguientes ensayos, sin embargo, te aconsejo que lleves a cabo un experimento sencillo, que puedes realizar en casa muy fácilmente. Coge una hoja de papel y traza con una regla una línea recta atravesándola en la dirección que quieras. Luego deforma el papel metiéndolo firmemente en tu puño. Lo que solía ser una superficie plana de dos lados ahora se ha convertido en una especie de pelota, con una piel irregular y retorcida. En su mayor parte la línea que trazaste ha desaparecido en el interior de sus tripas, aunque quizás veas atisbos de ella aquí y allá. A continuación, alisa el papel sobre una mesa plana (Figura 21(a)-(c)). Verás que ha adoptado el aspecto de un paisaje surcado, con un patrón complejo de crestas y valles. Iluminada desde un lado —por un sol bajo en el cielo, por ejemplo—, las crestas que dan a la luz sitúan en la sombra sus caras de sotavento, dotando la totalidad de la superficie de una textura sutilmente abigarrada. Sorprende ver cómo, partiendo del más sencillo de los principios, puede emerger una superficie de semejante complejidad. Pero quizás lo más sorprendente es el destino de la línea trazada. Porque parece cabalgar sobre las subidas y bajadas como si no estuviera afectada por ellas. ¿Se ha convertido en su propia sombra? Ten presente esta pregunta a medida que vayas leyendo.

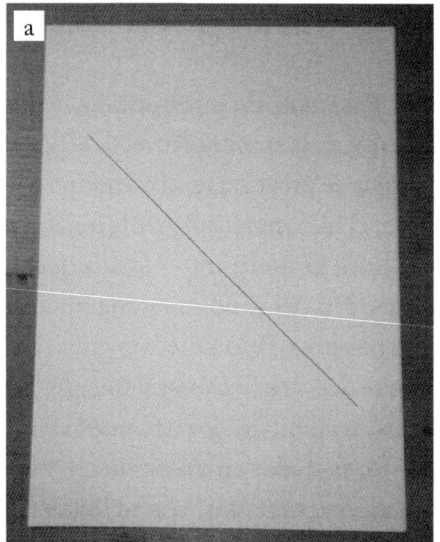

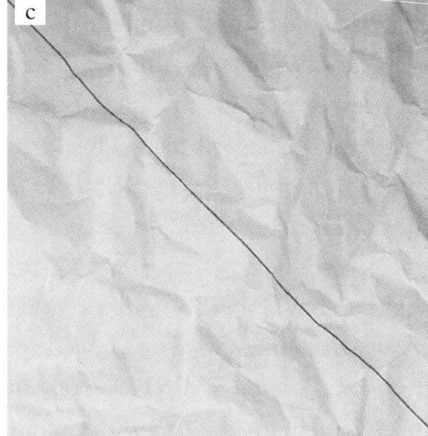

Figura 21 (a)-(c). Hoja de papel con línea trazada con regla (a), hecha una pelota (b) y una parte de la hoja aplanada (c). (Fotos del autor).

Líneas en el paisaje

Gran parte del terreno en el Anglia Oriental es muy plano. Antaño fueron marismas de agua salada y dulce, peligrosas para aquellos que no conocían sus contornos, y solo podían recorrerse en embarcaciones. A lo largo de los últimos siglos, sin embargo, las marismas se han ido drenando. Las tierras recuperadas se han entregado a la agricultura; ricas en minerales, dan cosechas abundantes. En una serie impresionante de imágenes, la fotógrafa Nisha Keshav ha querido capturar la esencia de este paisaje agrícola, con sus grandes extensiones de tierra, cielos enormes y horizontes anchos. Cuando me pidió que escribiera una introducción a la exposición de su obra, que había decidido llamar Líneas en el Paisaje, *sentí curiosidad. «¿Por qué líneas?», me pregunté. Una de sus fotos presentaba un gran campo recién labrado bajo un cielo primaveral (Figura 22). La imagen podía dividirse a grandes rasgos en cuatro tiras horizontales: en el primer plano, un lecho amarillo-verde de hierba alta, luego el marrón de tono oxidado de la tierra labrada desvaneciéndose en la distancia para dar paso a un fino grupo, color verde oscuro, de árboles frondosos, y —sobre el horizonte delimitado por el dosel— el azul-convirtiéndose-en-blanco de un cielo empedrado. Si tuvieras que copiar la imagen utilizando solo un papel y un lápiz, quizás dibujarías las hierbas como un montón de líneas cortas y rectas, los surcos del labrado como líneas que convergen hacia un punto de fuga, y el linde del campo y el dosel-horizonte como líneas horizontales crudas atravesando el folio. La pregunta es: ¿están ahí realmente alguna de estas líneas, o existen únicamente en los ojos de la mente humana? Al dibujarlas, ¿estás simplemente siguiendo una convención gráfica que cualquiera acostumbrado a la plasmación basada en la perspectiva puede entender e interpretar, o estás contribuyendo —en el paseo de nuestros ojos y los gestos de mano correspondientes— a procesos que constituyen el mismo paisaje?*

Línea, pliegue, hilo

Figura 22 Líneas en el paisaje (foto de Nisha Keshav).

¿Hay líneas en el paisaje? Muchos dirían que no las hay. «¿*Líneas*? Yo no veo líneas», declaró el gran artista Francisco Goya, o eso cuenta la leyenda.[48] Observa los surcos de una tierra labrada: la superficie del suelo es ondulada, y la luz solar angulada ilumina las crestas de un lado a la vez que deja depresiones en el otro, bajo su sombra. No hay líneas, sin embargo, que puedan detectarse en el mismo suelo. Observa las semillas que crecen en las crestas: quizás pensemos que han sido plantadas a lo largo de líneas, pero somos nosotros quienes las alineamos, en nuestra imaginación. Por sí solas las plantas, cada una arraigada en un punto concreto, no mantienen tal conexión. Ahora observa los troncos de los árboles: a nuestros ojos, quizás presenten límites oclusivos, obstruyendo desde un punto de fuga concreto lo que se halla justo detrás. Quizás dibujemos estos límites como líneas paralelas, pero sabemos que las formas reales de los troncos de los árboles son variaciones cilín-

---

48. Citado en Edward Laning, *The Art of Drawing*, Nueva York: McGraw Hill, 1971, pág. 32.

dricas. Incluso los peldaños de una tranquera o los cables eléctricos parecen no tener líneas cuando los observas de cerca.

También sería este el caso, parece, del helecho, el cardo y el junco. Su crecimiento revela un patrón dendrítico, pero un tallo es un tallo, una caña es una caña y una hoja es una hoja, esto no son líneas. Ni tampoco lo son las acequias que han sido realizadas en la tierra para drenar las marismas: quizás sean rectas, pero ahí donde el agua se topa con la tierra y se mezcla con los tallos de las plantas, no hay líneas. Los bordes de un campo, donde la tierra marrón da paso a hierbas verdes, presentan un contraste de color, pero ahí no hay inscrita ninguna línea. Un buen día de sol con brisa, alza los ojos al cielo: los cirros parecen plumosos, dices, pero están tan poco compuestos de líneas como las alas de un pájaro; los juncos, movidos por el viento, se balancean todos hacia una dirección, pero las direcciones son abstracciones de manufactura humana, no están presentes en el mundo. Y en cuanto a la línea del horizonte, por muy lejos que busques, no la encontrarás, como tampoco hallarías el mítico final del arcoíris.

Pero si realmente no hay líneas en el paisaje, ¿entonces cómo es posible que, sirviéndonos de un lápiz y un papel, podamos delinear tan fácilmente los lindes o los surcos de un terreno labrado; los troncos y las ramas de los árboles; las torres de alta tensión y los cables colgantes; los tallos y las hojas de las plantas; los bordes de una acequia o la ondulación de una nube; o incluso el mismísimo horizonte donde, en nuestra percepción, la tierra parece conectarse con el cielo? ¿Y cómo es que estos rasgos son tan inmediatamente reconocibles cuando mostramos nuestro esbozo a un amigo que nunca ha visitado ese lugar? ¿De dónde vienen las líneas dibujadas en el esbozo, si no hay líneas observables en el mundo de los fenómenos? ¿Están simplemente dentro de nuestra cabeza? ¿Podemos interpretar el esbozo solo porque compartimos una serie de convenciones más o menos arbitrarias que nos permiten «leer» líneas rectas convergiendo en un punto de fuga como surcos, garabatos de densidad variable como follaje, y una única línea recta dividiendo la parte superior de la inferior como horizonte?

Ha habido generaciones de teóricos y escritores que han alegado precisamente esto. Las líneas, dicen, son una expresión visible de cómo la mente humana separa el continuo de la naturaleza en regiones, objetos o entidades

Línea, pliegue, hilo

que puedan ser identificadas y nombradas. Diferencian las cosas: aquí el terreno, ahí el cielo; aquí la tierra, ahí el agua; aquí una torre de alta tensión, ahí un cable; aquí el dosel de un bosque, ahí el aire libre. Sin líneas, decimos, nunca seríamos capaces de distinguir ninguna cosa de otra: el mundo sería simplemente una enormidad borrosa y multicolor. Pero en sus fotografías, Nisha Keshav demuestra, sin lugar a dudas, lo muy desencaminados que van aquellos que dicen que las líneas no son más que figuras del pensamiento humano que no tienen ningún equivalente en el mundo habitado. *Hay* líneas en el paisaje. En efecto, estas fotografías son un expresivo testimonio del hecho de que cada paisaje vivo no es ni más ni menos que una composición de líneas y elementos.

Dibuja una línea con un lápiz en un papel y obsérvala detenidamente, bajo lupa. ¿Qué hay ahí excepto un borrón alargado de grafito, de anchura y densidad variables, de bordes irregulares, y raído de la punta del lápiz por las abrasiones de la superficie del papel? Bien, pues si esto todavía puede considerarse una línea, ¿por qué no las roderas que dejan los neumáticos en la nieve, por qué no las estriaciones rastrilladas en un campo cultivado, por qué no el surco de una zanja de drenaje (Figura 23)? No podemos aseverar que la marca de lápiz en el papel es una línea, pero sí negarles esa calidad a las marcas de la labor y la residencia en la tierra. ¿Por qué debería el encuentro y la mezcla de grafito y papel, a lo largo de la línea trazada con lápiz, ser diferente, en principio, del encuentro y la mezcla del agua con los bancos de juncos a lo largo de la longitud de la zanja? Si la línea dibujada se forma a partir de la fricción del grafito contra el papel, ¿los surcos del campo no se forman igualmente a partir del laborioso arrastre del rastrillo o la reja contra la resistencia de la tierra? Si la primera es una línea, las segundas también lo son. Las líneas como estas tienen una presencia material; no son significantes flotantes cuyo único hogar aceptable es el reino de las imágenes. No son metafóricas, sino reales. Y lo más importante es que todavía no se han escindido, o separado, de los elementos de los cuales han sido formadas, entre ellos, la tierra arrugada, el aire turbulento, las precipitaciones y la luz solar.

Hay líneas en el paisaje porque cada paisaje se forja en el movimiento, y porque este movimiento deja rastros materiales en los varios senderos por

Líneas en el paisaje

Figura 23 Campo arado, zanja de drenaje y madera (foto de Nisha Keshav).

Figura 24 Estorninos posados en cables (foto de Nisha Keshav).

donde avanza. Percibir estas líneas no significa ver las cosas tal como están, sino ver las direcciones hacia las cuales se están moviendo las cosas. Es ver los granos, texturas y flujos; no sus trazados o envolturas formales. Percibimos el borrón de grafito en un papel como una línea porque vemos en qué dirección va, y eso no es diferente al surco, la nube y el junco. En cualquier caso, la línea puede diferenciarse de su elemento, pero no el elemento de la línea. La marca del lápiz se distingue del papel, pero no el papel de la marca; el surco se distingue de la tierra, pero no la tierra del surco; las nubes, del cielo, pero no el cielo de las nubes; los juncos, de los lechos inundados, pero no los lechos de los juncos. Vuelve a observar las estriaciones del campo, generadas por la labor humana, empapadas de agua pluvial y azotadas por el viento bajo el cielo luminoso. Estas son líneas de fuerza y fricción, y se entretejen con el paisaje a medida que las labores agrícolas se entrecruzan con el agua corriente, con el vuelo de los pájaros y con los cables eléctricos sobre los cuales se posan los pájaros en un momento de respiro (Figura 24). Sí, hay líneas en el paisaje, y las fotografías de Nisha Keshav son la prueba de ello.

La chocla y la sombra

Este ensayo, que me encargó el director artístico Benjamin Grillon, fue escrito originalmente para acompañar un proyecto fotográfico de los artistas Matthieu Raffard y Mathilde Roussel. El objetivo del proyecto era explorar la relación entre espacio, retícula y línea en la construcción de imágenes. Raffard y Roussel estaban especialmente interesados en la chocla, una herramienta sencilla que todavía se usa ampliamente en la industria de la construcción para marcar superficies con líneas rectas. Un cordón de nilón, cubierto de tiza blanca o azul, se extiende a través de una superficie. Cuando se puntea, vibra, dejando inmediatamente una marca en la superficie a lo largo de toda su longitud. Esta línea, que atraviesa la distancia más corta entre dos puntos, ¿es indiferente a la obstrucción de la superficie, es una abstracción de los materiales sólidos del lugar de la obra? ¿O son su peso y tensión la expresión material y tangible de las líneas geométricas y nocionales del diseño arquitectónico? Por supuesto, es ambas cosas, una especie de eje en el equilibrio entre los mundos conceptual y material. En eso yace su particular utilidad.

Estoy visitando la ciudad de Hammerfest, en la costa del norte de Noruega. Es un día soleado de septiembre, y estoy avanzando por una senda conocida y muy recorrida en la periferia de la ciudad. A lo largo del camino, las autoridades municipales han erigido una valla, hecha de alambres horizontales tensados entre postes clavados en intervalos en el suelo. A medida que ando, me doy cuenta de cómo el cable más elevado de la valla proyecta una sombra. Ante mi asombro, la sombra avanza cual franja oscura directamente a través de la línea media del campo. Aunque la superficie del sendero es por sí misma un tanto irregular —una mezcla de piedra, barro y grava, desgastada por el paso de innumerables pies—, la franja pasa sin problema por encima de todos los obstáculos, sin nunca desviarse de su rumbo. Y lo que es más destacable, se desvanece instantáneamente, junto a la totalidad de su longitud visible, en el momento en que el sol se esconde detrás de una nube, solo para reaparecer, como si fuera por arte de magia, cuando el sol vuelve a asomar. No puedo evitar preguntarme sobre la extrañeza de esta línea, y en particular sobre cómo difiere de las líneas del mismo sendero y de la valla de alambres.

Lo peculiar del sendero es que continuamente se diferencia del suelo sin nunca separarse de él. Si me preguntas cómo discurre el sendero en el suelo, te lo podré decir; si me preguntas qué es suelo y qué es camino, seré incapaz. Porque el camino no está echado *sobre* la superficie del suelo, sino que más bien emerge como diferencial *en* ella; marcado, por ejemplo, por un deterioro adicional, el pisoteo de la vegetación o la erosión de la tierra. En este sentido, es muy parecido a una línea dibujada con un lápiz. Cuando trazas una línea en una página, la línea emerge como el trazo del punto del lápiz movido por el gesto de tu mano. En el caso del camino, es el movimiento de los pies, no la mano, lo que deja marca. Sin embargo, igual que la línea dibujada, el camino lo forma la continuación de un movimiento corporal *a medida que avanza*. Por supuesto estoy andando por donde muchos otros anduvieron antes, y en ese sentido la línea ya está ahí para que la siga. Pero, al seguirla, estoy contribuyendo, aunque sea de forma insignificante, a su perpetuación.

En el caso del alambre, no obstante, parece que sucede justo lo contrario. Porque lejos de ser establecido por el paso de pies o manos a medida que avanzan, el alambre ha sido tensado entre postes ya clavados en el suelo. Parecería que, en el alambre, el trayecto del camino ha sido desbaratado y reconstruido como una secuencia de puntos aproximadamente equidistantes y las conexiones en línea recta que existen entre ellos. Al alambre, además, le dan absolutamente igual los rasgos de la superficie del suelo sobre el cual cuelga, como también le da igual el alambre al suelo. Andando por el camino, no tengo ninguna dificultad a la hora de diferenciarlos.

Pauso un momento para mirar el mar y observo cómo un barco cargado de gas natural licuado de una refinería próxima surca por el canal estrecho que separa el continente de las islas colindantes. Imagino al capitán del barco, con la carta de navegación en pantalla, trazando el rumbo de un punto a otro. Las líneas de su carta, me parece, quizás tengan tan poca relación con la superficie real del mar como la que mantiene el alambre de la valla con la superficie del suelo. Pero si en este sentido la línea de navegación se parece al alambre tensado, en otro sentido no podrían ser más distintos. Porque el rumbo trazado existe únicamente en una pantalla, ha sido mapeado en un plano nocional de representación cartográfica. El alambre, en cambio, tiene una presencia real y sustantiva en el mundo. Tiene un cuerpo, un color, una textura. Puedes tocarlo y sentirlo. Si lo punteas, vibra. Si lo azotan fuertes vientos, incluso puede generar un sonido.

Volvamos a lo esencial. Esta diferencia en la línea recta, entre el ideal abstracto y la presencia fenomenal, ha estado entre nosotros desde los primerísimos orígenes de la geometría. En los *Elementos* de Euclides, una línea recta se define mínimamente como la distancia más corta entre dos puntos. Como tal, es puramente racional y conceptual. Infinitamente delgada, se traza en un plano que es tanto transparente como falto de sustancia. Sin embargo, los primeros geómetras —literalmente «medidores de tierra»— de quienes tenemos algo de conocimiento eran los topógrafos del Antiguo Egipto, que jalonaban parcelas para los cultivos después de cada crecida anual del Nilo, tensando cuerdas entre palos clavados al suelo. No es para nada fortuito, por otro lado, que sea en la antigüedad egipcia donde hallamos los primeros indicios de un método para marcar las piedras antes de cortarlas que ha sido utilizado ampliamente por los canteros desde entonces. Un hilo, espolvoreado de almagre, era tensado a través de la superficie del material que debía ser cortado. Tirando o chasqueando el hilo, causando así su vibración, dejaba instantáneamente un trazo de ocre perfectamente recto sobre la superficie, que luego guiaría la mano del cortador.

Bien, si el origen de la línea recta yace en el hilo tensado, desde luego no es descabellado aseverar que las primeras líneas rectas que fueron trazadas en superficies fueron chasqueadas en vez de dibujadas con la mano. A día de hoy, el material preferido es tiza blanca o azul, y la cuerda suele ser de nilón, enrollado en una bobina, pero por lo demás la técnica básica no ha experimentado ningún cambio sustancial (Figura 25). Para marcar la superficie para cortar, en el lugar de la obra, desenrollas la cuerda, la tensas sobre la superficie y la dejas ir para que aparezca el trazo.

A medida que ando, siguiendo la franja de sombra arrojada por el alambre de la valla, me pregunto si la chocla podría darme una pista sobre la re-

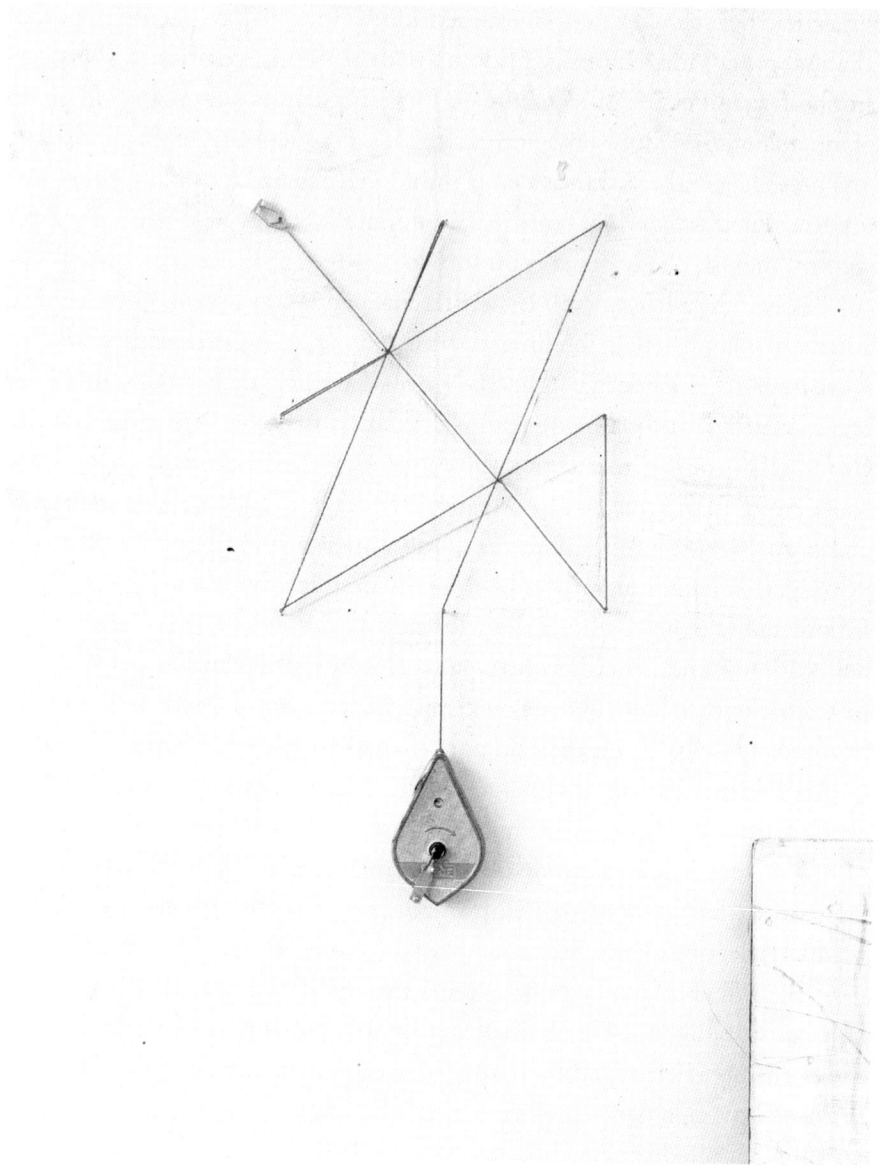

Figura 25 Chocla (2019), de Matthieu Raffard y Mathilde Roussel (foto cortesía de Benjamin Grillon Studio).

lación entre el alambre y la franja. Porque de repente caigo en la cuenta de que esta relación es comparable a la que existe entre la chocla y su trazo (Figura 26). Tienen en común que la fuerza que activa la línea, ya sea de tiza o alambre, se precipita sobre ella no longitudinalmente —como andar por un sendero o dibujar con un lápiz—, sino transversalmente. Los dedos puntean la cuerda como los rayos de sol impactan a lo largo del alambre, ortogonalmente a la línea de tensión. Tanto cuerda como alambre, además, arrojan instantáneamente una sombra, a lo largo de la totalidad de su longitud. Esta sombra, aparentemente flotando sobre la aspereza de la superficie, indiferente a sus variaciones, se combina con la superficie sin tocarla en absoluto, o eso parece. Y así como el constructor sigue la sombra cuando corta el material, yo la sigo con mis pies cuando recorro el camino.

Existen diferencias, por supuesto. Para empezar, la luz radiante del sol no puede tirar del alambre igual que el dedo del constructor tiraría de la cuerda de su chocla, haciéndola vibrar. Por otro lado, aunque la sombra de la chocla permanece cual residuo material, mucho después de que la cuerda haya cesado de vibrar, la sombra del alambre se desvanece en el momento que desaparece el sol. Tiene la misma poca sustancia que un fantasma. Si tocas una sombra así, no te manchará las manos. Ni tampoco puedes barrerla, por supuesto. Solo una nube podría hacer eso. Pero no todas las sombras son tan efímeras. En una placa fotográfica o un cianotipo, expuestas a la radiación, aparecen líneas como sombras indelebles arrojadas sobre la superficie. Pero a diferencia de la cuerda entizada, que deposita su pigmento solamente en la línea de contacto con la superficie, en el caso de la placa o el cianotipo, la totalidad de la superficie está pigmentada a excepción de las líneas mismas. Son negativos. Como también lo es la franja oscura de sombra arrojada sobre un camino por lo demás iluminado. La línea de tiza, sin embargo, es un positivo.

Con estos pensamientos pesando en mi mente, sigo con mi camino. En la lejanía del fiordo, el barco desaparece de la vista, su avance siguiendo la pista del navegante. Pero durante las horas de luz, la franja seguirá apareciendo y desapareciendo para siempre a medida que sale y se va el sol, mientras la tierra baldía va quedándose cubierta de nieve, hasta que —bien entrado el invierno ártico— el sol mismo quede eclipsado en la sombra de la Tierra.

Línea, pliegue, hilo

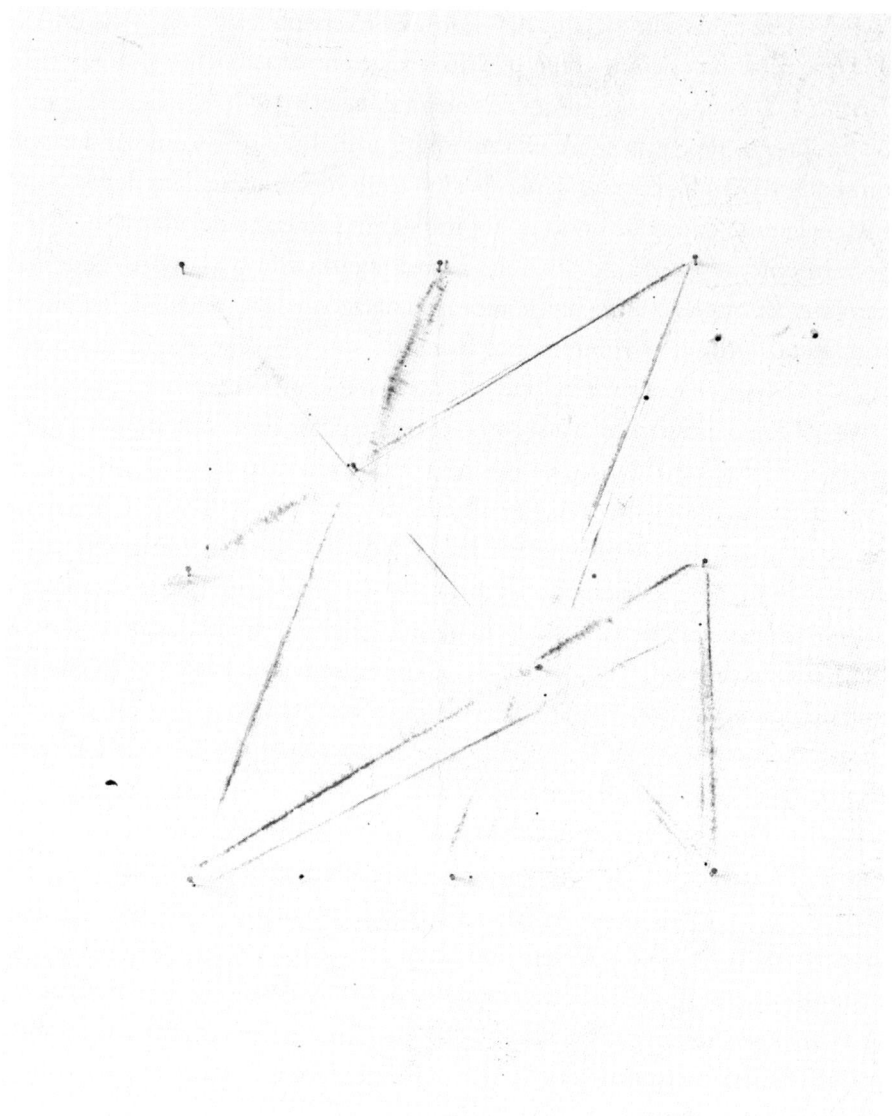

Figura 26 La sombra de la chocla (2019), de Matthieu Raffard y Mathilde Roussel (foto cortesía de Benjamin Grillon Studio).

Pliegue

Un término geográfico utilizado para referirse a la línea de elevación más baja formada donde se intersecan dos pendientes, haciendo un sendero o rambla natural a través de las colinas, es talweg *(literalmente 'la vía del valle'). En efecto, el talweg es un pliegue en el paisaje, y el río y el sendero lo siguen. No sorprende que* TALWEG, *una revista literaria y artística dedicada a las reflexiones sobre la línea, decidiera que el concepto de 'pliegue' sería el tema de su primer número.*[49] *Mi contribución fue un pequeño poema que rastrea el significado original del término, desde el pliegue del periódico, a través de la acción de plegar ropa y las rocas plegadas hasta la congregación del rebaño. Los pliegues son múltiples. Pero como las líneas de pliegue que arrugan las superficies del mundo, o que pueden hacerse en una hoja de papel primero hecha pelota y luego alisada, todas son variaciones de uno.*

Pliegue
Donde codo con codo es espalda con espalda o cara a cara.
¿Qué secretos yacen entre las sábanas de la cama o las hojas del periódico
donde palabras como cuerpos se tocan y besan en una intimidad invisible?
Para leerse, las páginas deben abrirse,
y páginas que antaño habían sentido el pulso unas de otras
deben mantenerse apartadas como si nunca se hubieran conocido,
divididas por una doblez.

---

49. *TALWEG 01*, Estrasburgo: Pétrole Éditions, 2014, ver *http://www.petrole-editions.com/editions/talweg01*

Pliegue
Hace volúmenes de superficies
empaquetadas en cajones y maletas,
incluso como la plancha de ropa hace superficies de volúmenes.
El pañuelo arrugado y los bolsillos protuberantes yacen planos sobre la tabla,
La vida les ha sido exprimida. Ropas bien apiladas sobre la estantería,
a salvo de poros sudorosos y extremidades intranquilas,
solo son aptas para las sombras.

Figura 27 Encuentro de letras a través de un pliegue (foto del autor).

Pliegue
La misma superficie de la Tierra,
se dobla y tuerce cuando la comprimen inimaginables fuerzas.
Andar por viejas montañas es como cruzar las aristas de una concertina,
gastada tras milenios de erosión. El tiempo mismo pierde su alineación,

Pliegue

de forma que,
ante la perplejidad de los geólogos,
estratos más antiguos descuellan a los que siguen.

Pliegue
Dos, cuatro, muchos;
una cosa que se multiplica en crecimiento y diferenciación
como el rebaño de un ovejero o la congregación de un pastor.
Paseos y formas de vida reunidos en una iglesia o corral,
donde pueden ser contados.
Multiplicidad envuelta en un sitio, juntada, toda en una.

Sacar un hilo de paseo

En el mundo de los materiales, no puede haber líneas sin superficies, ni superficies sin líneas. Donde existan las superficies, tiene que haberse formado de algún modo a través de un entretejido lineal de materiales. Y donde existan las líneas, deben estar o bien trazadas en una superficie o hiladas a través de ella. Pero dado que los diversos tipos de líneas, trazos e hilos tienen propiedades fundamentalmente distintas, este es precisamente el tema de este ensayo. Lo escribí tas visitar el estudio de Anne Masson y Eric Chevalier, dos artistas textiles basados en Bruselas.[50] Al entrar al estudio, me encontré en un mundo donde todas las cosas familiares que nos rodean en el día a día, como la ropa o el mobiliario, están hilándose y deshilándose, formando patrones maravillosos e inesperados en el proceso. Las líneas se habían hecho con el control. Un ovillo de lana se estaba convirtiendo en una camiseta… ¿o estaba la camiseta convirtiéndose en un ovillo de lana? Las sillas, sus asientos deshilándose enmarañados, se estaban entretejiendo entre ellas, privándonos de un sitio donde sentarnos. Ganchos diseñados para colgar cosas se estaban colgando unos a otros, sin ningún miramiento por las cosas que deberían estar colgando de ellos.

Enrollarse, enredarse y colgarse son cosas que puedes hacer con hilos que no puedes hacer con trazos. También pueden tensarse y puntearse. Y pueden cortarse. Todas estas son aflicciones de la carne, en sí misma un tejido de líneas de hilo. ¿Qué sucede, pues, cuando la carne resulta herida?

Paul Klee dijo que dibujar es como sacar a pasear una línea, una de sus declaraciones más célebres. Cada línea dibujada es el trazo de un gesto, una marca dejada en una superficie por un punto en movimiento (ver pág. 102). Pero el trazo solo es un tipo de línea. Otro tipo es el hilo, que es igual de

---

50. Publicado por primera vez en Anne Masson y Eric Chevalier, *Des choses à faire*, Gante: MER, 2015, págs. 71–9.

oblicuo. ¿Qué pasaría si sacáramos a pasear un hilo? Hay algunas diferencias, por supuesto. Para empezar, a diferencia del trazo, que simplemente se extiende a medida que avanzas, el hilo primero debe hilarse. Incluso antes de que empieces a andar, la línea ya debe estar preparada, y muy probablemente habrá estado enrollada, en un ovillo o un carrete. También puedes dar cuerda a una línea dibujada, a través de un movimiento de rebobinación con el lápiz no muy distinto al movimiento de enrollar un hilo, como se muestra en la Figura 28. Lo que no puedes hacer con un trazo, sin embargo, es desovillarlo; ni tampoco, tras hacerlo, volver a ovillarlo. Ni tampoco puedes moverlo hacia arriba o abajo ni cambiar su composición, aunque por supuesto puedes borrarlo, algo que no puedes hacer con el hilo.

Por otro lado, es posible estirar un hilo. Un hilo estirado queda recto y tenso, como la cuerda de un violín. Puntea o frota la cuerda, y vibra. Un trazo no puede vibrar. Quizás pueda grabar vibraciones, como lo hace un sismógrafo, por ejemplo, que deja registradas las vibraciones del suelo durante un terremoto. Pero en el violín, es la cuerda misma la que vibra. Otro ejemplo de hilo tensado es la urdimbre del telar. También hay razones para pensar que las líneas urdidas del telar fueron el prototipo de las líneas regladas del manuscrito, desembocando en un paralelismo entre las oscilaciones de la trama en la tejeduría y de la línea de letras en la escritura que todavía perdura en la noción de la escritura como texto.[51] Pero a nivel práctico, estirar un hilo y reglar una línea son operaciones bastante diferentes, pues la primera establece una tensión que la segunda no hace. La línea estirada es enérgica; la línea reglada, inerte. Una le debe su rectitud a la intervención de fuerzas intrínsecas al material que le han sido impartidas a través de un mecanismo de hilado. La rectitud de la otra es un mero reflejo en el borde de la regla que ha sido utilizada como plantilla para guiar el movimiento del punto marcador. Si estiras hilos a lo largo de una superficie flexible, como cartulina o incluso madera, la tensión podría ser suficiente como para combar la superficie; ya puedes reglar tantas líneas como quieras, sin embargo, que no obtendrás el mismo efecto. Si las líneas regladas dejan una marca, lo

---

51. Tim Ingold, *Lines: A Brief History*, Abingdon: Routledge, 2007, págs. 69–70. (Trad. cast.: *Líneas*, Editorial Gedisa, 2015).

más probable es que esta no consista en combar la superficie lateralmente, sino en cortarla longitudinalmente.

Teniendo en cuenta estas diferencias entre trazo e hilo, emprendamos nuestro paseo. Tenemos un suministro de hilo —de lana, concretamente— enrollado en un ovillo. Este ovillo tiene algo interesante ya de por sí. Podríamos compararlo a los muchos otros tipos de bolas diseñadas para rodar o arrojarse en varios deportes o juegos. Las pelotas diseñadas para el juego son objetos discretos con superficies esféricas continuas. Cuando hacen contacto con otras cosas —con el suelo, con las manos o las zapatillas de los jugadores, o entre ellas— es a través de un impacto de superficie contra superficie. El ovillo, sin embargo, aunque tenga una forma esférica, no tiene una superficie coherente. Del mismo modo, el trazo ovillado que dibujé antes (Figura 28) no tiene un perímetro coherente. Si empiezas a buscar la superficie de un ovillo, acabarás desenredándolo hasta que no quede nada del ovillo. Alternativamente, si es un hilo muy largo, podrías seguir desenrollándolo un buen rato. Al hacerlo, ¿cubrirías la superficie del ovillo con una nueva superficie? Para nada, porque, para empezar, no había superficie. En otras palabras, el ovillo nunca está acabado, siempre está «convirtiéndose en una bola», y la línea de este proceso es el hilo. Lo que evita que se deshaga es la tensión en el hilo, gracias a la cual con cada giro está en efecto manteniendo atado lo que había estado atado hasta ese momento. La bola es una atadura, pero solamente se está atando a ella misma (Figura 29). Pero también podría ser perfectamente una desatadura, sin embargo, y eso es precisamente lo que sucede cuando empiezas a andar.

Quizás necesites algunas herramientas para sacar a pasear tu hilo. La herramienta más básica es la aguja: un utensilio largo, delgado, con punta en un extremo, que podría estar o no perforado por un ojo en el otro. En la costura y el bordado, el hilo pasa por el ojo; en la labor de punto, se voltea alrededor del mango. En cualquiera de los casos, ya sea en la labor de punto o en la costura, la función principal de la herramienta no es inscribir un trazo, aunque en teoría podrías utilizar la punta afilada para hacer precisamente eso. La herramienta no crea la línea, porque la línea ya está hecha. Más bien hace con el hilo justo lo que no puede hacerse con el trazo, es decir, lo reconfigura en un patrón de nudos y lazos, donde el propósito del pun-

Sacar un hilo de paseo

Figura 28 Un trazo de lápiz enrollado (foto del autor).

to es hallar la apertura, y el del ojo o mango, hacerlo pasar. Aquí, en vez de hacer espirales sobre sí misma, como en el ovillo, la línea forma un enredado complejo que solo puede desenmarañarse deshaciendo sus nudos. En manos de un costurero experimentado, la aguja facilita una especie de acrobacia en miniatura: a una escala mayor, sería como dar un paseo que consiste no en colocar un pie delante del otro, sino en una serie de volteretas. Mediante una repetición regular, los nudos se entretejen para formar un tejido.

Así pues, en tu paseo acrobático el hilo se reata al tejido tan rápido como se desenrolla del ovillo. La línea del hilo no es ni ovillo ni tejido, ni tampoco es algo que conecta ambos como si el ovillo y el tejido fueran objetos separados que debieran enlazarse. Es más bien un ovillo que se convierte

Figura 29 Ovillo, de Anne Masson y Eric Chevalier (foto de Christian Aschman).

en tejido. Pero también podría ser perfectamente un tejido que se convierte en ovillo. Esta es la belleza del hilo: lo que ha sido anteriormente enmarañado siempre puede ser desenmarañado, para luego volver a ser enmarañado para generar formas y patrones no previstos (Figura 30). Tanto en el ovillo como en el tejido, sin embargo, hay un equilibrio de tensión y relajación. Esa es la razón por la cual podemos utilizar palabras como «ajustado» o «suelto» para describirlos, en vez del binario más convencional de «abierto» o «cerrado». Cortar a través de un ovillo es casi como diseccionar carne viva: la tensión del hilo se libera inmediatamente cuando se secciona, de modo que ambos lados del corte se separan para dejar una herida abierta. ¿Hay algún vínculo entre el bobinado del ovillo y la herida superficial? En un sentido ahora obsoleto, *to wind* ('enrollar') significaba de hecho empuñar una arma en una trayectoria curva, con la intención de herir a un adversario. El tejido vivo, como el ovillo, es una madeja de líneas de hilo.

Sacar un hilo de paseo

Figura 30 Camiseta y ovillo, de Anne Masson y Eric Chevalier (foto de Christian Aschman).

Similarmente, la acción de cortar los hilos de un tejido puede generar una distorsión modelada, ya que los hilos se reconfiguran para establecer un nuevo equilibrio, sin ninguna intervención manual por parte del tejedor. Igual que los exquisitos patrones de burbujas que se forman en un plato de agua jabonosa mediante la equilibración de fuerzas de tensión superficial, los patrones textiles expresan un equilibrio equivalente en las fuerzas tensoras de sus hilos constituyentes. E igual que sucede cuando revientas una burbuja, también cuando cortas un hilo el patrón entero se reconfigura. Surge «por voluntad propia», o eso solemos decir, aunque sería más preciso pensar que esa voluntad es una especie de acuerdo al cual se ha llegado al final de una negociación de fuerzas entre las cuerdas —es decir, los hilos— mismas.

Otra palabra para referirse a la voluntad podría ser empatía. Los hilos concordantes del textil se enlazan en una unión empática. Como las líneas de una polifonía coral; pero a diferencia de los componentes de un conjunto escultórico, no están en*vueltos*, sino en*lazados*. En efecto, los textiles —con sus alteraciones de tensión y resolución, su estructura rítmica, sus contrapuntos y armonías— se parecen mucho más a piezas musicales que a las obras escultóricas. Así que, cuando vemos las dos sillas entrelazadas, su objetualidad parece subordinada a su textilidad, y no al revés. Originalmente, recién salidas de la tienda o el taller, estas sillas quizás tuvieron asientos apelmazados; este elemento tejido, sin embargo, habría sido enmarcado en un ensamblaje coordinado por las manos de un carpintero. Pero después de muchos años de cohabitaje han desarrollado cierta afinidad, incluso amor, enmarcadas en las afecciones mutuas de aquellos que se sientan en ellas. Si los muebles que utilizamos cada día son tan parte de nosotros como la ropa que vestimos, entonces ¿por qué el mobiliario no tendría que poder abrazarnos como lo hace la gente? Las sillas, también, pueden amarse unas a otras; aunque, tras hacerlo, quizás no las podamos emplear para sentarnos (Figura 31). En este mundo al revés, el destino de los humanos sería trajinar el peso de muebles amorosos, y quizás también soportar las presiones de la discordia, si —y cuando— la amistad se convierte en disputa.

Es como si estas sillas-ovillo estuvieran bailando un tango, con la misma intensidad íntima. Al no ser ya objetos separados o separables, son partícipes de un abrazo esférico, dos en uno. Convertir piezas de mobiliario en un baile significa mostrar cómo siguen con sus vidas *junto a* nosotros, igual que nosotros seguimos con las nuestras junto a ellas. Se entremezclan líneas tejidas en sus superficies, líneas que, como las del ovillo, más que encubrir un mundo interior de individualidad privada, lo que hacen es confundir la colocación en capas de experiencia que implica tal recubrimiento. Igual que

Sacar un hilo de paseo

Figura 31 Dos sillas en una, de Anne Masson y Eric Chevalier (foto de Christian Aschman).

el agua mansa de un estanco, en cuya superficie el cielo reflejado se mezcla con hierbas flotantes y refracciones de lóbregas profundidades, la superficie del tejido es un juego de luces y sombras, colores y tonos, armonía y melodía. La textura no es una superficie de ocultación o encubrimiento, sino de entremezclado. Y es sobre superficies como estas que sacamos a pasear nuestros hilos de vida, en constante extensión.

Línea-de-letras y tachón

Al principio de una breve obra de vídeo llamada Walk (strike through with pen) (Andar (tachar con pluma))[52], *la artista Anna Macdonald se filma a sí misma sentada en un taburete en medio de un campo (Figura 32(a)). Sostiene en la mano un fajo de papeles, que revolotean en la brisa. El campo en sí mismo es anodino: plano, un poco embarrado, mezclado con césped asalvajado y hierbajos. El horizonte está abarrotado de árboles sin hojas, y el cielo está despojado de rasgos. Debe de ser otoño tardío, o invierno. Se oye un canto de pájaro lejano, pero no hay ningún otro sonido aparte de un siseo o chirrido que acaba con un pequeño chasquido, como si alguien cogiera una pluma del portaplumas. Lenta y deliberadamente, Macdonald se alza de su taburete y, mirando hacia adelante, empieza a andar. En la pantalla vemos su figura entera de perfil, avanzando de izquierda a derecha. Después de solo algunos pasos, sin embargo, se da un sonido repentino similar a algo siendo rajado, y una línea marrón-negra atraviesa el fotograma, cortando la figura de la artista andante justo por debajo de su cuello (Figura 32(b)). Tras un brevísimo momento de duda, sigue adelante, y la línea desaparece pronto, solo para que vuelva a suceder lo mismo, esta vez cortando su figura a la altura de la cintura (Figura 32(c)). Después de unos veinte pasos aproximadamente, se para y se gira para encararse al taburete. El vídeo termina, tras tan solo un minuto y dieciocho segundos, con la imagen desvaneciéndose, dejando solo la línea de la rajada. Si prestamos atención al fondo, nos damos cuenta de que en realidad la marca se hizo en la superficie texturizada de papel, y que también la imagen del*

---

52. El vídeo lo creó Anna Macdonald en 2016 como parte de un proyecto de investigación junto a Marie-Andrée Jacob, Universidad de Keele, con una subvención del Fellowship from the Arts and Humanities Research Council (grant number AH/J008338/1). Ver Marie-Andrée Jacob, «The strikethrough: an approach to regulatory writing and profesional discipline», *Legal Studies* 37/1, 2017: 137–61; Marie-Andrée Jacob y Anna Macdonald, «A change of heart: retraction and body», *Law Text Culture* 23, 2019, edición especial, «Legal Materiality», editado por Hyo Yoon Kang y Sara Kendall.

Línea-de-letras y tachón

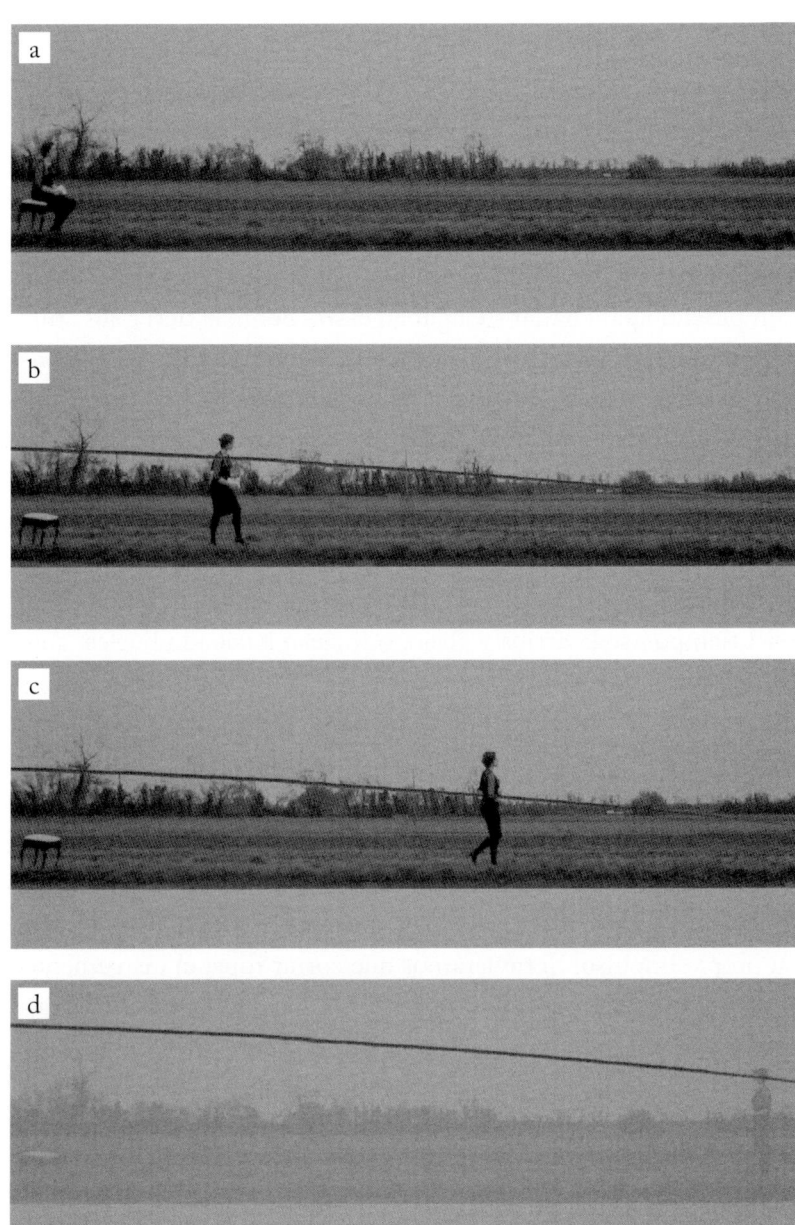

Figura 32 Cuatro fotogramas de *Walk (strike through with pen)* (2016) de Anna Macdonald: (a) en 0'03"; (b) en 0'30"; (c) en 0'39"; (d) en 1'10" (cortesía de la artista).

vídeo había sido proyectada sobre la misma superficie. ¿Qué es lo que ha sucedido aquí?

En un mundo de vida, las líneas crecen de la punta. Las raíces y los estolones, palpando su camino a través de la tierra, se tuercen y giran respondiendo a condiciones en constante variación. Los brotes y plantones se flexionan, compitiendo para hallar su lugar en el sol. Sobre la tierra, los animales siguen rastros erráticamente a través del sotobosque, mientras los pájaros revolotean de rama en rama, o planean en corrientes serpenteantes de aire. En una calle concurrida, la gente zigzaguea para evitar chocarse. Y en la acción sencilla de escribir con un lápiz, los gestos de los dedos de la mano pensante dejan un trazo serpenteante en la forma de una línea de letras. En la mayoría de sistemas occidentales de escritura, la línea va de izquierda a derecha. Pero la línea solo avanza lentamente de un margen de la página a otro. Gran parte del tiempo oscila arriba y abajo, o incluso haciendo bucles, antes de seguir adelante.

El tachado, sin embargo, no tiene nada que ver. Es súbito, violento y explosivo. El hacha, al impactar contra el tronco, lo parte en dos; las espadas de guerreros, al atravesar la carne, dejan el campo de batalla tapizado de extremidades cercenadas; las cabezas ruedan debajo de la guillotina. Y un lienzo, rasgado por el cuchillo de un vándalo, se queda con un desgarrón considerable. En todos los casos, el filo cortante se propulsa cual proyectil, bajo su propio impulso. Si tuviéramos que cortar ropa, el instrumento que escogeríamos podría ser más bien unas tijeras: los filos de las tijeras, tajando el material cuando se cierran, cercenan los hilos con los cuales se había tejido anteriormente el material con dos veces la fuerza del cuchillo de un único filo. Y al llevar las tijeras al papel, sus filos también cortan texto a través, como si fueran los hilos del tejido, reduciéndolo a jirones.

Afortunadamente, sin embargo, atravesar el texto con un lápiz no tiene unas repercusiones tan funestas. El gesto es parecido. Es igual de impulsivo. La mano entra en acción, y prosigue sin dubitación o desviación. El trazo parecido a un arco que deja a su paso, a no ser que esté guiado por una regla, parece más la trayectoria de un misil que el serpenteo de la raíz o el paseo del peatón. Pero sea lo que sea que subyazca debajo del trazo, permanece intacto. Si es una imagen, como una postal, todavía puede verse; si es texto, como el dorso de la postal, todavía puede leerse. Desde luego, la línea intrusa puede estorbar, haciendo que tanto la lectura como la observación sean un poco más difíciles. Pero comparado con las alternativas, de tajar o hacer tiras, por un lado, o de raspar o borrar, por otro, este tachado de carácter inscrito conserva lo que se ha eliminado, y quizás incluso podría mejorar su significado. Tal como admite el artista Jean-Michel Basquiat: ~~Tacho palabras para que las veas más; el hecho de que estén ofuscadas hace que quieras leerlas.~~[53] Efectivamente solo es necesario un ligero cambio hacia abajo para convertir el tachado en un subrayado, convirtiendo la eliminación en énfasis. Y en este punto nos preguntamos: ¿y esto cómo es posible?

Algunos filósofos, desde Martin Heidegger hasta Jacques Derrida, han hablado mucho de la idea de escribir «bajo borradura» (en francés, *sous rature*) como una manera de estar al plato y a las tajadas, por utilizar una expresión, en lo referente a las palabras.[54] Las palabras no acaban de ser las correctas, así que quieres tacharlas, pero no puedes prescindir de ellas, así que te aseguras de que sigan siendo legibles. *Stricto sensu*, no obstante, la acción de borrar una palabra implica hacerla funcionalmente *ilegible*. A diferencia de tachar, es un movimiento orientado hacia la superficie que raspa una capa superior, incluyendo el texto o imágenes que haya inscritas en ella. Lo más habitual es que la eliminación sea solo parcial, y consecuentemente la reutilización del material conduce a la formación de un palimpsesto. Pero, como vimos en la página 104, en el palimpsesto, el acto de borrar saca a la superficie palabras viejas, en vez de ponerlas entre rejas, por así decirlo. ¡Solamente un filósofo podría confundir, en una misma idea, operaciones prácticas tan distintas, tanto en acción como efecto, como borrar y tachar! Nin-

---

53. Raphael Rubinstein, «Missing: ~~erasure~~ | Must include: <u>erasure</u>», en *UNDER ~~ERASURE~~*, comisionado por Heather + Raphael Rubinstein, Pierogi Gallery, New York, publicado por Nonprofessional Experiments, 2018–19, *http://www.under-erasure.com*

54. Es una idea que Gayatri Chakravorty Spivak discute largo y tendido en su introducción como traductora del libro de Jacques Derrida, *Of Grammatology*, Baltimore, MD: Johns Hopkins University Press, 1974, págs. ix–lxxxvii.

gún escribano, tipógrafo o corrector cometería el mismo error. Ni tampoco confundirían las acciones de borrar o tachar, que conservan ambas la integridad de la superficie, con las de tajar o hacer tiras, que la destruyen. Si bien hay fragmentos que podrían sobrevivir a la trituradora, tienen que ser reensamblados para ser leídos, de manera similar a como un arqueólogo reconfiguraría los fragmentos de un cántaro antiguo para recuperar su forma y ornamentación, o cómo el embaucador en potencia reconstruiría los rasgos de una tarjeta de crédito a partir de los jirones de recibos en papel.

Lo que es tan distintivo de la tachadura con una pluma, comparada con la hendidura de un cúter, es que el gesto, así como el trazo que deja a su paso, se desarrolla en un plano de realidad separado, situado una capa por encima del original sin nunca llegar a hacer contacto con él. Para explicar a qué me refiero, pongamos un ejemplo muy distinto. La obra *Birds of America* (*Pájaros de América*) de John James Audubon, que mide 75 centímetros de alto y 72 centímetros de ancho, es uno de los libros más grandes jamás impresos.[55] Cada página presenta el retrato de un pájaro en concreto, autóctono del continente norteamericano. El libro debe su tamaño principalmente a la decisión de Audubon de pintar cada especie en su tamaño natural. El libro iba a ser el equivalente en dos dimensiones del diorama en tres dimensiones del taxidermista, y como en el diorama, los retratos de cada ave fueron emplazados en paisajes en miniatura apropiados a su especie. La Figura 33 reproduce el retrato que realizó Audubon de la grulla trompetera. Se puede observar cómo el cuello del pájaro está doblado en una posición anatómicamente imposible con tal de caber en la página. Pero también podemos ver que su pico está abierto, por lo visto a punto de lanzarse sobre un lagarto que toma el sol en el suelo. Si miramos detenidamente, sin embargo, caemos en la cuenta de que el pájaro y el lagarto pertenecen a dos imágenes bastante distintas. El lagarto forma parte de una pintura paisajística que incluye suelo, bosque y lago. El pájaro, retratado a una escala bastante distinta, ha sido pegado a este fondo, igual que pegarías una imagen a un papel pintado. Y si bien el pájaro, como el modelo de taxidermista, pretende simular cierta rea-

---

55. El libro, con ilustraciones de Audubon, se publicó en Londres y Edimburgo entre 1827 y 1838.

Figura 33 *Grulla Trompetera*, en *Pájaros de América* (1827-38), de John James Audubon (cortesía del Centro John James Audubon, Mill Grove, Pennsylvania).

lidad, el paisaje es manifiestamente una representación, como si estuviera reflejada en un espejo. El pájaro, por lo tanto, no puede arremeter contra el lagarto, igual que tampoco puede ir detrás del espejo.

Ahora podemos regresar al vídeo de Anna Macdonald, más tranquilos después de saber que la pluma, atravesando tres veces el fotograma a lo ancho, no puede lastimar su cuerpo andante, igual que el pico de la grulla tampoco podría lastimar al lagarto agazapado. De hecho, pluma y cuerpo no mantienen ningún contacto, y la ilusión de que lo hacen solo se debe a un artificio de superposición. Cuando cortas un tronco con un hacha, tú-con-el-hacha y la madera sois copartícipes en el mismo mundo. Con un golpe de hacha, el tronco se hiende. Pero en el vídeo se yuxtaponen dos mundos distintos: el mundo exterior de campo y los bosques, y el mundo interior de la pluma y el papel. En efecto, en la realización de la obra, la raya de la pluma a través del papel fue filmada por separado y sobrepuesta sobre la grabación anterior del paseo de la artista por el campo. Los sonidos se sobrepusieron de manera parecida, y el siseo de la pluma siendo cogida del portaplumas se reproduce sobre el canto del pájaro. Al principio del vídeo, estamos tan inmersos en el mundo exterior —en el mundo detrás del espejo— que percibimos la aparición abrupta del tachado como una intrusión foránea, que pronto desaparece. «¿Qué demonios fue eso?», nos preguntamos. Pero al final, regresamos al otro lado del espejo, al mundo de la pluma y el papel, mientras la imagen de la artista se desvanece, como si solo fuera el sueño de un paseo.

¿Qué es lo que nos dice todo esto, pues, sobre el tachado de la inscripción verbal? Cuando corregimos lo que escribimos, o editamos textos, sencilla y rutinariamente tachamos las palabras que deben ser borradas. Pero en realidad, la tachadura atraviesa la línea de letras *sin jamás tocarla*. La línea de letras puede rizarse sobre sí misma, como un filamento en las labores de punto. Pueden insertarse o entretejerse otras líneas en el texto. Una cosa que no puede hacer la línea escrita, sin embargo, es rebobinarse y tacharse a sí misma. Ni tampoco, por esa misma razón, puede subrayarse a sí misma. Paradójicamente, la tachadura, aunque inscrita en la misma página que la línea de letras que parecería eliminar, pertenece a un registro de inscripción totalmente separado. En efecto, igual que el subrayado, no hace contacto alguno con el texto. Variar la altitud del tachado hacia arriba o hacia abajo, por ejemplo de ~~borradura~~ a <u>borradura</u>,[56] afecta su significado, pero no cambia el registro. Podríamos compararlo a mirar a través de una ventana de vidrios divididos. El travesaño horizontal que divide el vidrio superior del inferior corta por la mitad nuestra visión del exterior, tachando un punto de interés concreto. ¿Quieres ver ese punto más claramente? Entonces deberás alzar un poco tu mirada, de forma que la línea de travesaño se sumerja a un nivel por debajo del punto en cuestión, poniéndolo más prominentemente en el encuadre. Pero el travesaño, por supuesto, pertenece a la ventana, y no al mundo del exterior.

Sucede lo mismo con la tachadura y la línea escrita, y su intersección es, similarmente, el paradigma de la condición del escritor, cuya imaginación discurre por el cielo y la tierra, mezclándose con el suelo, el viento y el canto de los pájaros del mundo exterior, pero cuya mano «confinada al mundo interior del estudio, está sujeta a un compromiso miópico con la página. Al llevarse a cabo la acción de tachar, estos mundos colisionan accidentalmente, y el trazo es la marca de esa colisión».

---

56. Como en el título del ensayo de Raphael Rubinstein «Missing: ~~erasure~~ | Must include: <u>erasure</u>», antes citado.

POR AMOR A LAS PALABRAS

Introducción

Para la mayoría de nosotros, en nuestro día a día, las palabras suministran nuestro principal medio de correspondencia. Con ellas, invitamos a otros a reunirse con nosotros, conversamos con ellos, sumamos nuestros relatos vitales a los suyos, asistimos y respondemos a lo que dicen y hacen. Enriquecidas por la pátina del uso cotidiano, de textura siempre variable, surgen en los gestos de la boca y los labios, o se vierten sobre la página en los trazos de la mano del escritor. Pueden ser ruidosas o silenciosas, turbulentas o serenas. Las palabras, pronunciadas o escritas, evocan el pulso de las cosas. Pueden acariciar, asustar, hechizar, repeler. Como lo describió en una ocasión el filósofo Maurice Merleau-Ponty, tenemos muchas formas distintas de poner el mundo por las nubes.[57] Podríamos decir que las palabras arbitran una poética de la existencia.

Pero si miramos a nuestro alrededor, parece que hay algo que ha ido mal con nuestras relaciones con las palabras. Es como si se hubieran puesto en contra nuestra, o nosotros en contra suya. Les echamos las culpas de forma rutinaria, acusándolas de suprimir los sentimientos, o de ser incapaces de dar cuenta de la autenticidad de la experiencia. Para entender lo que significa eso realmente, debemos ir debajo de las palabras, o detrás de ellas, insistimos. Las palabras, parece, ya no son nuestro hábito o prenda. Más bien se han convertido en nuestra forma de vestir las cosas, recubriéndolas de un lustre que oculta la verdad que nos podrían contar si las dejáramos a su bola. Por supuesto, todavía hay personas que utilizan palabras para sondar las profundidades del sentimiento humano. Pero se han convertido en artesanos de un oficio especializado y, para muchos, arcano. En vez de habitar el

---

57. Maurice Merleau-Ponty, *Phenomenology of Perception*, traducción de Colin Smith, Londres: Routledge & Kegan Paul, 1962, pág. 187.

mundo poéticamente, hemos creado en el mundo habitado un pequeño nicho para los poetas.

Quizás no hay a día de hoy una comunidad que haya desarrollado una mayor antipatía contra las palabras que aquella que trabaja principalmente con ellas. Me refiero a la comunidad de los eruditos, y, entre ellos, aquellos eruditos que se considerarían a ellos mismos académicos. Los eruditos son gente que estudia; los eruditos académicos, sin embargo, se aproximan al estudio de un modo concreto. Porque lejos de estudiar *con* el mundo, o de dejar que este les enseñe, hacen estudios *del* mundo, y alegan, al hacerlo, que han llegado a cimas de superioridad intelectual desde donde se revelan las cosas con una claridad y definición a las cuales la gente normal y corriente no puede acceder. Esta perspectiva soberana exige a los académicos mantener una distancia respecto a los temas de su interés, y no ensuciarse las manos mezclándose con ellas. Por encima de todo, deben asegurarse de que sus palabras sean estériles. Como los instrumentos de un cirujano, no deberían verse manchadas por un contacto visceral, ya sea con sus operadores o con aquello que están operando. Las palabras deben ser utilizadas —pero no usadas— para indicar, pero no para significar; para articular, pero no para relatar; para explicar, pero no para contar.

Usar, significar, relatar y contar son los mecanismos de los que disponemos para acercarnos a los otros, de involucrarlos en nuestras vidas y costumbres. Pero utilizar, indicar, articular o explicar implica tenerlos a cierta distancia, renunciar al contacto. Implica mantener, por lo menos, una apariencia de objetividad. Pero la objetividad nos para en seco; prohíbe que comparezcan en nuestra presencia cosas o personas para que respondamos ante ellas. Bloquea la correspondencia. Si realmente vamos a estudiar *con* el mundo, entonces ese bloqueo debe retirarse. Y si vamos a hacerlo con palabras, entonces debemos liberar las palabras —y especialmente las palabras escritas— del *cordon sanitaire* que el entorno académico les ha impuesto. En las cuatro breves piezas que siguen, defiendo que las palabras deberían ser devueltas a la mano, al movimiento que las produce, y al sentimiento que tal movimiento inspira. Quizás, entonces, finalmente podrán escapar la cuarentena académica y regresar a la plenitud de la vida humana.

Palabras para conocer el mundo

El entorno académico tradicional coloca las palabras en el lado cercano, y el mundo, en el lado alejado, de una barrera ontológica impregnable. Parece que las palabras y el mundo nunca pueden conocerse. Siendo yo mismo un erudito y un académico, hace tiempo que me molesta esta división. No soy el único ni de lejos, sin embargo. En los últimos años, ha habido numerosos experimentos con formas alternativas de escribir cuyo objetivo es devolver las voces de la erudición a la participación directa en el mundo del cual hablan. Algunos de estos experimentos fueron recopilados en un volumen de ensayos sobre el tema de los métodos no-representativos, editado por el etnógrafo y cineasta Philip Vannini.[58] Ninguno de los contribuyentes a la colección, sin embargo, llegó al punto de jugar con alternativas al teclado y la pantalla, en el acto mismo de la escritura. En esta pieza, escrita originalmente como el prólogo al volumen, reflexiono sobre la posibilidad de hacer justamente eso.

Una noche, hace unos años, me desperté de un sueño con las siguientes frases en mi cabeza:

> A menudo, cuando estoy haciendo mis labores,
> algo surge y dice:
> «Ya basta de palabras.
> Salgamos a conocer el mundo».

No sé quién puso esas frases ahí. Desde luego no me las inventé yo. Pero inmediatamente, al despertarme, y antes de que se pudieran evaporar, me levanté de la cama para escribirlas. Permanecen, colgadas de un tablón en mi

---

58. *Non-Representational Methodologies: Re-Envisioning Research*, editado por Philip Vannini, Abingdon: Routledge, 2015.

despacho, y de vez en cuando las observo, para recordarme a mí mismo el mensaje que contienen.

Quizás podrían interpretarse como el manifiesto de una forma de trabajar que aborrece la representación. No es exactamente una teoría, ni tampoco un método o una técnica tal como los solemos entender. No es un conjunto de pasos designados que deben realizarse para llegar a una meta predeterminada. Es una forma, más bien, de transportar y ser transportado, de vivir una vida junto a otros —humanos o no-humanos— cognoscente del pasado, finamente adaptada a las condiciones del presente y especulativamente abierta a las posibilidades del futuro. Esto es lo que he estado llamado *correspondencia*, no en el sentido de obtener un simulacro o equivalencia exacta de lo que encontramos en las cosas y acontecimientos de nuestro alrededor, sino de *responder* a ellas con intervenciones, preguntas y réplicas de nuestra propia cosecha. Es como si estuviéramos involucrados en un intercambio de cartas. La frase «salgamos a conocer el mundo», para mí, es una invitación —una exhortación u orden, incluso— para sumarse a tal correspondencia. Es, a la vez, una queja contra la cobardía de los eruditos que se replegarían preferiblemente en una actitud que una vez escuché descrita como «tangencialismo», según la cual nuestro encuentro con el mundo no es más que un atisbo que esquiva la situación incómoda de tener que mezclar nuestros propios esfuerzos de forma demasiada íntima con las vidas de aquellos con quienes nuestros estudios nos han puesto en contacto. En efecto, correspondencia y tangencialismo son opuestos exactos, y conllevan concepciones bastante distintas de lo que significa la erudición.

«Ya basta de palabras», declaró mi musa, y yo empatizo con esa idea. Estamos sufriendo, especialmente en el entorno académico, un hartazgo de palabras. No sería tan terrible si estas palabras, como la buena comida, fueran ricas en sabor, variadas en textura y dejaran un gusto prolongado a través de los sentimientos contemplativos que evocan. Las palabras que han sido seleccionadas cuidadosamente y están bien preparadas conducen a la cavilación. Enardecen el espíritu, que responde de la misma manera. Pero el hecho de que la mayoría de labor de palabras de este tipo hayan sido relegadas a un ámbito restringido conocido como poesía es un indicio de dónde yace el problema. Si la escritura no hubiera perdido su alma, entonces ¿qué necesidad habría de la poesía? Acudimos a ella para hallar aquello que, por lo demás, se ha perdido. Bombardeada implacablemente por las confecciones genéricas de la prosa académica, lastrada con vocabulario arcano, menciones honoríficas de nombres y listas de referencias cada vez más infinitas, mi musa había tenido suficiente. Y yo también. Pero no quisiera ir al otro extremo y renunciar del todo a las palabras. Las palabras son, ciertamente, nuestras posesiones más valiosas, y deberían ser tratadas como tales, como un cofre de joyas centelleantes. Sostener estas joyas es asir el mundo en la palma de tu mano. *Podemos* corresponder con las palabras, como solían hacer los escribanos, pero solo si dejamos que brillen.

El desafío, pues, consiste en encontrar otra forma de escribir. Tenemos que experimentar: probar cosas y ver qué pasa. Hasta el día de hoy, sin embargo, nuestros experimentos se han visto limitados a las convenciones de la palabra impresa. Estas convenciones hacen que la escritura parezca un acto de composición verbal, en vez de uno de performatividad radicada en la inscripción. Con el teclado conectado a una impresora mecánica —el aparato típico del escritor académico— las posibilidades expresivas de la palabra, como una sucesión de marcas en el papel, están enormemente limitadas. Desde luego, uno puede variar la fuente, y utilizar varias formas de subrayado, pero esos mecanismos no son nada en comparación con las modulaciones continuas de sentimiento y forma que contiene una simple línea caligráfica, una línea que registra cada matiz de la mano que la traza. Si nuestras palabras tienen que brillar como joyas, ¿no deberían ser devueltas a la mano?

Está claro que nuestras reflexiones sobre las maneras de trabajar no pueden confinarse a cuestiones de estilo y composición. Deberían ampliarse para incluir también los instrumentos que utilizamos, y su orquestación. ¿Cómo se compara el teclado con la pluma, el lápiz y el pincel? Probemos y veamos. Quizás entonces descubriremos que, al trabajar con las palabras, el escritor puede volver a convertirse en un dibujante o un artista, o incluso en una especie de músico. Quizás podamos poner fin a nuestros escritos sin fin *sobre* la performatividad, y convertirnos nosotros mismos en intérpretes. Eso es justo lo que exige el arte de la correspondencia. Quizás es debido a nuestra adicción al teclado que nosotros los académicos estamos tan hechizados por el conocimiento encarnado y tácito. Pensamos, como mi musa, que la única forma de sumarse al mundo —es decir, de participar en su despliegue desde el mismo interior de nuestro ser— consiste en huir del dominio del mundo, de la representación. Nos parece que las palabras siempre están en el exterior: articulan, especifican, explicitan. Como tales, su rol consiste en sujetar las cosas, definirlas e inmovilizarlas.

Sin embargo, detrás de nuestras palabras mecanografiadas, el corazón palpitante de lo tácito sigue alimentando nuestros movimientos y sentimientos, y sigue mostrando sus cartas en la voz y el gesto. Por qué, pues, ¿deberían esta voz y este gesto estar faltos de palabras? Solo porque partimos de una noción de la palabra que ha sido despojada de todos los rastros de actuación vocal y manual, de expresión y afecto. Este es el tipo de mundo al cual estamos acostumbrados los académicos, y nos sitúa en la misma liga que las profesiones para las cuales la formación académica se considera esencial: políticos, burócratas, abogados, doctores y administradores. Pero este no es el mundo de los poetas, cantantes, actores, caligrafistas y artesanos. Ellos interpretan el mundo, a menudo ruidosa y turbulentamente, a través de prácticas corporales habilidosas y sensoriales, no únicamente las prácticas de escribir a mano, firmar, cantar o hablar, sino también de leer en voz alta. Si este es el dominio de lo tácito, entonces lo tácito no es silencioso, no está falto de palabras. Es estridentemente verbal. Es en el campo de lo explícito, no de lo tácito, donde reina el silencio. Aquí a solas a la deriva, en la hoja impresa, la palabra ha perdido su voz. Lo tácito es a lo explícito lo que lo verbalizado es a lo no verbalizado, y no al revés.

Quizás, pues, nos haga falta una nueva concepción del lenguaje, una que lo resucite como una práctica de lenguajear. En un lenguaje vivo —uno que no está estancado semánticamente en un marco categórico, sino que se recrea infinitamente en el uso inventivo que le dan sus hablantes— las palabras pueden estar tan animadas y ser tan móviles como las prácticas a las cuales corresponden. Pueden ser exclamativas, como cuando el practicante grita con la satisfacción de un trabajo bien hecho, invitando a otros a sumarse a su apreciación, o, alternativamente, cuando las cosas van por el mal camino y se dan errores y contratiempos. Y pueden ser discursivas, como en su empleo en el arte de la narración. Pero en ninguno de los casos se juntan, o articulan, en formas explícitas y proposicionales. ¿Eso las hace algo menos verbales? ¿Quién, aparte de aquellos cuyas vidas están confinadas al ámbito académico, sería tan pretencioso, de horizontes imaginativos tan limitados, como para colocar invariablemente la palabra «articular» antes de la palabra «discurso» o «escritura», de tal manera que quede relegada a lo sublingüístico o no verbal cualquier inscripción o declaración que no está estructurada sintácticamente como un ensamblaje interconectado? En realidad, es la articulación lo que ha silenciado la palabra, entorpeciéndola y fijando sus coordenadas de referencia, independientemente de los corrientes vocales-gestuales de su producción.

No tengamos miedo, pues, de salir al encuentro del mundo con palabras. Las otras criaturas lo hacen de otras formas, pero la relación verbal siempre ha sido nuestra vía humana, y nuestro privilegio. Pero que estas sean palabras de saludo, no de confrontación; de averiguación, no de interrogación o entrevista; de respuesta, no de representación; de anticipación, no de predicción. Esto no significa que todos debamos convertirnos en poetas o novelistas, e incluso menos que tengamos que emular a los filósofos que, a la hora de involucrarse en el mundo, han fracasado notablemente cuando les ha llegado el turno de llevar a la práctica lo que predican, y cuyas mejores bazas no han sido jamás ni la coherencia de pensamiento ni la claridad de expresión. Lo que significa es que debemos trabajar nuestras palabras igual que los artesanos trabajan sus materiales, de formas que atestigüen, en sus trazos de inscripción, la labor de su producción, y que ofrezcan esas inscripciones como cosas de belleza en sí mismas.

En defensa de la escritura a mano

Esta pieza vuelve a recomendar la devolución de la escritura a la mano. La escribí para una conferencia llamada Writing Across Boundaries, *organizada online por la Facultad de Antropología de la Universidad de Durham, para la cual una serie de escritores académicos en los ámbitos de las humanidades y las ciencias sociales fueron invitados a reflexionar sobre su oficio.*[59] *Yo fui uno de ellos.*

Solía escribir a mano, con una pluma. Antes nunca utilizaba una máquina de escribir a no ser que me viera obligado, y probablemente fui de los últimos que sucumbí a las tentaciones del procesador de textos. La mera idea de que la escritura implicaba un procesamiento de palabras me asqueaba. Hoy día, sin embargo, cada vez me encuentro picando más a menudo las teclas de mi portátil, y solo recurro ocasionalmente a la pluma. Siento que esto es preocupante a la vez que frustrante. Sé que lo hago solo porque, como la mayoría de académicos, ando escaso de tiempo. El ordenador es, ni más ni menos, una caja de atajos. Algunos son prácticos, hay que reconocerlo. Cuando, por ejemplo, estoy intentando poner en orden las frases de un párrafo para que tengan sentido, ayuda el poder intentar distintas permutaciones hasta dar con la solución. Otros atajos meramente facilitan la corrección de errores que se derivan de la misma tecnología. Muy raramente hago faltas de ortografía cuando escribo a mano, pero lo hago frecuentemente cuando tecleo. Eso es en parte debido a mis dedos torpes y poco entrenados, que no dejan de presionar las teclas equivocadas. La razón principal, sin embargo,

---

59. *Writing Across Boundaries*, Departamento de Antropología Universidad de Durham, https://www.dur.ac.uk/writingacrossboundaries/

es que mi mano identifica las palabras como gestos continuos y fluidos, y no como secuencias de letras separadas.

En una escritura cursiva, la frase, a medida que se despliega en la página, emana directamente de este movimiento gestual, con todo el cuidado, el sentimiento y la devoción que implica. Es una acción que equiparo a tocar mi violoncelo. Cuando ensayo —algo que hago siempre que puedo—, el sonido se vierte del contacto entre el arco y las cuerdas. Del mismo modo, la escritura a mano fluye del punto de contacto en movimiento entre la pluma y papel. El teclado rompe esa conexión. El tecleo de mis dedos no tiene relación alguna con las marcas que aparecen en la página o la pantalla. Estas marcas no muestran ningún indicio de movimiento o sentimiento. Son frías y nada expresivas. Escribir en el ordenador, me parece, es una actividad falta de alegría que destruye el alma. Le arranca el corazón a la escritura.

Me entristece la estipulación, observable mi propia institución, así como la mayoría de otras, que exige a los estudiantes producir trabajos en un formato estandarizado de texto procesado. Me dicen que una razón de esta norma es que permite controlar la originalidad del trabajo, utilizando *software* antiplagio. Desde el principio a los estudiantes se les enseña que la escritura académica es un juego cuyo objetivo principal es generar contenido novedoso a través de la yuxtaposición y recombinación de materiales procedentes de fuentes prescritas. Los procesadores de textos están diseñados expresamente como instrumentos para emplear en este juego, y muchos académicos, que han sido formados según las convenciones, disfrutan ávidamente de esta herramienta. Pero el juego es una burda parodia del oficio del escritor. En contra de las regulaciones universitarias, yo animo a mis estudiantes a escribir a mano, así como a dibujar, y a comparar esta experiencia con la de utilizar el ordenador. Los resultados son inequívocos. La escritura a mano y los dibujos, me cuentan, vuelven a despertar sensibilidades que llevaban tiempo oprimidas e inducen una sensación mayor de implicación personal, lo que a su vez conlleva una profunda percepción.

Confabulándose con una cultura de expectativas que valora la novedad por encima de la profundidad, y el producto por encima del proceso, las instituciones tienen sus prioridades al revés. No hay nada intrínsecamente malo en copiar cosas. Como han sabido desde siempre los músicos y los caligrafistas, ya sea ensayando una pieza o redactando un texto, la copia es una forma de mediación que puede conducir, lenta pero certeramente, a un conocimiento profundo. Esto involucra la totalidad del ser del practicante: la mano que escribe o toca la obra, la mente que rumia su significado, y la memoria que la fija. Es decir, el problema no yace *per se* en la acción de copiar, sino en las posibilidades que habilita el ordenador de acortar los procesos laboriosos de reescribir o volver a redactar con una sola pulsación de botón. Ya que copiar es pensar, acortar la acción de copiar implica circunvalar el pensamiento mismo. Por su naturaleza, el pensamiento se retuerce y gira, serpentea, va a la deriva. Un cazador que siguiera una línea directa de un punto de partida a un destino predeterminado nunca atraparía su presa. Si sales a cazar, debes estar al tanto de pistas, preparado para seguir rastros a donde sea que conduzcan. Los escritores atentos deben ser buenos cazadores.

Sin embargo, el pensamiento no se limita a los momentos en que sostienes una pluma, e incluso menos a las horas que pierdes mirando fijamente la pantalla del ordenador. Está siempre en activo, y en cualquier momento del día o la noche puede cuajar inesperadamente en una revelación que canaliza la esencia de lo que has estado intentando decir. Debes estar preparado para escribirla, porque, de no ser el caso, podría desvanecerse tan rápido como un sueño cuando te despiertas. Muchos escritores van siempre con una libreta de tapa dura, precisamente para solventar este tipo de contingencias. Y yo también.

Me gustaría terminar, sin embargo, con unas palabras de elogio a los paquetes de cereales. Sus láminas de cartón cortadas son perfectas para cazar pensamientos en el aire. Son lo suficientemente rígidas como para no necesitar una superficie sobre la cual apoyarte, y lo suficientemente grandes como para permitir un espacio ancho y no reglado. A veces me despierto temprano con un parágrafo problemático con el que estuve peleándome todo el día anterior, ahora perfectamente formado en mi cabeza. Incorporado en la cama, lo escribo rápidamente en un cartón de paquete de cereales. Puedo escribir unos pocos centenares de palabras en apenas una décima parte de esa cantidad de minutos, y habiéndolo hecho, con las palabras depositadas en un lugar seguro, puedo, pues, seguir con mi vida. Muchos de los fragmentos de los que más orgulloso estoy cobraron vida de esta forma. Nunca me he encontrado con nada que funcione tan bien como los paquetes de cereales. Ganan de cajón al ordenador. ¡Pruébalo, y ya verás!

Diabolismo y logofília

Esta pieza fue escrita originalmente como un prólogo a una colección de ensayos del geógrafo histórico Kenneth R. Olwig.[60] *Olwig lleva décadas abogando por una conceptualización humanística de la idea del paisaje, animándonos a reconocer sus raíces en las prácticas agrícolas que antedatan mucho su teatralización, como si fuera un escenario y decorados, en la época moderna temprana. En la obra de Olwig, además, este interés por el paisaje siempre ha venido acompañado de una fascinación por las palabras y su etimología. Para él, la historia de la utilización de las tierras y la historia de la utilización de las palabras están íntimamente entretejidas hasta el punto de ser virtualmente inseparables. Para apreciar el paisaje donde moramos, es necesario que también apreciemos las palabras con las cuales escribimos y hablamos.*

Encendí la radio esta mañana para escuchar un programa especializado en agricultura. En un momento hablaron del cultivo y la cosecha de patatas de semilla, y un campesino que se dedicaba a este negocio estaba explicando la importancia de mantener la pureza de la reserva de semillas, de la cual todas las patatas que llegan a nuestra mesa son básicamente clones. «Tenemos que estar al loro —dijo— de las VID». «¿Las VID?», preguntó el presentador. «Sí —fue la respuesta—, es decir, las *variantes indeseables*». Me llamó la atención que la réplica del campesino fuera realmente diabólica. Este es un adjetivo que aparece con orgullo en los ensayos recopilados de Kenneth Olwig. Ostensiblemente dedicados a la larga y espinosa historia de la idea del paisaje, estos ensayos hablan de asuntos mucho más generales vinculados al destino de la humanidad —y, por extensión, de las humanidades, del len-

---

60. Kenneth R. Olwig, *The Meanings of Landscape: Essays on Place, Space, Environment and Justice*, Abingdon: Routledge, 2019.

guaje, las palabras y el aprendizaje— en un mundo aparentemente atrapado en un espiral diabólico de desprecio por la palabra, y su deshumanización consecuente, y en el cual el sueño utópico del control tecno-científico total cada vez ponen más del revés nuestras vidas. En este nuevo mundo feliz, a la vez universal, pero sin embargo reservado a aquellos que tengan la reproducción adecuada, las personas previamente acostumbradas a vivir juntas son expulsadas, como las patatas del campesino, como VID. Catalogadas como inmigrantes, refugiados o personas apátridas, se ven desterradas de sus casas solo para hallarse en otro país donde no son muy bien recibidas.

Las palabras son cosas humanas. Son nuestras formas de hacer sentir nuestra presencia, a la vez que nos traen la presencia de las personas, lugares y asuntos —es decir, los *temas*— de los cuales hablamos. Con las palabras traemos estos temas a nuestra mente, reflexionamos sobre ellos y nos sumamos a otros que hacen lo mismo, ya sea en la amistad o la hostilidad, la similitud o la diferencia, el avenimiento o la disputa. VID, sin embargo, no es una palabra, sino un acrónimo. Y si las palabras son formas de sumarse al mundo, lo que hacen los acrónimos es justo lo contrario: nos enajenan de él. Con el acrónimo podemos identificar los asuntos que nos preocupan a la vez que les damos la espalda, absteniéndonos de la implicación que supondría pronunciar sus nombres. Al identificar las patatas no estándares como VID, el campesino puede dar un paso atrás, sin vocalizar su deseo ni tampoco admitir la detenida atención que lo advierte de la variación. Puede fingir desapego, indiferencia y objetividad. El acrónimo repudia la presencia, sitúa las cosas lejos de la mente y disipa el afecto. Pero al mismo tiempo, presagia una autoridad radicada no en la destreza y la atención, sino en principios presuntamente objetivos de administración racional. Por ende, el acrónimo es un instrumento de negligencia en dos sentidos: pasa por alto a la vez que observa; es decir, se niega a prestar atención a sus referentes a la vez que los sujeta a control e inspección. No sorprende que la colonización del lenguaje por parte de los acrónimos haya incrementado proporcionalmente el progreso de la ciencia y la tecnología, siendo respaldada por el poder de las corporaciones y el Estado, que a su vez la respaldan.

El lugar más evidente de esto es el ámbito de las operaciones militares. El ministerio de defensa británico ha publicado una lista de aproximadamente 20 000 acrónimos, entre ellos los bien conocidos IED ('artefacto explosivo improvisado'), WMD ('armas de destrucción masiva') y SAM ('misil superficie-aire'), pero también incluyendo los más siniestros HK y SK ('hard kill' o 'muerte dura'; y 'soft kill' o 'muerte blanda'). Algunos, como NKZ ('nuclear killing zone' o 'zona de muerte nuclear'), presentan como simples hechos lo que es literalmente innombrable.[61] La violencia que ejerce el acrónimo sobre el lenguaje, aquí, es pareja a la violencia que la militarización ejerce sobre la Tierra. En el fondo fue el ejército quien trajo las técnicas de mapeado y medición a las islas británicas, auspiciándose en los pertrechos de guerra o artillería. Así como el acrónimo reduce las palabras a marcas de identificación, el mapa cartográfico reduce lugares a ubicaciones en un espacio. Y si el acrónimo le permite al general del ejército nombrar lo innombrable, el mapa le permite planear destrucción a una escala inenarrable, a la vez que le permite mostrarse indiferente a sus consecuencias humanas. Ambos son diabólicos por la misma razón. Como explica Olwig, el prefijo *dia-* tiene su fuente etimológica en el término griego clásico que significa 'cruce' o 'a través', mientras que *bolos* connota un 'lanzamiento' o 'tiro'. Lo diabólico, pues, es un lanzamiento a través, en el cual mapa y territorio, lenguaje y mundo, tras haber sido separados uno de otro, se combinan de tal forma que el territorio se convierte en su propio mapa, y el mapa en su propio territorio. Es este diabolismo lo que le permite al ejército tratar el paisaje real como un tablero de juego, y sus residentes como peones que podrían sufrir la desgracia de morar en una ubicación fijada como objetivo de un SAM, o un espacio marcado en el mapa como una NKZ.

Los destinos del paisaje y el lenguaje están unidos indisolublemente, y a día de hoy, están siendo atacados por igual. Para la tecno-ciencia, las pa-

---

61. La lista, de 2014, lleva el título de «Ministry of Defence acronyms and abbreviations», y puede consultarse en *https://www.gov.uk/government/publications/ministry-of-defence-acronyms-and-abbreviations*. En un sentido estricto, los acrónimos se diferencian de las abreviaciones dependiendo de si se pronuncian como una palabra (por ejemplo, SAM como «sam») o sonorizando sus letras constituyentes (por ejemplo VID como 'veidé'). Sin embargo aquí quisiera adoptar una definición más inclusiva del acrónimo para abarcar cualquier abreviación compuesta de letras iniciales, independientemente de cómo se pronuncie.

labras son una distracción molesta. Se entrometen y nublan nuestra percepción. Es habitual que las palabras sean acusadas de ocultar la verdad objetiva de las cosas, de falsificar la realidad o de encubrir los hechos. Y el apego a los lugares, por su parte, es considerado como un obstáculo a la extracción de recursos, los mercados globales y el desarrollo internacional. El mundo contemporáneo, podríamos decir, no es solo *logofóbico* sino *topofóbico*. Los ensayos de Olwig, a diferencia de todo esto, se proponen celebrar tanto la palabra como el lugar. En efecto, su autor es un *logófilo* descarado. Siempre tiene al alcance de la mano un diccionario, y lo consultará a la primera de cambio. En su opinión esto no implica salirse de la realidad, sino zambullirse en ella, revelando la evolución de un mundo de la vida en toda su riqueza, diversidad y profundidad temporal. Y esta logofília conduce, a su vez, a lo que el mentor ancestral de Olwig —el gran geógrafo humanista Yi-Fu Tuan— llamó *topofília*: el lazo afectivo entre la gente y el lugar.[62] Esto no se debe a que las palabras representen sitios o los sustituyan. Sino a que las palabras *hacen* los sitios, en su misma reproducción vocal y escrita. Los hacen en la ley, en las costumbres, en la narración de historias, en la conversación cotidiana entre vecinos, y en su reunión para discutir asuntos en común. Y la creación de lugares, y de cosas como lugares de reunión, también implica la creación del paisaje, literalmente el terreno que está siendo continuamente moldeado en los procesos de camaradería humana.

Es en este proceso de reunión, asevera Olwig, que el lenguaje y el paisaje devienen simbólicos. De nuevo, nos invita a una excursión etimológica, a los orígenes del término en la combinación del prefijo *sim-*, que en griego significa 'ir juntos', con el 'tiro' de *bolos*. En este sentido original, de 'tirar juntos', el compañerismo de una conversación compartida o un mundo de la vida, lo simbólico se alza como justo lo opuesto a lo diabólico. Ahí donde lo diabólico, tras haber separado el espacio estratégico propio de la representación cartográfica de sus cimientos territoriales, pretende atajar y combinar ambos, lo simbólico recoge historias de vidas simultáneas y las entreteje en

---

62. Yi-Fu Tuan, *Topophilia: A Study of Environmental Perceptions, Attitudes, and Values*, Englewood Cliffs, NJ: Prentice-Hall, 1974. (Trad. cast.: *Topofilia*, Editorial Melusina, 2007).

su cogeneración constante y mutuamente receptiva. La lección que nos imparten los ensayos de Olwig es que, para evitar una situación diabólica de control tecnocrático absoluto, en un mundo de VID purgadas, deberíamos recurrir no a los hechos objetivos, sino a las cosas reales. Estas son los conjuntos de discursos y sabidurías, de deseos y variaciones, que desde hace tiempo han comprendido la tierra de la prosperidad humana. Nos incumbe prestarles atención. Y para lograrlo, el primer paso debe ser superar la logofobia que perturba la mente moderna, y que ha infectado nuestro lenguaje hasta el punto de sepultar sus expresiones en pulsaciones mecánicas de teclas y series acronímicas de caracteres. Debemos volver a enamorarnos de las palabras. Y a medida que el amor se vaya transformando en el estudio, también el logófico convertirse en filólogo. La filología, relegada por la tecnociencia a la periferia de la erudición, como si fuera el pasatiempo polvoriento de los anticuarios, debería volver a ser el centro de atención. En ella yace ni más ni menos que el futuro de la erudición, y el de nuestra humanidad compartida.

Frío acero empavonado

Todos tenemos nuestra particular forma de sostener un lápiz, y de escribir con él, del mismo modo que todos tenemos una voz distinta. Nuestra escritura a mano es inseparable de quiénes somos. Pero en esta época digital cada vez es más odiada. A medida que ha ido acelerando el tráfico verbal, las palabras cada vez se han despegado más de las vidas y los sentimientos de escritores bajo presión, que tienden más a dispararlas en vez de volcar su pasión en ellas. ¿Cómo podemos recuperar la belleza melódica de la palabra escrita, esa belleza que se genera cuando toma forma bajo la mano? ¿Cómo podría una acción tan efímera ser convertida en algo duradero, algo que podamos admirar y celebrar? ¿Cómo podría el intercambio de palabras convertirse, de nuevo, en el encuentro con las manos y los corazones que las escribieron? Estas cuestiones son esenciales en la obra de la artista escocesa Shauna McMullan. En una instalación llamada Something About a Word, *McMullan invitó a cien personas de Bridgeton, un barrio del lado este de Glasgow, a contribuir —con su propia caligrafía— con pensamientos evocados por el color azul. Escribí este ensayo ante la invitación de la artista, que me pidió reflexionar sobre la obra para un folleto que la acompañaba.*[63] *Me llevó a pensar de nuevo qué le sucede a las palabras cuando lo que empezó como un trazo gestual se solidifica en un objeto.*

Hace tiempo que llevo dentro del plumier un objeto muy peculiar. Ahí está, codeándose con una variedad de lápices y bolígrafos, regla, gomas, sacapuntas y sujetapapeles (Figura 34). Lo enseño a la gente y les pregunto si pueden decirme qué es. Nadie tiene la menor idea. El objeto es, de hecho, una palabra. Las palabras no son el tipo de cosas que llevarías en un plumier,

---

63. Shauna McMullan, *Something About a Word*, Glasgow: Graphical straHouse, 2011.

Figura 34 Los contenidos de mi plumier (foto del autor).

claro. El plumier contiene las herramientas que te hacen falta para hacer palabras; no contiene las mismas palabras. Por supuesto, también llevamos encima palabras; están dentro de nuestras cabezas, en la memoria y en los papeles, entre las cubiertas de libros de bolsillo. Pero, desde luego, si una palabra debe ser sostenida y transportada, en vez de pronunciada —si debe ser una cosa que llevamos con nosotros, que cuidamos y apreciamos, en vez de una cosa que dejamos salir de nuestros labios para que se pierda en el olvido— entonces debe ser trazada, inscrita o bordada en una superficie u otra, ya sea neural o material. Sin embargo, mi palabra no está grabada en mi memoria, engalanada en mi ropa o garabateada en un trocito de papel que llevo en el bolsillo para no olvidarme. No obstante, vaya a donde vaya, mi palabra viene conmigo. ¿Eso cómo es posible? ¿Y por qué nadie más puede identificar la palabra por lo que es?

He aquí el cómo, y el porqué. En efecto, la palabra fue escrita sobre papel, con una mano cursiva y relativamente apresurada. Si esta mano tiene algo de especial, es que el escritor basó las formas de las letras en mayúsculas romanas, que habían sido elaboradas para conectarse unas con otras en una única línea, de forma que la palabra entera pudiera escribirse sin alzar el bolígrafo. Esto requirió cierto encorvamiento y estiramiento de formas diseñadas clásicamente para permanecer solas o una al lado de la otra, y para ser cinceladas en piedra dura. El siguiente paso fue escanear la palabra escrita a mano y suministrar el escaneo a una máquina capaz de cortar acero dulce, de un grosor de seis milímetros, con una precisión exacta. El resultado es un objeto tridimensional rígido, duro y pesado, cuya forma es la de una tira de amplitud y grosor constantes, pero con curvas y protuberancias que corresponden exactamente a aquellas del texto original. El trazo de tinta se ha convertido en una franja de acero. ¡Puedo coger la palabra o dejarla sobre la mesa, tenerla entre los dedos y sentir los bordes de la línea de letras, examinarla desde adelante, desde atrás y desde cualquier ángulo posible, e incluso agitarla en el aire mientras la sostengo de un extremo u otro! Estas son cosas que no puedes hacer con palabras sobre papel.

Pero esta libertad, parecería, tiene su precio. Porque sin que supieras lo que acabo de decir, serías incapaz de leer mi palabra, o siquiera identificar que es una palabra. Te parecería, como a toda la gente a quien la he enseñado, simplemente un objeto misterioso, un enigma. Eso no puede deberse solo al hecho de que ha sido fundida en tres dimensiones. En el fondo, nosotros los urbanitas estamos bastante acostumbrados a ver letras sólidas, a veces a gran escala e incluso iluminadas, pegadas a las fachadas de las tiendas y en señales, y no tenemos ningún problema a la hora de reconocerlas y deletrear las palabras que las componen. Lo que es llamativo de estas letras urbanas, sin embargo, es que son mayormente pasivas e inmóviles, y no muestran el más mínimo indicio de los procesos que tuvieron que ver con su elaboración. Normalmente son mayúsculas. Desde la infancia nos enseñan a reconocer las mayúsculas por sus formas, no por los movimientos a través de los cuales han sido elaboradas. Incluso antes de que puedan leer, damos a los niños letras mayúsculas taladas de madera o fabricadas de plástico para que jueguen con ellas. A través de esta educación temprana, los animamos a conceptualizar las palabras como si fueran ensamblajes hechos de bloques en vez de composiciones hechas a partir de movimientos y gestos.

Efectivamente, es en la pasividad e inmovilidad de las mayúsculas sólidas —es decir, en su monumentalidad— donde yace la misma fuente de su poder y autoridad. Nos gobiernan como el Estado gobierna a sus ciudadanos, y están ahí para sofocar o pisotear cualquier amago de voz, sentimiento y afecto. Nos recuerdan a la conclusión cáustica de Claude Lévi-Strauss: que en realidad la escritura se inventó para facilitar la esclavitud.[64] Pero el escritor de mi palabra ha subvertido la autoridad de las mayúsculas incorporándolas a la técnica de la escritura cursiva. Al hacerlo, ha dado un uso cotidiano al monumento, y sus delirios de poder se han puesto al desnudo. Las letras antiguamente rígidas se tuercen y estiran; devienen parte de un movimiento. Cuando escribimos a mano, recordamos las letras y las palabras como movimientos, como gestos, no como formas. Además, estos gestos, que portan nuestros sentimientos, estados anímicos y motivaciones, y además los inspiran, se trasladan directamente y sin interrupción a las líneas de la página. En este sentido, la pluma del escritor a mano es como el arco del violinista: la línea del escritor, igual que la del músico, es a la vez dinámica, rítmica y melódica. Y si es a partir de movimiento que se traza la línea, también es a partir de movimiento que nosotros la leemos.

Leer escritura a mano sobre papel, sin embargo, es seguir el trazo que dejó atrás una mano que ya ha pasado página. Podemos seguir el rastro, pero el impulso que lo creó ya ha sido agotado. Siempre llegamos un poco demasiado tarde. Cortada en acero, sin embargo, parece como si la palabra quedara conservada en el mismísimo momento de su formación, como un insecto atrapado dentro del ámbar. La fuerza de la palabra, la energía de la mano escritora y el sentimiento que la impulsó no han pasado solo para dejar un trazo, sino para permanecer confinadas en el metal, de dónde pueden ser liberadas en cualquier momento. Pero he aquí el problema. No podemos hacer que la palabra libere su poder solo observándola, como podríamos contemplar las mayúsculas de una señal o monumento. Es por eso que, si te pidiera

---

64. Claude Lévi-Strauss, *Tristes tropiques*, traducción de John y Doreen Weightman, Londres: Jonathan Cape, 1955, pág. 299. (Trad. cast.: *Tristes trópicos*, Austral, 2012).

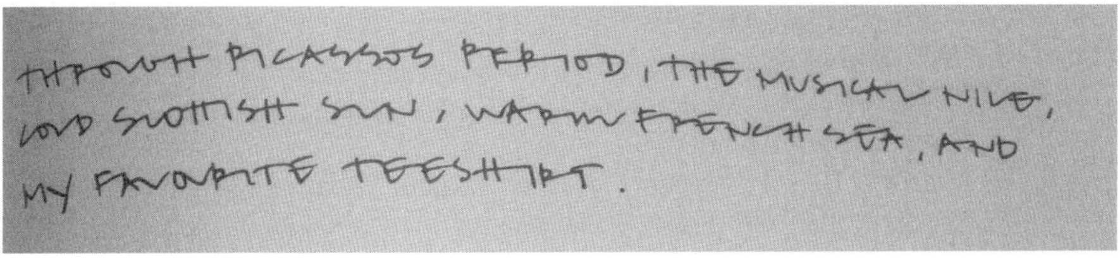

Frío acero empavonado

Figura 35 Líneas escritas por Gerry Grams, acerca del color «azul». De Shauna McMullan, *Something About a Word* (2011) (cortesía de la artista).

que le echaras un vistazo a mi objeto, no verías ninguna palabra. Por muy fijamente que mires, no se revelará lo que es. Pero si te pido que la dibujes, trazando —ya sea con un lápiz en el papel o en la imaginación— las curvas y protuberancias de la tira metálica, entonces de repente la palabra reaparecerá bajo tu mano o ante tus ojos, como un submarino que reaparece en la superficie del mar. La palabra es una verdadera lámpara de Aladino: aunque aparentemente es solo un inerte bulto metálico de curioso diseño, si lo acaricias suavemente con los ojos y los dedos —como Aladino fregó la lámpara— brollan mundos enteros; mundos de vastos océanos y cielos vacíos, de calidez y frío, de posibilidades inmensas. Y todo lo que hacía falta era un toque suave —un pequeño movimiento, manual o visual— para revivir el genio de la palabra y liberar una atmósfera.

Ya puedo revelar la identidad de mi palabra. Es *cold* ('frío') y viene de la siguiente oración: «A través de la etapa de Picasso, el Nilo musical, *frío* sol escocés, cálido mar francés y mi camiseta favorita» (Figura 35). La frase la compuso Gerry Grams, uno de entre cien ciudadanos de Bridgeton que respondieron a la solicitud de Shauna McMullan de escribir algo que les evocara la palabra *azul*. Estas líneas escritas a mano fueron cortadas en acero, revestido para darle un lustre azul-gris, y colgadas en filas paralelas alineadas en un único plano vertical (Figura 36). Mi palabra es solo una muestra, que me donó amablemente la artista, de una composición mucho mayor, y ahora llegó el momento de referirnos a la obra en su totalidad. En muchos sentidos, *Something About a Word* recuerda a una obra coral polifónica. Cada línea tiene su propia voz, que se distingue no solamente por la elección concreta de palabras, que le dan una melodía y un ritmo, sino también por el timbre es-

Figura 36 *Something About a Word*, de Shauna McMullan (2011) (cortesía de la artista).

pecífico patente en el carácter de la escritura a mano. Al sonar conjuntamente, sin embargo, estas voces crean una armonía. Por ende, la obra puede interpretarse como lo haríamos con una partitura musical, horizontalmente (para la melodía, el ritmo y el timbre) o verticalmente (para la armonía), o de ambas formas a la vez. La relación entre melodía y armonía, aquí, es entre línea y color. Y ese color es el azul.

Ha habido cierta tendencia entre los críticos de arte occidentales a considerar el color como un mero embellecimiento o maquillaje con la capacidad de seducir o hechizar, pero no —a diferencia de dibujar o escribir— de expresar los procesos de pensamiento. Pero es más que eso. Como fenómeno de luz, el color presta un esplendor concreto a las cosas: una atmósfera de aura que abruma la conciencia de aquellos que están bajo su hechizo. Maurice Merleau-Ponty, por ejemplo, tuvo esto que decir sobre el azul del cielo: «No soy ante él un sujeto acósmico; no lo poseo en pensamiento o me abalanzo sobre él con alguna idea de azul que pudiera revelarme su secreto... Yo soy el cielo mismo que se aglutina y unifica...; mi conciencia está saturada con este azul sin límites».[65] En resumidas cuentas, no vemos la luz, sino que vemos *en* la luz; ya que el cielo *es* luz que vemos en el cielo; ya que el cielo *es* el azul que vemos en lo azul.

El color, pues, no es un mero adorno, vistiendo el pensamiento con un atuendo externo, sino el ámbito mismo donde sucede el pensamiento. Igual que la atmósfera, con su clima, entra dentro de nosotros y se encarga de que, sea lo que sea que hagamos, digamos o escribamos, lo realicemos con cierta predisposición o estado de ánimo. Es el temperamento de nuestro ser. Lo inhalamos cuando respiramos el aire, y, en el aliento saliente de la exhalación, entretejemos nuestras líneas de discurso, canto y escritura a mano en el tejido del mundo. Por el contrario, a medida que desandamos las vías de la mano, agazapándonos en las franjas ondulantes del acero azul-gris, también el color vuelve a ser liberado como el genio de la lámpara. La línea es háptica; el color, atmosférico. En la polifonía de *Something About a Word*, las múltiples vidas, voces y letras de una comunidad, diferenciadas en cuestión de melodía, ritmo y timbre, quedan unificadas bajo el azul armónico de un cielo que lo cubre todo.

---

65. Maurice Merleau-Ponty, *Phenomenology of Perception*, traducción de Colin Smith, Londres: Routledge & Kegan Paul, 1962, pág. 214.

Au revoir

¿Cómo debería terminar un libro? Físicamente, suele terminar con una cubierta cuyo material es relativamente más grueso que el de sus páginas. Quizás por eso cerrar un libro es una sensación tan distinta a la de pasar la página. Dentro del libro eres como un paseante, siguiendo un sendero a través del paisaje. Solo puedes ver tan lejos como lo permita el siguiente horizonte. Pero con cada giro de página, se abre un nuevo horizonte ante ti, mientras que lo que antes era un horizonte ahora es suelo debajo de tus pies, o un terreno que has dejado atrás y se esfuma en la distancia. Sin embargo, si eso es el equivalente a pasar la página, entonces no hay nada en la experiencia del paseante que sea como cerrar la tapa. Porque en ese momento parecería como si el mismo mundo —un mundo que habías estado explorando y que te habías imaginado que seguiría para siempre— te estuviera dando la espalda; revelando, después de todo, que es un continente, atado y contenido. Lo que había sido un acopio de páginas se transforma en una caja con contenidos. Pero vivimos en un mundo, no en una caja. Una caja o bien está abierta o cerrada; el tejido del mundo, sin embargo, está plegado. Nunca está abierto o cerrado del todo. Como sucede con la vida y la muerte, su apertura en un lugar siempre es una clausura en otro. No puede cerrarse.

La diferencia entre plegar y desplegar, por un lado, y abrir y cerrar, por otro, es tan vieja como el libro. Muchos siglos antes de la era cristiana, los etruscos estaban escribiendo hechizos y ensalmos en tela de lino, que plegaban igual que nosotros plegaríamos sábanas y toallas hoy, mientras que sus contemporáneos griegos estaban escribiendo y copiando sus lemas en tabletas de madera, recubiertas de cera. Los romanos heredaron ambas tradiciones, atando folios de papiro o pergamino —a lo largo de la línea de pliegue— en acopios, y ensamblando tabletas hechas de losas de madera dura —a lo largo de sus bordes— en bloques. Los primeros, de una naturaleza relativamente efímera, los sostenía la gente y se utilizaban —de forma parecida a las libretas de hoy día— para observaciones casuales y ejercicios. Las segundas constituían los repositorios más duraderos de leyes y estatutos. No sorprende, pues, que tanto el libro (*códice*) como las reglas en él contenidas (*códigos*) tomaran sus nombres respectivos de la palabra latina para el tronco del árbol, *caudex*. Desde la remota antigüedad, el árbol y el libro han estado juntos en este tronco.

Los eruditos, artesanos y clérigos de la Edad Media fueron quienes se encargaron de combinar los dos principios, el de recopilación y el de ensamblaje, para crear el libro en un formato que ha perdurado hasta nuestros días. La clave de esta combinación consistía en tratar cada congregación de múltiples páginas, en términos prácticos, como una tableta, y luego encuadernarlos —como se había encuadernado anteriormente el códice multitableta— entre tapas de madera dura. Es por eso que, en el libro, hallamos ambos principios operativos: el de plegar y desplegar, cada vez que giras la página; y el de abrir y cerrar, cuando alzas la cubierta delantera y bajas la cubierta trasera. No solo en el libro, sin embargo, se combinan los principios de recopilación y ensamblaje. En un mundo repleto de cosas que no solo han crecido, sino que en cierto sentido han sido moldeadas, en su mayor parte por manos y mentes humanas, el ensamblaje y la recopilación no pueden separarse con una palanca, igual que una cosa no puede separarse de su sombra, como tampoco puede separarse el intelecto, de hecho, de la vida en la cual se sustenta.

Donde el intelecto se siente más cómodo es en un mundo de sólidos formales, de regularidad geométrica, donde imperan las reglas, los códigos y los teoremas. Este es un mundo donde todo está ensamblado o conectado, a partir de partes diseñadas para encajar con absoluta precisión. Pero también es un mundo de interconexión rígida, con poco espacio donde respirar, o incluso ninguno; o para la presión y el estiramiento del ejercicio. Es fundamentalmente inanimado. En lo que se refiere a la labor de su formación —al trabajo y el sufrimiento que lo hicieron realidad como una cristalización de los flujos de vida y experiencia—, el ensamblaje se queda mudo. Su lógica es atemporal y eterna. Pero nada en él se mantiene realmente. Para que las cosas se mantengan, deben desarrollar tentáculos con una flexibilidad para curvarse y una sensibilidad para responder. Deben ser capaces de enroscarse y asir como los dedos de las manos. Pero lo que las manos reúnen y unen, el intelecto lo parte y divide. En la historia moderna de la institución académica, la misión del intelecto ha consistido en recopilar los datos empíricos y empaquetarlos bajo cubiertas de disciplinas separadas. Aquí en el mundo académico, donde la razón es la reina y los hechos se defienden por sí solos, no hay cabos sueltos. Todo está ordenado, todo ha sido justificado. Pero nada está cohesionado.

Imagina, por ejemplo, un muro de ladrillos. Se mantiene en pie gracias al mortero que llena los espacios entre ellos. Si los ladrillos fueran sólidos geométricos que encajaran a la perfección, entonces no debería haber espacios intermedios. Pero si no hubiera espacios que llenar, la pared no aguantaría de pie. La perturbación más ligera la derrumbaría. Sucede lo mismo con una maqueta a escala, montada a partir de un kit. Las partes, moldeadas o cortadas por adelantado, deberían encajar con exactitud. Pero el modelista también necesita pegamento. Enfilando por las superficies sobre las cuales se propagan —que al ojo desnudo parecen sólidas, y a nivel atómico son más bien como un enrejado—, las largas moléculas poliméricas del pegamento las unen con un denso tejido al entrar en contacto. Y, regresando al libro, es la encuadernación de las hojas entre cubiertas lo que previene la desintegración que ocasionaría su uso, a pesar del manejo de lectores que tiran de las páginas, tanto como el viento tira de las hojas de los árboles cuando sopla. El mortero, el pegamento y los hilos de encuadernación: estos son los materiales que se enrollan alrededor y a través de las superficies de los sólidos que se topan, para formar una especie de malla. Todos, al menos al principio, tienen propiedades de fluidez y flexibilidad. Son lo opuesto a lo rígido. Pero a medida que se endurece el mortero, el pegamento se seca y se atan los hilos, la malla se tensa, agarrando firmemente los componentes sólidos.

La malla, por así decirlo, es la sombra del ensamblaje. Si quitas los ladrillos del muro, te quedarás con el tejido continuo y delicado del mortero, casi como un encaje. Si quitas las partes del kit montado, te quedará una maraña arácnida de filamentos adhesivos. Quita el acopio ensamblado del libro y tendrías una textura de rizos, nudos y puntos de una tipología que le resultaría familiar al tejedor, bordador o canastero. Históricamente, en efecto, estos oficios fueron íntimos aliados de la encuadernación de libros, y a menudo los ejercían la misma gente, recurriendo a un conjunto de técnicas compartidas. Pero si lo que sujeta juntos los componentes de un ensamblaje es el tejido de la malla, también es debido al desgaste, la deshiladura y finalmente la rotura de sus líneas constituyentes que las cosas se descuajaringan. En un mundo vivo, nada dura para siempre, pero, precisamente por esta razón, la vida puede seguir indefinidamente. El desgaste contiene la promesa de la renovación.

No preguntes, pues, si este libro es un ensamblaje o una recopilación. Como cualquier otro objeto manufacturado materialmente, es ambas cosas. Como una caja, tiene contenidos, y se han ensamblado ensayos en su interior. Pero cada ensayo es a su manera una recopilación, un ejercicio provisional de pensamiento observacional, y no tanto una afirmación conclusiva de tesis interconectadas. Además, se mantienen unidos por líneas de correspondencia que los atraviesan de la misma manera que los hilos materiales habrían atravesado las páginas reunidas, si hubieran sido encuadernadas utilizando técnicas tradicionales. Esta naturaleza doble del libro, sin embargo, nos deja con un problema. Porque si bien mi propósito ha sido presentar una recopilación de correspondencias, inspirada en el intercambio de cartas, el hecho de que están ensambladas en un libro presenta momentos de apertura y clausura, marcados por las cubiertas, que subvierten ese mismo propósito. Porque abrir una carta no tiene nada que ver con abrir un libro, ni tampoco podemos cerrar una carta tras haberla abierto. Si ya no está abierta, esto solo puede ser debido a que ha sido olvidada, descartada o destruida. Pausemos un instante para comparar estas operaciones.

Si abrir la cubierta de un libro significa levantar la tapa que hay sobre sus contenidos, abrir una carta es más parecido a abrirle la puerta a un visitante. Significa liberarlos del confinamiento de su viaje y dejarlos entrar, pasando por el umbral. En los viejos tiempos significaba romper un sello personalizado, un ritual no muy distinto a abrir la puerta de un carruaje para recibir a un invitado que llega. Era costumbre, sin ir más lejos, empezar la carta con palabras de saludo, incluso de cariño. Hoy día, si es que todavía envías y recibes cartas, lo más probable es que traigas un abrecartas a un envoltorio que el remitente ha sellado con un adhesivo, posiblemente activado con su propia saliva. En cualquier caso, el mismo acto de abrir es equivalente a la puesta en libertad —para ingresar en la continuidad de una conversación— de líneas que habían sido embotelladas. La carta se despliega, se alisa, y las palabras empiezan a salir de sus páginas para hablar, como si tu remitente estuviera en la misma habitación, hablándote. ¿Y cuándo la has acabado? No puedes simplemente volverla a cerrar, y regresarla a tu estantería —igual que devolverías un libro a la biblioteca— como si nunca hubiera sido abierta. Con una caja, siempre puedes reemplazar la tapa, pero el acto de romper un sello o cortar un sobre nunca puede ser deshecho.

Ya que en la correspondencia cada intervención incita una respuesta, y cada respuesta es a su vez una intervención, no hay nada intrínseco en este proceso que pudiera llevarlo a una conclusión. Como sucede con la vida misma, el impulso es seguir adelante. Si bien ponemos en la estantería el libro cuando lo terminamos, sepultado entre sus cubiertas, solo un acto violento o negligente puede poner fin a la correspondencia. Podría simplemente irse extinguiendo a medida que las cartas —enterradas en un montón de papeles u olvidadas en el cajón de un escritorio— se queden sin contestar. No es que nunca hubieran requerido una respuesta, pero, a medida que pasa el tiempo, y mengua el compromiso, ese requerimiento se reduce paulatinamente a un gimoteo, y finalmente al silencio. Por otro lado, una correspondencia podría terminarse abruptamente, si una carta resultara ofensiva o colocara al destinatario en una situación comprometida, susceptible incluso al chantaje. En esos casos, solamente su descarte o destrucción física —ya sean estrujadas y tiradas a una papelera o condenadas a las llamas de un fuego— pueden aplacar el destinatario incriminado o indignado.

Así que he aquí mi problema. No quiero que nuestras correspondencias lleguen a su fin, fruto ni de la violencia ni de la negligencia. Pero estoy obligado a concluir este libro. Y debe llegar el momento cuando tú, también, cerrarás la tapa, y en ese momento dirás que lo has acabado. ¿Y luego qué? ¿Se quedarán contigo las palabras? Por supuesto, espero que así sea. Pensemos, pues, en la tapa de otra forma que no sea tan concluyente. No tiene por qué significar cubrir *por encima*, como cuando, en el acto de entierro, al cuerpo se le coloca encima una tabla de mármol. Pues una cobertura también puede proporcionar refugio y protección, permitiendo una conservación para usos futuros. ¿Acaso no cubrimos frecuentemente cosas *con tal* de regresar a ellas? En el fondo, un libro cerrado siempre puede volverse a abrir, y una buena tapa garantizará que las páginas no se ensucien en el ínterin. Los libros pueden leerse, igual que los paisajes pueden recorrerse, una y otra vez. Así que, al leer estas palabras, pasar la página final y cerrar la tapa, piensa en el regreso. Como decimos al despedirnos, *au revoir*. Como estoy escribiendo estas frases desde mi casa en Aberdeen, en el noreste de Escocia, permíteme concluir con el lema con el cual esta ciudad orgullosamente brinda por sus visitantes: «Felices de conoceros, tristes de separarnos, contentos de volver a encontrarnos. *Bon Accord*!».

g